情报驱动应急响应

(原书第2版)

Intelligence-Driven Incident Response, Second Edition

[美]丽贝卡·布朗(Rebekah Brown)
[美]斯科特·J. 罗伯茨(Scott J. Roberts) 著
李松柏 李燕宏 译

Beijing • Boston • Farnham • Sebastopol • Tokyo

O'Reilly Media, Inc. 授权机械工业出版社出版

Copyright © 2023 Rebekah Brown and Scott J. Roberts. All rights reserved.

Simplified Chinese Edition, jointly published by O'Reilly Media, Inc.and China Machine Press, 2025. Authorized translation of the English edition, 2023 O'Reilly Media, Inc., the owner of all rights to publish and sell the same.

All rights reserved including the rights of reproduction in whole or in part in any form.

英文原版由 O'Reilly Media, Inc. 2023 年出版。

简体中文版由机械工业出版社 2025 年出版。英文原版的翻译得到 O'Reilly Media, Inc. 的授权。此简体中文版的出版和销售得到出版权和销售权的所有者——O'Reilly Media, Inc. 的许可。

版权所有，未得书面许可，本书的任何部分和全部不得以任何形式重制。

北京市版权局著作权合同登记　图字：01-2023-5162 号。

图书在版编目（CIP）数据

情报驱动应急响应：原书第 2 版 /（美）丽贝卡·布朗 (Rebekah Brown),（美）斯科特·J. 罗伯茨 (Scott J. Roberts) 著；李松柏，李燕宏译. -- 北京：机械工业出版社, 2025.7. -- ISBN 978-7-111-78685-6

I. G252.8

中国国家版本馆 CIP 数据核字第 2025DQ3168 号

机械工业出版社（北京市百万庄大街 22 号　邮政编码 100037）
策划编辑：赵亮宇　　　　　　　　　责任编辑：赵亮宇
责任校对：卢文迪　张慧敏　景　飞　责任印制：刘　媛
三河市宏达印刷有限公司印刷
2025 年 9 月第 1 版第 1 次印刷
178mm×233mm・17.75 印张・354 千字
标准书号：ISBN 978-7-111-78685-6
定价：99.00 元

电话服务　　　　　　　　　　网络服务
客服电话：010-88361066　　　机　工　官　网：www.cmpbook.com
　　　　　010-88379833　　　机　工　官　博：weibo.com/cmp1952
　　　　　010-68326294　　　金　　书　　网：www.golden-book.com
封底无防伪标均为盗版　　　机工教育服务网：www.cmpedu.com

O'Reilly Media, Inc.介绍

O'Reilly以"分享创新知识、改变世界"为己任。40多年来我们一直向企业、个人提供成功所必需之技能及思想,激励他们创新并做得更好。

O'Reilly业务的核心是独特的专家及创新者网络,众多专家及创新者通过我们分享知识。我们的在线学习(Online Learning)平台提供独家的直播培训、互动学习、认证体验、图书、视频,等等,使客户更容易获取业务成功所需的专业知识。几十年来O'Reilly图书一直被视为学习开创未来之技术的权威资料。我们所做的一切是为了帮助各领域的专业人士学习最佳实践,发现并塑造科技行业未来的新趋势。

我们的客户渴望做出推动世界前进的创新之举,我们希望能助他们一臂之力。

业界评论

"O'Reilly Radar博客有口皆碑。"
——*Wired*

"O'Reilly凭借一系列非凡想法(真希望当初我也想到了)建立了数百万美元的业务。"
——*Business 2.0*

"O'Reilly Conference是聚集关键思想领袖的绝对典范。"
——*CRN*

"一本O'Reilly的书就代表一个有用、有前途、需要学习的主题。"
——*Irish Times*

"Tim是位特立独行的商人,他不光放眼于最长远、最广阔的领域,并且切实地按照Yogi Berra的建议去做了:'如果你在路上遇到岔路口,那就走小路。'回顾过去,Tim似乎每一次都选择了小路,而且有几次都是一闪即逝的机会,尽管大路也不错。"
——*Linux Journal*

本书赞誉

当今世界,网络犯罪日益猖獗,这给全球经济造成数万亿美元的损失,并让我们生活的方方面面(包括医疗、教育、食品供应、公用事业,以及金融服务)深受影响。如何准确获悉网络犯罪情况,采取最佳应对措施,是我们面临的严峻挑战,其关键在于威胁情报的生产和分享。两位作者从部门、组织乃至政府的不同视角,就情报主题及其挑战和机遇进行了深入探索,通过这本书分享了令人难以置信的深刻经验,还提供了相关专业知识,帮助你深入理解和有效利用威胁情报,随着时间的推移,逐步降低网络安全风险。

——Jen Ellis,美国勒索软件工作组联合主席,NextJenSecurity 创始人

检测、调查和处置活跃的网络安全事件,这对安全分析人员来说是最有趣的。这本书教你如何把这项工作做到极致,让你能够举一反三,防止这类事件以后影响其他目标。这是防御方扭转局面的起点。

——Wade Woolwine,网络安全架构师

对于网络威胁情报分析人员、威胁猎杀工程师和蓝队成员来说,这本书是威胁情报战略方面的权威资料,也是关注自身防御能力建设的网络安全管理者及分析人员的必读书目。

——Mick Baccio,白宫威胁情报负责人,ThruntCon 创始人

在全球范围内,威胁情报已经从理论概念逐步演化为解决方案和产品的核心要素。随着安全防护体系的重点从传统的防护和检测转向更为关键的响应和恢复,威胁情报已成为现代网络安全防护体系中不可或缺的驱动力量。这本书系统地阐述了情报如何有效推动事件响应,不仅全面介绍了相关的概念和模型,还深入探讨了如何将情报应用于实际的应急响应操作中。对于网络安全架构师、系统设计师以及一线安全分析师来说,这本书提供了宝贵的知识和实践指导,强烈推荐他们阅读以提升专业能力。

——金湘宇(NUKE),威胁情报领域专家

安全应急响应是安全运营中的"急诊"工作，成功、高效的应急响应需要响应者有丰富的经验和一流的装备。安全情报是应急响应最重要的装备之一。这本书是业内公认的应急响应和安全情报应用方面的优秀书籍，作者和译者在安全行业都有着丰富的实战经验。推荐对应急响应感兴趣的朋友阅读。

——薛锋，微步在线CEO

正如我在智能安全运营探索之路里所说的，安全运营通常要经过事件驱动的被动运营、情报驱动的主动运营和AI驱动的智能运营三个阶段，而情报驱动是其中重要的一环。随着人工智能技术日新月异的发展，全球网络攻击者使用新技术发起的攻击越来越多，这些攻击往往能击穿传统的防御措施和检测手段，给防守方带来了前所未有的挑战，防守人员不仅要精通各种攻击场景的应急响应，还要主动分析和掌握攻击者的威胁情报，这本书正是全面、详细、系统地介绍威胁情报和应急响应的经典之作，并阐述了二者的有机结合，无论是对初学者、有一定经验的安全从业者，还是关注安全的开发、测试、运维人员，都大有裨益，强烈推荐阅读。

——陈秋雨，荣耀安全运营中心负责人

这本书由业内顶尖的安全情报专家与实战经验丰富的译者联手打造，不仅是对全球威胁情报发展脉络的一次深度梳理，更是将抽象的理论概念转化为可操作的实战策略的典范。书中不仅全面解析了威胁情报的核心概念、框架模型，还通过大量真实案例，深入剖析了情报在应急响应中的具体应用，让读者能够直观感受到情报驱动的应急响应体系的力量。

——周蓬，腾讯安全运营专家

网络威胁情报和情报驱动在过去几年已经全面深入到企业安全运营、事件应急响应和安全产品能力中。这本书不仅系统地介绍了网络威胁情报如何驱动企业事件应急响应，包括理论模型和方法论、网络威胁情报驱动的具体实践，以及事件应急响应的各个流程环节，还覆盖了战略情报以及如何从战略情报面向战术、运营制订情报计划。相较第1版，这本书更加贴合当下的企业事件应急响应和红蓝对抗场景，适合企业安全负责人、企业安全运营人员、红蓝对抗相关技术人员及其他相关从业者阅读。

——潘博文，安天移动安全威胁情报专家

推荐序

很高兴受邀为这本书写推荐序。这本书为国际资深安全专家所著,由国内两名实战经验非常丰富的网络安全从业者翻译。

这本书的第一译者李柏松是我的同事,也是安天的联合创始人。在20世纪90年代,他是哈尔滨较早的逆向工程分析和反病毒技术研究人员。我们于1998年在BBS太阳岛站相识,经常在线讨论病毒分析技术。很巧的是,我当时从实习的金融机构IT岗位回校工作,是他接手了我的工作职责。我们已经并肩战斗了二十几年,柏松参与了安天反病毒引擎最早版本的开发,是安天安全研究与应急处理中心(安天CERT)的创立者。如今,他已从主要面向系统底层安全研究的窄带的专业技术工程师,成长为我国在网络安全事件应急处理、分析溯源方面优秀的技术指挥员。作为主要指挥者之一,他深度参与了"口令蠕虫""震荡波""冲击波"等多起重大蠕虫事件的应急响应工作、"破壳""沙虫"等多个严重漏洞的应急处置工作。自2010年以来,我们一起带领包括安天CERT在内的多个技术体系的工程师们,针对多起APT攻击事件和多个APT攻击组织长期持续跟踪分析研究,并取得了一系列创新突破。无论是与柏松共事,还是为他的译作写序,都让我感到非常荣幸。

这本书是应急响应方法实践方面非常重要的一份文献,具有指导性意义,主要从两个大的方面为应急响应工作提供了支撑。

一、威胁情报对应急响应的"启动"价值

应急响应并不是一项常态化工作,因其是一种以人为主的行为活动,是高成本的,需要高水平的经验技巧和完善的流程来保证。以安天CERT的运行机制为例,我们提出按照"第一时间启动,同时应对多线威胁,三体系联动,四作业面协同"的原则来开展应急响应工作。可是,这里有一个很重要的问题需要回答——什么是"第一时间"?或者说,启动应急响应行动的触发条件是什么?

这里有必要简要回顾IT场景下安全威胁的演进,以及对应的响应行动触发条件:

早期的信息系统的应急响应是由威胁现象触发的。在20世纪八九十年代，对于DOS病毒感染事件的响应，触发条件很容易判断，因为DOS病毒通常有明显的发作现象（例如，引人注目的屏幕动画效果，或者受感染程序文件大小的显著改变）。用户一旦发现这些现象，就会产生响应诉求。这类需求快速拉动了反病毒技术和产品的功能闭合。随着商业反病毒软件的兴起，对于恶意代码威胁的响应模式逐步转化为：厂商分析病毒样本、输出检测规则；用户升级反病毒软件，扫描、清除恶意代码。流行病毒的响应过程基本在主流反病毒厂商的引擎或规则库的迭代运营之内形成闭环，通常并不需要借助公共资源的协同处理。

早期网络事件的应急响应是由基础设施运行状态异常触发的。真正意义上的应急响应体系出现于20世纪末至21世纪初。彼时，信息高速公路快速建设和发展，也为蠕虫的大规模传播提供了条件。蠕虫传播的影响范围较大，容易被感知（如出现明显的网络迟缓或连接占用等现象）。蠕虫在扫描和漏洞利用过程中会造成大量系统瘫痪，易于引起公众和主管部门的关注，从而产生应急协同处理的需求。蠕虫的大规模传播是具有极高感知度的安全事件，可以迅速从一些表征事件出发获取相关网络发包数据和样本，再根据分析结果展开应急响应工作。随着监管机构、运营商和政企侧的网络流量监测能力的不断建设，应急响应也从现象驱动走向事件驱动，或者由事件统计结果是否达到某个阈值来触发应急响应工作的启动。由于蠕虫传播是一种高感知、易于捕获的共性威胁，对于蠕虫事件的响应已经成为反病毒厂商和主流网络安全厂商的基础能力。

APT攻击、定向勒索威胁的应急响应需要高质量情报触发机制。自2010年以来，网络攻击"大玩家"不断浮出水面，越来越多的攻击行动背后有着国家或地区的政治经济集团力量背景。这些攻击行动具有高度隐蔽性，在用户侧难于感知，既不会表现为频繁的网络数据通联，也不会表现为明显的主机系统和网络基础设施的负载变化。这一特点给应急响应工作的触发带来了非常大的干扰。在用户对攻击行动无感的情况下，如何触发响应行动？对于近年来日趋流行的勒索攻击，尽管它们造成的数据破坏或数据泄露易于感知，但后果往往是难于恢复和不可逆的，一旦勒索攻击团伙得手，启动响应就为时已晚。而且，目前渐成主流攻击模式的RaaS（勒索即服务）与定向攻击相结合，其前导攻击环节在定向性和隐蔽性等方面不逊于APT攻击，传统的应急响应方式已经无法起作用。因此，对于勒索攻击的响应，应从前导攻击环节开始。可是，这类攻击活动通常采用定向攻击与逃逸、免杀相结合，往往可以穿透反病毒引擎、网络检测引擎等共性能力，因而需要采用更加抵近终端的情报分析和情报生产，或基于已捕获威胁的深度分析，形成威胁情报，快速支撑全网排查。这就是威胁情报的重要价值。

而从把启动时机问题扩展到整个威胁周期的角度来看，现代应急响应体系不应是简单的基于事件触发的向后处理，而必须包含向前追溯和对于长期潜伏威胁的深度猎杀。但这又提出了新的问题，威胁追溯的输入性条件到底是什么？用来支撑猎杀持续性的信标和逻辑又是什么？我们要真正理解威胁情报所具备的价值和含义：**威胁情报的本质价值并不是一类广谱检测能力,而是通过精确性的形式化条件构建对攻击活动、攻击组织的明确指向,并能够供应急响应流程和安全产品消费。因此,它也就能为启动响应和指引处置带来非常量化的输入。

二、本书对应急响应流程体系的价值

对于应急响应来说,另一大挑战是流程体系建设。应急响应不是应对单一威胁的固化流程,而是应对多种重大威胁的综合体系。为了有效应对威胁,我经常讲"两化"的观点,即流程的"归一化",逻辑的"形式化"。无论是威胁检测、威胁处置,还是安全运营,本质上都是"归一化"的过程,即把复杂异构的安全事件、威胁对象或系统的脆弱性转化为某一类同构的流程和规则体系。同时,为了保障响应的确定性、响应质量以及响应能力迭代的稳定性,就需要尽可能将全过程依托于"形式化"的规则、范式和逻辑来完成。一直以来,几乎对所有的安全团队来说,应急响应都似乎很难保证持续稳定地输出成果。经常会有某个小团队在某次事件的响应中异军突起,赢得了好评,但不久即泯然众人,自此寂静无声。有的时候,具有一定规模和技术积累的厂商反而会错过应对重点关注的安全事件,缺少章法,错过战机,或虎头蛇尾。包括安天 CERT 团队,在应急响应的成果输出方面也并不是足够稳定。其中一个重要原因,就是应急响应流程体系过度依赖个人经验和高水平的分析人员。

对于安天在应急响应和分析工作中取得的一些关键成果,我们曾多次复盘。通过复盘发现,不少关键突破都来自我、柏松和其他关键分析师当时的直觉判断。这就使应急响应工作在推动衔接的全过程中高度依赖于个人能力,甚至是对个体的心智状态的高度依赖。这本书的一个重要价值是,依托网络安全的基本运行机理(如 OODA 环等模型)贡献了一套整体的流程框架,可供安全企业和安全运营团队参考。强大、弹性的流程体系可以使优秀工程师的灵感从灵光乍现,转化为在流程体系上的升华,而不是流程环节中的阻塞节点。

介绍完这本书的两大价值,我想在最后和读者分享关于如何理解威胁情报能力和攀登威胁情报痛苦金字塔的观点和实践。

威胁情报并不是现有的任何检测机制的替代技术,既不可能通过文件哈希(HASH)这种检测机制的粗糙检测去挑战反病毒引擎的高度鲁棒性和海量精准规则检测能力,也无法通过 IP、域名这类规则去替代现有的网络侧的行为检测能力。它的价值从来不在于它的数量,而在于它的精确指向性、可消费性和可以针对场景建立个性而非共性的规则。因此,基于海量的文件哈希或 IP 清单的条数规模(而不是其质量)来看待威胁情报是错误的。

我在阅读这本书的过程中一直在思考一个问题,那就是威胁情报生产、消费难度层次(俗称"痛苦金字塔")应该如何突破。目前大部分业内实践还停留在金字塔的底层(即文件哈希、IP、域名等层次),这就导致多数用户对威胁情报的认知也止步于此,而回避了工具(Tool)/载荷(Payload)乃至战术、技术和程序(TTP)的情报生产和消费的困难性问题。显然，站在工具/载荷（安天称为执行体）的层面，类似文件哈希这种零鲁棒性的检测机制作用极为有限。比如，《震网事件的九年再复盘与思考》报告曾提到：**震网的载荷投放程序，在每落地一台机器时，会有一个内嵌配置数据的自我更新，从而导致震网的每次落地形成的主执行体的 HASH 均不同。**在这种情况下，反病毒引擎固然可以作为高质量的威胁情报的消费机制，但它作为易于获得、易于验证的安全资源，必然面临针对性免杀、盗用数字签名绕过等屡见不鲜的攻击手段。近来一些将正常软件（而不是恶意软件）作为攻击工具的混合执行体攻击大量出现，令反病毒引擎不得不在误报、漏报之间左右为难。虽然类似 Yara 规则之类的情报产品（本书第 9 章有详细介绍）具有一定程度的专属化定制能力，但其规则编写成本难免给网络管理运营者带来更大的心智负担。

面对这一困境，我们提出了"向量级情报"和"执行体情报"。生产向量级情报需要依托反病毒引擎的深度预处理和向量提取能力。通过提取出执行体的关键字符串（如 PDB 路径、注册表项、键名和值等）或经过预处理的指令片段，再匹配向量情报库，实现在企业内网环境猎杀长期潜伏的未知威胁。网络管理者在阅读分析报告时，将其中可理解的形式化内容配置为专属化情报，加入向量情报库，就可构建出既有检测深度又符合具体防御场景的、攻击者难以预判或预测的安全能力。执行体情报（参见《网络空间安全》2024 年第 2 期论文《执行体信誉情报——支撑 IT 治理的新型情报》）同样需要与反病毒引擎相结合，通过将执行体对象和其运行环境联合标识，将威胁对象从其运行环境中孤立出来，将处于可疑状态的正常软件或工具标定出来，为检测混合执行体攻击提供基础。此时，叠加海量执行体的初始信誉度和信誉计算模型，将可被用于网络攻击的正常软件标识为 Riskware（风险软件），再结合其执行路径、软件安装列表等环境条件判定，就可以更准确地发现混合执行体攻击。

上述方法在一定程度上超越了工具/载荷这个层面，但在技战术层面，似乎还没有一种方法能有效控制技战术情报带来的知识体系和心智压力膨胀。多年来，我们一直坚持对标 ATT&CK 战术矩阵（本书第 3 章有详细介绍）来提升引擎和产品的威胁检测与防御能力，不惜付出增加产品复杂性的代价。将来，我们会把更多的研发资源投入执行体的识别、检测和管控逻辑，不断尝试攀登威胁情报痛苦金字塔的塔尖。

总之，今天的我们依然在对标、学习网络安全领域的国际先进经验，同时也在积极进行安全创新和实践。在安天创业伊始时，无论是我还是柏松，都是艾伦·所罗门、尤金·卡巴斯基等信息安全早期大师们的仰慕者，而在经历了 20 余年的发展演进、经历了威胁检测引擎共性能力的长期实践、经历了持续对抗高级威胁的长期实践之后，我们已经有了"欲与天公试比高"的底气和勇气。

肖新光

安天董事长、首席技术架构师

译者序

我的主要工作经历与安全运营和攻防演练相关,在过去近二十年的职业生涯中,已经记不清楚应急处理了多少起安全事件。但我依然清晰地记得,第一次了解"情报"这个概念是在2015年读了一本叫《情报分析心理学》的书。在那段时间,基于工作原因,我们每天都能从内外部收集到大量的威胁情报,受限于当时的方法和工具,对情报分析的过程还停留在运用认知心理学的知识范畴。安全的本质是与人的对抗,认知心理学的某些方法论对情报的去伪存真还是起到了一定的分析助力。

但这种严谨的、精推细敲的情报分析方法,很快被一次全新的网络安全攻击彻底改变了。2017年5月12日,WannaCry蠕虫在全球范围内大爆发,我所在的单位也受到波及。首先沦陷的是开发运维测试区,当时蠕虫病毒的传播速度很快,短短半天时间就造成万级数量的服务器感染。庆幸的是,我们的网络架构上做了严格的分级隔离,病毒肆虐时并未影响核心的生产系统。但在当时,我们不敢轻易对业务做出变更,任何网络运维变动都可能导致蠕虫病毒的进一步扩散,情况十分危急。我们的SOC团队后来整整做了将近一个月7×24小时的安全应急,才及时控制并消除了此次病毒风险,艰难赢得这场保卫战的胜利。事后复盘时,尽管我们的情报团队早在事件发生的一个月前就获悉了"永恒之蓝"漏洞的细节,也消除了核心区域的风险,但百密一疏,还是让攻击者找到了我们的防御盲区。回到今天,再看这本书,确实有种相逢恨晚的感觉。如果当时我们能更好地理解书中所提及的OODA环和情报F3EAD模型,并将其熟练运用到既复杂又需要快速决策的威胁应急场景中,也许我们的SOC团队能更加有条不紊地开展工作,高效、高质量地应对同类的事件。

再看本书另外的一个应用场景,时间来到2022年7月,我有幸受邀参加了某客户的大型网络安全攻防演练项目。当时我们团队所在的小组任务是负责攻击情报的溯源分析。其间,我们每天都能收到大量的攻击扫描IP情报,我们运用本书的理论知识和分析思维,结合各类情报工具,利用已知有限的IOC情报,获取了扩展的IMINT(图像情报)、GEOINT(地理空间信息情报)等,最终有效定位到了攻击者的基础设施、能力手法、攻击目标，乃至对手在社交网站上留下的身份信息。这个过程是一次典型的钻石模型分析思维的实战应用。

本书不仅是网络安全攻防演练领域不可多得的方法论指导书，适合甲方企业的安全运营分析人员阅读，同时也有助于在溯源分析等领域系统有效地提升厂商的高级安全服务能力，适合乙方网络安全厂商的安全研究员阅读。限于译者水平，译文中难免存在疏漏，恳请读者批评指正。

常言道"善始者实繁，克终者盖寡"。在这几年，很多单位的IT基础设施为迎合新的业务需求，已经发生了较大的改变。新的IT环境意味着新的风险，新的威胁也与之并存，作者们将新场景、新方法、新工具与时俱进地在本书中进行了更新。在这里也向两位作者表达个人由衷的敬佩。

最后，感谢各位业界同人这些年来对本书的指导与认可，感谢我的团队对我的帮助，感谢家人亲友对我毅然创业给予的理解和支持，感谢合译者柏松老师给我的鼓励，与他同行的这些年，是我人生中最宝贵的学习历程。

李燕宏

目录

第 2 版序言 1

第 1 版序言 3

前言 7

第一部分　基础知识

第 1 章 概述 15
1.1 情报作为事件响应的一部分 15
 1.1.1 网络威胁情报的历史 16
 1.1.2 现代网络威胁情报 18
 1.1.3 未来之路 19
1.2 事件响应作为情报的一部分 19
1.3 什么是情报驱动的事件响应 20
1.4 为什么是情报驱动的事件响应 20
 1.4.1 SMN 行动 20
 1.4.2 SolarWinds 21
1.5 本章小结 22

第 2 章 情报原则 23
2.1 情报与研究 24
2.2 数据与情报 24
2.3 来源与方法 25

2.4 模型 28
2.4.1 使用模型进行协作 28
2.4.2 流程模型 29
2.4.3 情报循环的应用案例 35
2.5 好情报的质量 36
2.5.1 收集方法 36
2.5.2 收集日期 36
2.5.3 上下文 36
2.5.4 解决分析中的偏见 37
2.6 情报级别 37
2.6.1 战术情报 37
2.6.2 作战情报 37
2.6.3 战略情报 38
2.7 置信级别 38
2.8 本章小结 39

第 3 章 事件响应原则 40
3.1 事件响应周期 40
3.1.1 预备 41
3.1.2 识别 42
3.1.3 遏制 43
3.1.4 消除 44
3.1.5 恢复 45
3.1.6 反思 45
3.2 杀伤链 47
3.2.1 目标定位 49
3.2.2 侦察跟踪 49
3.2.3 武器构造 50
3.2.4 载荷投递 54
3.2.5 漏洞利用 55
3.2.6 后门安装 56
3.2.7 命令和控制 57
3.2.8 目标行动 57
3.2.9 杀伤链示例 60
3.3 钻石模型 61
3.3.1 基本模型 62

    3.3.2 模型扩展 62
  3.4 ATT&CK 和 D3FEND 63
    3.4.1 ATT&CK 63
    3.4.2 D3FEND 64
  3.5 主动防御 65
    3.5.1 阻断 66
    3.5.2 干扰 66
    3.5.3 降级 66
    3.5.4 欺骗 66
    3.5.5 销毁 67
  3.6 F3EAD 67
    3.6.1 查找 68
    3.6.2 定位 68
    3.6.3 消除 68
    3.6.4 利用 68
    3.6.5 分析 69
    3.6.6 传播 69
    3.6.7 F3EAD 的应用 70
  3.7 选择正确的模型 71
  3.8 场景：走鹃行动 71
  3.9 本章小结 72

第二部分　实战篇

第 4 章 查找 75
  4.1 围绕行为体查找目标 75
    4.1.1 从已知信息着手 77
    4.1.2 查找阶段的有效信息 77
    4.1.3 杀伤链的使用 79
    4.1.4 攻击目标 82
  4.2 围绕受害者查找目标 83
  4.3 围绕资产查找目标 85
  4.4 围绕能力查找目标 87
  4.5 围绕媒体查找目标 88
  4.6 根据第三方通知查找目标 89
  4.7 设定优先级 90

        4.7.1 紧迫性 90
        4.7.2 既往事件 90
        4.7.3 严重性 91
    4.8 定向活动的组织 91
        4.8.1 精确线索 91
        4.8.2 模糊线索 91
        4.8.3 相关线索分组 91
        4.8.4 线索存储和记录 92
    4.9 信息请求过程 92
    4.10 本章小结 93

第 5 章 定位 94

    5.1 入侵检测 95
        5.1.1 网络告警 95
        5.1.2 系统告警 101
        5.1.3 定位走鹃行动 103
    5.2 入侵调查 105
        5.2.1 网络分析 105
        5.2.2 实时响应 111
        5.2.3 内存分析 112
        5.2.4 磁盘分析 113
        5.2.5 企业检测和响应 115
        5.2.6 恶意软件分析 116
    5.3 范围确定 120
    5.4 威胁狩猎 120
        5.4.1 提出假设 121
        5.4.2 验证假设 121
    5.5 本章小结 121

第 6 章 消除 123

    6.1 消除并非反击 123
    6.2 消除的各阶段 124
        6.2.1 缓解 125
        6.2.2 修复 127
        6.2.3 重构 130

6.3 采取行动 131
　　6.3.1 阻止 131
　　6.3.2 干扰 132
　　6.3.3 降级 133
　　6.3.4 欺骗 133
　　6.3.5 销毁 134
6.4 事件数据的组织 134
　　6.4.1 行动跟踪工具 134
　　6.4.2 专用工具 137
6.5 评估损失 137
6.6 监控生命周期 138
　　6.6.1 创建 138
　　6.6.2 测试 138
　　6.6.3 部署 139
　　6.6.4 改进 139
　　6.6.5 退役 139
6.7 本章小结 140

第 7 章 利用 141

7.1 战术与战略 OODA 循环 142
7.2 什么可以利用 143
7.3 信息收集 144
　　7.3.1 信息收集的类型 145
　　7.3.2 挖掘既往事件 145
　　7.3.3 收集外部信息（或进行文献综述）...146
7.4 威胁数据的提取与存储 146
　　7.4.1 存储威胁数据的标准 146
　　7.4.2 信标的数据标准与格式 147
　　7.4.3 战略信息的数据标准与格式 150
　　7.4.4 信息提取流程 152
7.5 信息管理 153
7.6 本章小结 156

第 8 章 分析 157

8.1 分析的基本原理 157

8.1.1 双重过程思维 158
　　8.1.2 演绎推理、归纳推理和溯因推理 159
　8.2 分析过程与方法 162
　　8.2.1 结构化分析方法 162
　　8.2.2 以目标为中心的分析 170
　8.3 进行分析 173
　　8.3.1 分析什么 173
　　8.3.2 拓线数据 175
　　8.3.3 利用信息共享 178
　　8.3.4 提出假设 178
　　8.3.5 评估关键假设 179
　8.4 使你出错的事情（分析偏见）.. 180
　8.5 判断和结论 183
　8.6 本章小结 183

第 9 章 传播 185
　9.1 情报客户的目标 186
　9.2 受众 186
　　9.2.1 行政领导类客户 186
　　9.2.2 内部技术客户 188
　　9.2.3 外部技术客户 189
　　9.2.4 设定客户画像 191
　9.3 作者 193
　9.4 可操作性 194
　9.5 写作步骤 196
　　9.5.1 规划 196
　　9.5.2 起草 196
　　9.5.3 编辑 197
　9.6 情报产品 199
　　9.6.1 短篇幅情报产品 200
　　9.6.2 长篇幅情报产品 204
　　9.6.3 信息请求流程 210
　　9.6.4 自动使用型情报产品 213
　9.7 节奏安排 217
　　9.7.1 分发 218

9.7.2 反馈 218
9.7.3 定期发布产品 219
9.8 本章小结 219

第三部分 未来之路

第 10 章 战略情报 223
10.1 什么是战略情报 224
10.2 战略情报在情报驱动的事件响应中的角色 225
10.3 事件响应之外的情报 226
    10.3.1 红队 226
    10.3.2 漏洞管理 227
    10.3.3 架构和工程 228
    10.3.4 隐私、安全和物理安全性 229
10.4 利用战略情报构建框架 229
10.5 战略情报循环 235
    10.5.1 战略需求的设定 235
    10.5.2 收集 236
    10.5.3 分析 238
    10.5.4 传播 241
10.6 朝着预期情报前进 241
10.7 本章小结 242

第 11 章 建立情报计划 244
11.1 你准备好了吗 244
11.2 规划情报计划 246
    11.2.1 定义利益相关者 246
    11.2.2 定义目标 248
    11.2.3 定义成功标准 248
    11.2.4 确定需求和限制 249
    11.2.5 战略性思考 250
    11.2.6 定义度量标准 250
11.3 利益相关者档案 251
11.4 战术用例 252
    11.4.1 SOC 支持 252

  11.4.2 指标管理 253
11.5 运营用例 254
11.6 战略用例 255
  11.6.1 架构支持 255
  11.6.2 风险评估——战略态势感知 256
11.7 从战略到战术还是从战术到战略 256
11.8 情报团队 257
  11.8.1 建立多元化团队 257
  11.8.2 团队建设和流程开发 258
11.9 展示情报计划的价值 259
11.10 本章小结 260

第 2 版序言

网络威胁的形势不断加剧,政府和行业所需的优秀网络安全专家的数量却跟不上这种增长。可以预见,在未来五年内,对网络专业人才的竞争会变得更加激烈。随着生成式人工智能和其他有力工具的应用,对众多高积极性的攻击者来说,网络入侵的成功概率也越来越高。考虑到这种情况,以及我们不断丰富的数字生活,Scott J. Roberts 和 Rebekah Brown 的这本书便成为特别重要和及时的资源。我们需要争夺必要的网络人才以保护内部系统和数据免受商业驱动的犯罪分子、Glass Breaking 黑客行动主义者或地缘政治行为者的攻击。企业需要制定一项战略,以吸引有潜质的人才从事有益且有意义的网络工作,并培养一支善于发现、修复和消除网络入侵风险的网络安全保障团队。Scott J. Roberts 和 Rebekah Brown 在本书中解释了这是如何做到的,本书对于那些在企业中负责网络安全成熟度的人来说,是不可多得的金矿。

在第 2 版中,Scott J. Roberts 和 Rebekah Brown 对网络安全分析的概念和方法进行了改进和更新,并以诙谐、富有洞察力的语言娓娓道来,为企业网络安全各个层面的投入提供了战略和战术的最佳实践。第 1 版的读者受益于书中令人耳目一新的分步指南,这些指南启发读者思考并实施高效的网络安全团队结构和职能。第 2 版则提供了更多的案例和专业技巧,让读者能够在网络威胁情报工作中应用前沿模型。作者在每一页都力求吸引读者,并详细解释了每种推荐情报实践背后的原因和方式。

大多数大学或其他培训机构提供的网络教育往往侧重于技术技能。在这本书中,Scott J. Roberts 和 Rebekah Brown 填补了传统教育的空白,将技术熟练的个人转变为复杂且具有威胁意识的网络安全狩猎团队。在转型的过程中,作者引入了情报专业人员的全球视角和方法。Scott J. Roberts 和 Rebekah Brown 在他们自己的职业生涯中实现了这种融合,通过这本书来指引他人实现同样的目标。书中传授了他们在公共和私营部门沉淀的多年经验,不仅有丰富的检测和拒绝策略,也有坦率的安全权衡建议,更有对"敌人"报复行动做法的重要警告。他们的建议是合理的、务实的,即使是那些刚接触网络安全领域的人也能理解,能够为国家、企业的网络安全团队节省数小时、数月甚至数年的探索试验，少走很多弯路。

Scott J. Roberts 和 Rebekah Brown 为寻求提供网络培训前沿的高管、网络团队负责人、州和联邦官员以及教育工作者解密了网络安全情报知识。他们明确表示，对于寻求节省时间和金钱的机构来说，把资源用在网络安全与情报相结合的实践上才是明智之举。有经验的网络安全团队会在本书讨论内部沟通和情报传播的章节中发现巨大的价值。Scott J. Roberts 和 Rebekah Brown 为那些因无法向企业领导层传达网络安全角色的重要性而感到沮丧的团队提供了清晰而令人信服的数据支撑，为一直独立运作的安全运营和情报团队提供了一张蓝图，能够最大限度地发挥两个团队的功能，将他们的实践融合到一个有效的检测、响应、评估、复盘的循环中，能够在不断演变的威胁面前保持领先。过去网络安全领域的经验表明，协作、跨职能的实践是组建高效团队的重要标志，Scott J. Roberts 和 Rebekah Brown 将在本书中为我们展示这是如何完成的。

网络安全专家寻求有意义和有益的工作，更青睐那些在投资保护企业网络中受益的机构。临时组建的网络安全团队将无法很好地为他们的企业服务，也无法吸引他们所寻求的人才，散发着专业精神和能够高度熟练运作的团队将吸引市场上最好的人才。从这个角度讲，本书是一本优秀的团队创建指南。

大多数公共和私人机构现在都认识到，它们代表了一个安全边界，以前这个边界通常由政府捍卫。所有领导组织的人都必须构建自己的网络防御结构和实践。Scott J. Roberts 和 Rebekah Brown 强调，这不需要单独完成。促进机构间情报共享的合作结构提供了一种"团队合作"的方法，有可能加快响应时间，并加强各方的抵抗、恢复和复苏（恢复更强大）战略。比对手更快很重要。

作为情报预测领域的专业人士，我领导的团队在 21 世纪网络安全威胁形势的广阔视野中寻找最佳战略实践。我深信，Scott J. Roberts 和 Rebekah Brown 所提供的网络安全情报方法——聪明、协作、适应性强，旨在实现和保持战略主动性——是在不断扩大的精通网络安全的对手队伍中保持领先地位的唯一途径。我非常高兴能看到他们的作品，并继续抓住每一个机会推荐它，相信读者会感谢自己拿起这本书。

——Jeannie L. Johnson
美国犹他州立大学网络安全情报预测中心创始人

第 1 版序言

20 多年前,我参与了响应来自黑客组织 Moonlight Maze 的大规模入侵。我在美国空军特别调查办公室的工作是帮助收集数据、解析并分析网络中的恶意行为和受感染的系统。我们在分析了针对很多目标的多次攻击行为后了解到,除非把这些受攻击系统的电源拔掉,否则对手不会善罢甘休。对手非常有耐心,一旦他们发现我们采取了应对措施,他们可以在数周之内不再访问相同的目标。攻击者在网络中横向渗透多个目标并留下后门来维持网络访问权限。在同一个攻击者的多次入侵中,团队成员开始建立一个档案,记录下这个对手是谁,他们如何操作以及他们的目标是什么。这个档案帮助美国国防部在全球各地实现了网络防御。Moonlight Maze 入侵事件的袭击范围和紧迫性,最终促成了计算机网络防御联合特遣部队(JTF-CND)的建立,后来发展成了美国网络作战司令部(United States Cyber Command,USCYBERCOM)。

我们从 20 世纪 90 年代末的那些高级攻击中学到了很多。首先,我们得知,为了侦察攻击者,我们不得不向攻击者学习。依据早期发现的入侵工具和行为特征,我们能够在其他网络攻击中识别出同一个攻击者。这个信息可以帮助我们提前防范并检测特定攻击者的入侵。网络威胁情报也成为继入侵检测系统、防火墙等安全产品后,信息安全领域的重要发展产物。

这些年来在国防部、政府机构、Mandiant(麦迪安,美国知名网络安全公司)以及自己公司的职业生涯中,我经历了数百次安全事件的应急响应,我们一直强调的一件事是,事件响应者的主要目标是利用机会了解攻击者。有了这些信息,我们便可以观察并判断攻击者是否也入侵了另一个网络。这样的情报为我们针对定向攻击的防御姿势奠定了方法论基础。一个企业不太可能受到单个黑客的攻击,他们可能是一个黑客组织的一部分,在他们的攻击清单中有你的企业名称。如果没有网络威胁情报作为事件响应数据的主要来源,那么安全防御将难以得到很大改善,也就无法减少对手攻入网络后的驻留时间。

威胁情报在 20 多年前已显得至关重要,从 Cliff Stoll 撰写的《杜鹃蛋》(*Cuckoo's Egg*)

一书中讲述的故事开始。但至今为止，绝大多数企业仍在学习和采用过去的方法。其中有一部分原因是团队没有可参考的业界标杆，另一个原因则是来自安全厂商的误导。对我们来说，幸运的是，这本书终于出版了。通过传递正确的威胁情报概念、策略和能力来逐步赋能读者，企业可以采用这些概念、策略和能力来发展自己的安全实践。阅读完这本书后，企业的安全运营可以向情报驱动的方向发展，在检测并减少潜在安全威胁造成的影响方面，将会比以往任何时候都更有效率。

作为美国系统网络安全协会（SANS Insitute）的数字取证与事件响应课程主任和负责人，多年来我一直在强调正确的威胁评估和情报的重要性。许多分析师认为，情报对于阻止攻击者的作用是"有则更好"或"不太重要"，在他们开始学习情报之后，都会觉得如果没有它们，能采取的消除措施非常有限。

多年来，我已经建议许多高管把更多的金钱花在获取正确的威胁情报上，而不是购买供应商那些可能无法检测下一次入侵的硬件，这些硬件通常不会将信标（入侵特征）的学习和提取作为威胁情报分析过程的环节。这个建议有一部分是来自与本书作者 Scott J. Roberts 和 Rebekah Brown 的对话。

Scott J. Roberts 和我曾一同在 Mandiant 公司工作，我们一直是很好的朋友。多年来我一直关注他，是他的论文和文章的狂热读者。Scott J. Roberts 目前是 SANS 机构网络威胁情报课程（FOR578）的讲师之一。多年来听 Scott J. Roberts 讲这个课题，我总是感到在呼吸着智慧的空气，这可不亚于听到沃伦·巴菲特给予的财务咨询。当我读到这本书时，我甚至可以在脑海中听到 Scott J. Roberts 的声音。

Rebekah Brown 与我的背景相似，以前是一名军人，一直在网络行动部门工作。她曾担任美国海军陆战队网络部队作战负责人，她还是美国国防部网络安全运营教练员、美国国家安全局（NSA）网络战分析师，她还为《财富》500 强企业和信息安全领域供应商提供威胁情报。Rebekah Brown 非常了解这个领域，曾在美国国防部（情报与网络空间社区）以及许多公司的内外部工作。Rebekah Brown 根据她的联合攻防网络安全运营理论，向白宫提供了许多网络威胁情报。能够结识 Rebekah Brown 是非常荣幸的，特别是当我继续学习如何将传统的情报方法应用于网络安全运营分析时。同时，我也要很自豪地强调，Rebekah Brown 也是 FOR578 的课程作者和讲师。

总之，Scott J. Roberts 和 Rebekah Brown 已将他们的思想糅合于纸上，这是你目前能读到的最知名的网络安全运营战略指南之一。建议你将这本书作为企业网络分析师的必读书目。这本书在我的网络安全分析师推荐阅读清单的顶部。这本书所表达的观点并不是解决技术挑战、攻击战术或安全防御部署，而是侧重于在内部改进企业网络安全运营的态势、检测以及响应方面的思路。

对于网络安全管理来讲，这本书最重要的章节之一是如何建立威胁情报计划。回顾 Scott J. Roberts 和 Rebekah Brown 之前在许多企业的经历，实在令人印象深刻。从他们的知识中受益的企业已经明白，"威胁情报"不是简单的三言两语，他们的方法论以及每个步骤的要求都值得读上几遍。

对于那些安全分析师岗位的读者，这本书的主体内容会逐步讲解适当的事件响应方法论以及如何利用威胁情报思维方式。一旦你畅游于这本书的信息海洋中，你可能会改变自身在企业网络安全岗位上的工作方式。它将使你从一个普通分析师转变为具有先进运营技能的分析师，并给你的职业生涯带来持续的回报。

我多么希望 20 年前当我第一次调查黑客入侵事件时能拥有这本书。幸运的是，今天我们有了这本书，当我的学生想要实现战术级响应的超越时，我都推荐他们好好阅读这本书，并将书中的知识应用于所有有用的框架和策略。

——Rob Lee
Harbingers Security 公司创始人
美国系统网络安全协会（SANS Institute）
数字取证与事件响应（DFIR）负责人

前言

欢迎来到情报驱动事件响应这个激动人心的世界！情报，具体点说，网络威胁情报，拥有巨大的潜力来帮助网络防御者更好地了解和响应攻击者对网络发起的攻击行为。

在第 1 版中，我们的目标是阐述情报如何融入事件响应过程，并采用当时看上去较新的方法来了解攻击者并减少检测、响应和补救入侵所需的时间。自第 1 版发布以来的几年里，我们看到了该领域在数量和能力方面的快速发展，在第 2 版中，我们的目标是继续与该领域一起成长，添加额外的技术、方法、经验教训和案例研究，将这些概念更无缝地整合到每天正在进行的关键工作中，进一步提升我们日常所依赖的技术。

无论你处于旅程的哪个阶段，无论你是刚刚开始从事网络安全工作，还是正在从另一个安全领域过渡到网络安全威胁情报方向，乃至你是一位经验丰富的专业人士，我们都希望你能够发现本书是一个有价值的工具，可以帮助你完成让世界变得更加安全的使命。

我们为什么写这本书

近年来，我们看到一种趋势——事件响应从以前的独立活动到现在被视为整体网络安全计划的一个组成部分。与此同时，网络威胁情报正在迅速变得越来越受欢迎，更多的公司和事件响应者正在努力了解如何将威胁情报纳入其业务。对抗是真实的，自从我们学习了如何将传统的情报原则应用于事件响应实践，这个过程伴随而来的痛苦也与日俱增，但是我们知道这是值得的。因此，我们在本书中将威胁情报和事件响应汇聚在一起，展示它们如何更强大、更有效地相互促进，帮助实践者缩短将其纳入运营的时间。

目标读者

这本书是为安全事件响应从业者撰写的，读者可能是事件经理、恶意软件分析师、逆向工程师、数字取证专家或情报分析师。本书也适合那些有兴趣深入了解事件响应的读者阅读。网络威胁情报吸引人的地方在于，许多人都想了解攻击者，了解他们的动机和运作方式，而事件响应是了解这个领域的最佳方式。但是只有当事件响应采用情报思维方式去实践时，我们才开始真正了解所掌握的信息的价值。你在阅读本书之前，无须成为事件响应或者情报方面的专家，也无须从其他书获取相关背景知识。我们将介绍这两个领域的基础知识，展示它们如何相互促进，并提供实用的建议和场景案例来说明这一过程。

本书结构

本书的内容结构如下：

- 第一部分包括第 1~3 章，介绍情报驱动的事件响应（IDIR）的概念以及情报和事件响应学科的概述。我们将介绍 F3EAD 的概念，它是 IDIR 的重要模型，本书的其余部分将围绕它展开。
- 第二部分包括第 4~9 章，其中第 4~6 章介绍 F3EAD 中以事件响应为重点的部分，即查找、定位和消除；第 7~9 章介绍 F3EAD 流程中以情报为重点的步骤，即利用、分析和传播。
- 第三部分包括第 10~11 章，第 10 章阐述战略层面的情报以及如何将其应用于事件响应和网络安全计划；第 11 章讨论情报计划的形式化以及如何建立情报驱动的事件响应计划并取得成功。

通常，有兴趣将威胁情报整合到事件响应中的人，往往在其中一个领域中具有较强的背景。因此，你在阅读时可能会跳过熟悉的知识点，重点关注新的部分。即使你认为你已经懂了，我们也建议你不要跳过太多，你会发现我们使用了一个新的模型或方法来更好地整合这两个领域！

排版约定

本书使用以下排版约定：

斜体（*Italic*）
　　表示新的术语、URL、电子邮件地址、文件名和文件扩展名。

等宽字体（`Constant width`）
　　用于程序清单，以及段落中的程序元素，如变量或函数名称、数据库、数据类型、环境变量、语句以及关键字。

等宽粗体（**`Constant width bold`**）
　　表示应由用户直接输入的命令或其他文本。

等宽斜体（Constant width italic）

表示应由用户提供的值或由上下文决定的值替换的文本。

该图示表示一般性说明。

该图示表示警告或注意。

O'Reilly 在线学习平台（O'Reilly Online Learning）

40 多年来，O'Reilly Media 致力于提供技术和商业培训、知识和卓越见解，来帮助众多公司取得成功。

我们拥有独一无二的专家和革新者组成的庞大网络，他们通过图书、文章、会议和我们的在线学习平台分享他们的知识和经验。O'Reilly 的在线学习平台允许你按需访问现场培训课程、深入的学习路径、交互式编程环境，以及 O'Reilly 和 200 多家其他出版商提供的大量文本和视频资源。有关的更多信息，请访问 *http://oreilly.com*。

如何联系我们

对于本书，如果有任何意见或疑问，请按照以下地址联系本书出版商。

美国：

O'Reilly Media，Inc.

1005 Gravenstein Highway North

Sebastopol，CA 95472

中国：

北京市西城区西直门南大街 2 号成铭大厦 C 座 807 室（100035）

奥莱利技术咨询（北京）有限公司

针对中文版的勘误请发送电子邮件至 *errata@oreilly.com.cn*。

本书配套网站 https://oreil.ly/intelligence-driven-incident-response-2e 上列出了勘误表、示例以及其他信息。

关于书籍和课程的新闻和信息，请访问我们的网站 https://oreilly.com。

我们在 Facebook 上的地址：https://facebook.com/oreilly。

我们在 Twitter（现为 X）上的地址：https://twitter.com/oreillymedia。

我们在 YouTube 上的地址：https://www.youtube.com/oreillymedia。

致谢

Rebekah Brown 想感谢以下人士：

首先，感谢才华横溢、坚定不移的搭档 Gordon 一直支持我，即使我不得不放弃咖啡六个月，这对我来说是艰难的。你的爱和鼓励让我把脑海中的梦想变成现实。

感谢我了不起的孩子们，你们已经成长为了不起的人，每天都在激励我让世界（虚拟空间和现实世界）变得更美好。

感谢我的父母和 Ramey 家族的其他成员，谢谢你们让我的一生成为一次大冒险。感谢"Big Fam"群聊组，当我们无法出门时，它让我们所有人都保持联系。

感谢这些年来我共事过的所有了不起的人。大家都知道，我是团队力量的拥护者，我为能与这么多聪明的人一起工作而感到荣幸，你们帮助我成为一个更好的人和分析师。

致我的 ShameCon 团队，我们的故事版本可能不一致，但我同样爱你们。

对于 Scott J. Roberts，我该对我的挚友说什么呢？谢谢你成为我最具创意的合著者，感谢你总是愿意和我就复杂的话题进行头脑风暴。

我们在新冠疫情期间撰写了本书的大部分更新内容，因此我还要感谢这个过程中的医疗急救人员和工作人员，你们在帮助他人的过程中将自己置于危险之中。特别感谢 Bellden Café 的领导和工作人员，感谢你们提供的无咖啡因拿铁和鳄梨吐司，这些为我们写作本书提供了动力。

Scott J. Roberts 想感谢以下人士（和组织）：

Kessa：我的伴侣、灵感来源、挑战者和支持者。我们一起面对过许多挑战，一起做过许多事情，你从来没有逼迫过我，但看到你的努力，会让我每天想做得更多。我每天都更爱你！

SJR4：嘿，小不点儿！尽管你现在不会读到这篇文章，未来一段时间也不会读，但你是其中的一部分。希望你会看到当一个人全神贯注并追随他们的激情时，他们能做些什么。我迫不及待地想看看你会做什么！在那之前，谢谢你所有的笑容。

我的家人：我现在离大本营很远（虽然离山更近），但我会永远感激你们提供的这个坚实后盾。你们为我提供的硬件支持非常好，从我们家的第一台 Apple II 到 Palm Pilots，再到我的第一台笔记本电脑。尽管如此，家人在情感和智力上的支持更重要，而且永远不会过时。

师长们：感谢我遇到的许多朋友、同事、导师和经理，你们挑战我、激励我，并帮助我探索这个疯狂行业的方方面面。你们帮助我成为现在的分析师、工程师、应急响应专家和作家。

犹他州立大学（Utah State University，USU）：我曾以为自己一直都会是宾夕法尼亚州立大学尼塔尼雄狮队（Nittany Lion）的狂热球迷，但现在，我彻底成了宾夕法尼亚州立大学 Aggie 队的球迷。我非常荣幸能参与一些顶级的项目，从网络安全情报预测中心到 Huntsman 商学院的 SOC 数据分析创新（DAIS）项目。在我 20 年的职业生涯中，没有什么能比这些项目更颠覆我的世界观。

Rebekah Brown：我认为你现在绝对是我技术上的亲密战友。无论在哪里，我都无法找到一个比你更好的合著者、工作伙伴、灵魂伴侣和朋友。

第一部分

基础知识

当你开始涉猎情报驱动的事件响应时,请务必对情报与事件响应的流程有所了解。第一部分将介绍网络威胁情报、情报过程、事件响应流程以及它们如何协同工作。

第 1 章

概述

"但我认为,真正扣人心弦的地方在于追捕者与猎物之间的关系,无论他们是作家还是间谍。"

——John le Carre

情报过去只用于国家安全和军事行动的秘密领域,现在已成为世界各地许多组织日常运作的基础。从本质上讲,情报旨在为决策者提供在任何特定情况下做出正确选择所需的信息。

以前,决策者经历了巨大的不确定性,因为他们没有足够的信息来做出正确的决策。今天,他们可能会觉得信息太多了,但依然和过去一样模糊和不确定。网络安全领域尤其如此,在网络安全实践过程中,很少有明确的迹象能指示即将发生的重大安全事件。为了对如何准备和响应网络安全事件做出决策,决策者需要了解基础的情报知识、网络入侵的细微差别以及如何将两者结合起来,准确评估情况及其对整个组织的意义。简而言之,他们需要能够进行情报驱动的事件响应的分析师。

在深入了解情报驱动事件响应之前,我们需要明白为何网络威胁情报对事件响应如此重要。本章将介绍网络威胁情报的基础知识,包括其历史和未来发展方向,这为本书其余部分讨论的概念奠定了基础。

1.1 情报作为事件响应的一部分

只要有斗争冲突,就有努力去了解对手的人。一场战争的输赢,一定程度上取决于你对对手的了解程度,比如他的思维方式、动机和战术,并根据理解做出或大或小的决策。无论是什么类型的斗争冲突,不管是国家之间的战争还是对敏感网络的秘密入侵,威胁情报都指导着双方。只要你掌握威胁情报的艺术及其科学的一面,分析对手的意图、能力和时机等信息,胜利几乎就会站在你这一边。

1.1.1 网络威胁情报的历史

了解威胁情报在事件响应中的作用的最佳方法之一,就是研究该领域的历史。以下段落中涉及的每个事件都足以填满整本书。从 Cliff Stoll 的标志性著作《杜鹃蛋》,到近代几十年前 Moonlight Maze 入侵事件的启示,网络威胁情报的历史波澜壮阔,引人入胜,并为现代在该领域工作的人们提供了许多经验教训。

第一次入侵

1986 年,Cliff Stoll 还是美国加州劳伦斯伯克利国家实验室的博士生。有一天,他注意到计算机实验室有一笔 75 美分的计费差异,这表明有人没有付费便在使用实验室的计算机系统。在现代化的今天,那些网络安全产品的"大脑"可以轻易发现"未经授权的访问"并快速预警,但在 1986 年,这几乎很难引起人们的关注。那时的网络入侵系统并不像今天一样每天能触发告警消息,无法及时发现数百万甚至数十亿美元被盗。当时大多数连接到互联网的计算机属于政府和研究机构,而非普通用户,并且很容易假设每个使用这个系统的人都是友好的。在那一年,网络抓包工具 tcpdump 尚未发布,常见的网络发现工具(如 Nmap)过了十年才被创造出来,而渗透框架(如 Metasploit)则又是 15 年后才开始出现的。如果有人没有为自己的使用行为付费,往往会被认为是软件的缺陷或记账功能错误。

意识到此事的非比寻常,Stoll 没有将其当成一个计算机故障或用户贪小便宜的事件处理。事实上,他正在跟踪的是一个"狡猾的黑客",黑客正在使用伯克利的网络作为跳板,尝试进一步获得进入敏感的政府计算机系统 [如白沙导弹试验场系统和国家安全局(NSA)系统] 的权限。Stoll 监控、打印了传入的网络流量,并开始对入侵者进行画像描绘,这是首次记录入侵者的网络间谍活动。他逐渐了解了攻击者的活跃时间、运行的网络命令以及其他活动模式,并了解到攻击者如何利用 GNU Emacs 移动邮件(movemail)功能中的漏洞入侵伯克利的网络。这是一种策略,Stoll 将其比喻成一只杜鹃鸟,这种鸟会将蛋放在另一个鸟巢中孵化,后来成了一本谈论入侵的书——《杜鹃蛋》的书名。

了解攻击者意味着有可能保护自身网络免受进一步渗透,识别攻击者的下一个目标,并在微观层面(识别执行攻击的个体)和宏观层面(了解各国在传统情报收集武器库中部署的新策略,并改变政策以应对这一变化)采取响应措施。

破坏性攻击

1988 年,康奈尔大学的学生 Robert T. Morris(*https://oreil.ly/LtI5x*)入侵了麻省理工学院(MIT)的一个计算机实验室,并发布了一个计算机程序,该程序旨在将自身复制到尽可能多的计算机上而不会被发现。这个程序通过利用互联网电子邮件传递系统中的后门，以及识别网络用户特定程序中的漏洞缺陷来做到这一点。一开始它只是一个无害的实验，或者像一些人所描述的那样是一个恶作剧，但它并没有完全按照 Morris 的意图工作，并成为网络安全历史的一部分（这就像常规历史一样，但更酷）。Morris 的网络"蠕虫"最终导致 6000 台计算机崩溃，约占当时连接互联网计算机的 10%。哈佛大学、普林斯顿大学、斯坦福大学、约翰霍普金斯大学、美国宇航局和劳伦斯利弗莫尔国家实验室的系统都是受害者。当时美国联邦调查局的调查人员正在努力检查这起事件，无法确定这是事故还是攻击，这时 Morris 打电话给两个朋友并承认他是蠕虫的幕后黑手。其中一位朋友打电话给《纽约时报》，这导致 Morris 最终因违反 1986 年新的《计算机欺诈和滥用法》（CFAA）而被定罪。

尽管这个蠕虫背后没有恶意，实际上，它只是又一个案例，说明程序并不总是完全按照创建者的意图行事，但今天仍然可以看到它深远的影响。随着互联网运营变得越来越重要，能够快速识别和修复入侵或破坏性攻击变得更加重要。计算机应急响应小组（CERT）于 1998 年在卡内基梅隆大学成立，这是一支训练有素的专业响应小组，负责为网络攻击提供评估和解决方案。Morris 的蠕虫事件还强调了快速追溯攻击的重要性。1988 年，冷战出现了显著的"升温"，里根和戈尔巴乔夫在莫斯科会晤，苏联军队开始从阿富汗撤军。如果这种蠕虫被错误地归咎于苏联的活动（《杜鹃蛋》一书中就是这种情况），那么它可能会显著改变历史进程。

月光迷宫

在《杜鹃蛋》和 Morris 蠕虫之后的十年里，事件响应领域得到了改善。这不仅是因为 CERT 的创建，还因为该领域本身在政府、军队和私营部门的专业化。此外，网络监控工具的适时出现，意味着防御者不再依赖于散落在地下室的打印机来识别恶意网络活动。这种能力的提升是偶然的，但与此同时，入侵活动不仅没有停止，反而规模和手段越来越复杂。1998 年，美国政府确定了代号为"月光迷宫"（Moonlight Maze，https://oreil.ly/DT6G8）的政府网络入侵事件，仍然是公认的规模最大、持续时间最长的入侵。

1998 年 3 月，美国政府注意到几个受限网络内的异常活动，包括五角大楼、美国宇航局（是的，美国宇航局一直是入侵的目标）和美国能源部（DOE）。进一步分析发现，在几所大学也存在同样的恶意活动，并显示该活动已经持续了至少两年。这种活动的持续性不同于以往的任何入侵（就当时所知），后者似乎更有针对性和短暂性。与这些情况不同的是，攻击者在网络的不同部分留下了战略后门，以便他们可以随意返回，攻击者从许多看似毫无关联的地点收集信息。

我们有幸能与 20 世纪 90 年代及今天仍在直接调查和应对"月光迷宫"的人密切合作，因为在这次入侵中仍存在许多未解之谜，同时也能收获许多见解。通过与这些人交谈并阅读有关入侵的大量报告，我们了解到情报工作对事件响应至关重要。网络威胁情报弥补了国家在战略层面所做的情报工作与敌对势力意图之间的差距，以及这些敌对目标和行动在计算机网络上是如何显现的。到 1998 年，美国有一个全面的情报机构，积极搜索和监听外国干扰的迹象，但最大的网络攻击一直没有被注意到，直到最后被"意外"发现。因为当时的情报工作还没有被及时调整，所以无法识别针对网络的攻击行动。

"月光迷宫"事件将网络威胁情报能力带入了现代。计算机网络不再只是时不时地受到各种影响，而是因所承载的信息和访问权限直接成为攻击目标。计算机网络是情报收集的一部分，情报需要在防御中发挥作用。

1.1.2 现代网络威胁情报

几十年来，网络威胁不断增长和演变。对手不仅仅是外国政府或好奇的学生，还有黑客犯罪组织、身份窃贼、骗子和激进主义分子。这些对手已经意识到，当他们的行动针对数字目标而不是物理目标时，可能会产生更加深远的影响。这些对手用来攻击受害者的工具和战术层出不穷，而且他们积极试图逃避侦查。与此同时，我们对网络的依赖增加了，使事件的影响更加严重，了解攻击者变得更加复杂和重要。

了解如何识别攻击者的活动，以及如何使用这些信息来保护网络是事件响应者工具包中最近添加的一个基本概念：网络威胁情报。威胁情报是对对手的分析，分析他们的能力、动机和目标。网络威胁情报（有时缩写为 CTI）是分析对手如何利用网络工具实现目标的。图 1-1 显示了这些情报级别是如何相互作用的。

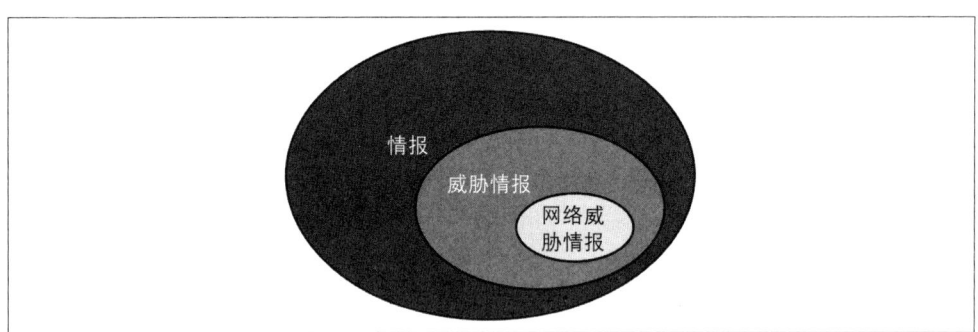

图 1-1：从情报到网络威胁情报

一开始，情报分析师在面对"月光迷宫"这样的入侵时，会通过了解整体入侵情况，告诉我们对手是谁，他们的目标、动机和能力是什么，他们的组织结构是什么。这些威胁情报都是对战略理解和长期规划很重要的事情，但并不能立即为试图保护网络免受今天、明天甚至上周的攻击的人提供价值。网络威胁情报则更关注具有实时性、可操作性的战术和技术细节。持续地学习哪些类型的信息在不同情况下最有价值，网络威胁情报分析员不仅能够提供具体数据，也能够提供真知灼见。

在信息安全领域，我们传统上关注可观察的概念，喜欢可测试和可重现的东西。网络威胁情报同时存在于观察和解释之间。我们可能不确定对手是否会试图访问员工的财务记录，但我们可以对过去的入侵事件和成功攻击我们网络的外部攻击者的数据进行分析，并为可能需要额外保护的系统和数据类型提供建议。我们不仅需要能够解读信息，还需要能够用有意义的方式向目标受众传达信息，帮助他们做出决策。回顾《杜鹃蛋》的作者对历史入侵事件的分析，"需要一个故事"是他从整个分析过程中得出的关键结论之一。他说："一开始我以为只要向人们展示数据，他们就会理解。""但我错了，你需要讲一个故事。"（口述于 2017 年 SANS CTI 峰会）。

1.1.3 未来之路

新的技术不仅让我们能够了解更多攻击者的行动信息，还能让我们更好地利用这些信息采取相应行动。但是我们发现，对于这些新技术、新概念，对手已经不以为然了。蠕虫和病毒的变种更新比那些可以识别它们的设备还快，资助资金充足的老练攻击者比许多网络防御者更有组织与活力。简易直观的情报工作将不足以使防御者摆脱威胁，分析也需要发展，并变得更加正规与结构化。情报的范围必须扩大，业务目标必须变得更加野心勃勃。

除了要对企业模糊而冗长的边界进行威胁检测，分析师还需要更深入地了解攻击者在网络中可能的攻击路径，不管对方是针对单个用户系统还是服务器集群。同时，还得向外看攻击者可能盯上的那些第三方服务商。所有这些信息需要被详尽分析并深刻理解，然后采取行动来更好地预防、发现和消除威胁。这个过程——为更好地了解对手而采取的行动过程——应该成为网络安全运营的正式流程与关键部分：威胁情报。

1.2 事件响应作为情报的一部分

情报，通常来说，是一种已被分析并提炼以使其可操作的信息。因此，情报需要信息。在情报驱动的事件响应中，有多种方式来收集要分析和用于支持事件响应的信息。但是，重要的是要注意事件响应本身也会产生网络威胁情报。传统的情报循环（我们将在第 2 章中深入介绍）涉及方向、收集、处理、分析、传播和反馈。情报驱动的事件响应涉及所有这些步骤，并有助于在威胁情报的其他程序中形成方向，进行收集和分析，比如网络防御和用户意识培训。情报驱动的事件响应在入侵风险被理解和修复前不会结束，实际上，它会持续不断地为情报循环产生信息。

分析一次入侵，不管它是成功还是失败，都可以提供多种信息，可用于更好地了解对环境的总体威胁。通过根因分析和初始访问向量的分析，可以向企业通报网络防御的短板或攻击者可能利用的策略弱点。在系统上识别的恶意软件有助于确定攻击者用来避开传统安全措施（例如，防病毒或基于主机的入侵检测工具）的策略，也有助于识别攻击者的能力以及他们可用的工具。分析攻击者在网络中横向移动的方式可以用于创建新的方法监控网络中的攻击者活动。攻击者最后的执行动作（例如，窃取信息或改变系统的功能）无论是否成功，都可以帮助分析师了解对手的动机和目标，这些动机和目标可用于指导整体安全工作。因此，事件响应过程中的每一步总结，都可用于更好地了解企业面临的威胁。

因此，本书中介绍的各种流程和周期，旨在确保情报驱动的事件响应能支撑整体情报运营。尽管这些流程工具为事件响应中如何利用网络威胁情报提供了具体指导，但请记住，它们也可用于情报功能扩展的其他领域。

1.3 什么是情报驱动的事件响应

网络威胁情报不是一个新概念，只是一种旧方法的新名称：应用结构化的分析过程来了解攻击及其背后的对手。威胁情报在网络安全中的应用是最近才出现的，但基本原理没有改变。网络威胁情报涉及如何运作情报流程和概念（包括一些很古老的概念），并使其成为总体信息安全流程的一部分。威胁情报有许多应用方法，但可以利用的基本方法之一是作为入侵检测和事件响应流程的组成部分，我们称之为情报驱动的事件响应。不管有没有大量的资金投入，每个安全团队都可以做到。它对工具的依赖程度不大，尽管工具有时候有一定帮助，但更多的是我们处理事件响应流程的方式。情报驱动的事件响应不仅有助于识别、理解和消除网络中的威胁，而且有助于加强整个信息安全流程，最终在未来改进这些响应。

1.4 为什么是情报驱动的事件响应

在过去的几十年中，我们的世界互联程度越来越紧密，攻击者可以采用相同的定向攻击策略，针对多个企业执行复杂的入侵任务。在过去，我们会习惯性地认为入侵是一个孤立的事件。当我们更好地了解对手时，可以更容易地掌握这些入侵事件之间的模式。情报驱动的事件响应确保我们能正确地收集、分析和分享情报，帮助我们更快地识别和响应这些模式。

1.4.1 SMN 行动

一个很好的例子就是"The analysis of the Axiom Group"，该文档发布于 2014 年的联合恶意软件消灭运动（CME），这次运动也被称作 SMN 行动。

> **SMN 行动的名词解释**
>
> SMN 是 Some Marketing Name 的英文简称，这是一个有趣的暗示，它揭示了一个非

> 常普遍的现象——营销常常支配着情报产品。不管情况好坏，营销的力量已经在热情拥抱威胁情报，它们都宣称自己是最好的威胁情报产品、来源与工具。许多人第一次接触到威胁情报是通过营销材料，这些夸张的宣传很难让人充分了解实际的威胁是什么。
>
> 重要的是，情报工作的最终目标是更好地理解和防御对手。有时市场营销会是一种阻力，但理想情况下适当的营销可以帮助传递信息，确保威胁情报背后的"故事"能以正确的方式传播给有需要的受众。

六年多来，一批被称为"Axiom黑客组织"的攻击者暗中定向渗透并窃取了财富500强公司、新闻媒体、非政府机构以及其他企业的信息。该组织使用了复杂的工具，攻击者在受害者网络中维持长期的连接并逐步扩大访问权限。随着受害企业中事件响应流程的开展，攻击者使用的恶意软件被发现，人们对该组织使用的一个恶意软件家族进行联合研究后发现，问题比原本想象的要复杂得多。随后，越来越多的行业合作伙伴参与进来并相互交流信息，模式开始被挖掘出来，不仅识别了恶意软件的行为，也识别出了该组织成员的行为习惯并给出了相应的应对指南，最终形成了该组织所针对的地区和行业的战略情报。

这是情报循环在事件响应场景中的一个很好的例子。不仅收集、处理并分析了信息，而且在信息传播过程中产生了新的要求和回馈信息，反复循环直到分析人员得到一个可靠的结论。在该报告发布后，很多分析员能够果断地采取行动，最终消除了43 000个恶意软件。发布报告也是传播阶段的一部分，帮助事件响应者更好地了解这个威胁组织的策略和动机。

1.4.2 SolarWinds

2020年12月，有消息称总部位于得克萨斯州的SolarWinds公司遭到大规模入侵，该公司生产监控和管理IT网络的软件，这类软件是许多大型网络中非常受欢迎的工具，客户广泛覆盖网络安全公司、政府和财富500强公司。披露该事件的是SolarWinds公司的一个客户——网络安全公司火眼（FireEye）。火眼公司发现其开发的一套用于识别入侵的工具被一个未知实体访问，并且网络遭到了破坏，在对网络入侵展开深入调查后（https://oreil.ly/U214f），最终确定了SolarWinds工具是入侵的源头。

根据FireEye公司的分析，SolarWinds网络在2019年末遭到破坏，其软件被篡改，推送给所有客户的软件更新包含一个后门，允许攻击者也访问这些网络。这不是第一次基于软件供应链的攻击，但是它的攻击规模令人震惊。据估计，超过18 000名SolarWinds客户受到了影响。同时它的响应过程也值得注意，在"月光迷宫"事件过去20年后，网络威胁情报作为一门学科已经走了很远。当事件被确认后，FireEye公司发布了一篇博客文章，详细介绍了这起事件以及其他人检测网络活动的方法。随后，其他团队也加入进来，分析他们网络上的活动，并继续公开和通过已建立的威胁共享小组分享指标和新发现，从而快速了解整个攻击的情况。美国国土安全部发布了关于供应链攻击的指导意见，从只对一个孤立事件做出反应的心态转变为思考这些新信息如何塑造行业应对未来入侵的思考方式。尽管不是一个完美的过程，但 SolarWinds 事件说明了网络威胁情报在事件应对中可以发挥的作用，CTI 不仅可以帮助直接受到影响的组织，也可以帮助其他人吸取重要教训。

Axiom Group 的攻击和 SolarWinds 软件供应链入侵，都是与间谍活动有关的信息寻求攻击，但受国家支持的攻击者并不是事件响应者唯一需要担心的。出于金融动机的犯罪活动也越演越烈，这些攻击者也在努力保持领先于防御者和事件响应者。近年来，出于经济动机的犯罪分子最重大的战术变化之一是转向勒索软件。勒索软件攻击使用工具对网络上的数据进行加密，然后对解密数据的密钥收取赎金。勒索软件的概念已经存在了几十年，但自 2012 年以来，它的使用量及影响急剧增加。尽管勒索软件攻击并不总是针对多个组织进行战略攻击或协同攻击，但执行勒索软件攻击的团体通常使用相同的策略、相同的工具集和相同的目标信息，来针对不同的受害者。打击这些出于经济动机的攻击，防御者还可以利用情报驱动的事件响应，在实际加密过程开始之前，识别出网络被这些攻击者破坏的早期迹象。

1.5 本章小结

计算机安全技术不断发展，攻击者的手段也在随之变化，而且他们并不需要领先于防御者。情报驱动的事件响应使我们能够向攻击者学习，识别他们的动机、过程和行为，并识别他们的活动，即使他们试图智胜我们的防御和检测方法。我们对攻击者的了解越多，就越能更好地预防、检测和应对他们的行为。

我们已经了解到在事件响应流程中实现情报结构化和可重复的流程是必要的。本书旨在提供对情报流程的深入剖析。在本书中，我们提供了各种模型和方法论，这些模型和方法作为情报驱动事件响应的构建块。我们将讨论为什么这些模型是有益的，以及它们如何与事件响应相结合。这里不存在放之四海而皆准的方法。在许多情况下，企业将根据实际情况选择最佳的模型和方法的组合。了解情报和事件响应的基本原则，以及整合它们的具体方法，将使你能够开发和构建一个适用于你和组织需求的情报驱动事件响应流程。

第 2 章
情报原则

> 首先要收集事实……再根据这些事实来形成假设，然后验证这些假设，让它们不受自己的知识盲区和偏见的影响。如果发现这些假设受到了影响，就把它们忘得一干二净。这样做是为了得出更好的假设，让它们经得起推敲，更接近真相——直到拨云见日，水落石出。
>
> ——Sherman Kent

情报分析是人类历史上最古老的概念之一。人们每天早晨都会通过手机打开消息或浏览页面，寻找那些对生活有帮助的信息。例如，今天的天气情况怎么样？天气对他们的活动有什么影响？交通状况如何？是否需要预留更多的时间去想去的地方？综合考虑外部信息、内部经验以及优先事项，并对目标受试者——有关个人的影响进行评估。

情报分析的基本假设是：从各种来源获取外部信息，并根据现实数据进行分析，最终提供能影响决策的评估。这个过程会发生在个人层面或更高层，在机构层面、公司层面以及政府层面每天都在上演。不过，有一个大问题——与许多日常分析不同，情报分析涉及尝试理解一个非常想要对你隐藏的对手。天气预报——虽然偶尔不准确——并没有故意欺骗你让你把雨伞留在家里，让你在倾盆大雨中被淋湿。因此，情报分析几乎总是涉及一些保密的方面。即使它不是政府机密计划的一部分，它也涉及一个不希望你全盘了解的实体。同样，你也不希望这个实体知道你对它的了解程度，否则它可能会改变策略，导致你之前的工作失去效果，不得不重新开始分析。事实上，情报工作中的一项重大争论是关于情报收益损失的概念，分析师需要确定通过采取可能警告对手其存在、策略或工具已被发现的行动，会损失多少情报价值。

虽然在传统的政府和军事领域以及这些领域之外有越来越多的情报培训项目，但许多人仍然在没有正式训练的情况下自行进行某种形式的情报分析，许多安全团队在进行调查时也会经历类似的过程，而没有意识到他们实际上正在进行情报分析。尽管直觉分析对于安全计划可能有益,但当使用基本的结构,如流程和模型,来简化情报工作,考虑偏见,并使分析判断具有辩护性和可重复性时,它会更有用。

企业和政府处理情报,会依据惯例和原则。信息和事件响应的情报操作,也有专门的一套正式流程。本章将讨论情报和安全的关键概念。我们将从主要来自情报学说的抽象概念开始,然后逐渐转向可以直接应用于你的事件响应调查的更具体的概念。

2.1 情报与研究

情报作为一门学科,遵循的基本原则与其他类型的应用研究相同,但也存在几个显著的不同之处,包括保密性、及时性和不可复制性。首先,如我们所提到的,情报通常处理的是主体或目标试图积极隐藏的事项。情报分析师不能去档案馆或在线检索所有他们需要的信息。他们可能能够找到大量相关信息,但关键信息往往无法在公开信息中找到。

第二个不同之处是,及时性在情报分析中比在其他研究形式中更为重要。如果信息没有被及时分析并呈现给决策者,那么这些信息可能已经不再具有原本的价值。

第三个不同之处是,由于前两个原则,情报分析中的可复制性,或研究结果的可复用性往往无法实现。大多数分析师都无法获取到完全相同的信息来为分析判断提供外部验证,而情报产品所需的及时性意味着同行评审过程在该领域中是罕见的,通常只在情报失败后进行。

2.2 数据与情报

在谈论其他事情之前,我们有必要澄清一个很热门的讨论话题:"数据"和"情报"之间的区别。这些是安全社区中的重要术语,不幸的是,它们经常被互换使用,以至于许多从业者很难清楚地阐述它们之间的区别。

Joint Publication 2-0 (JP 2-0) (*https://oreil.ly/_dwGY*) 是美军的主要联合情报学说,也是目前仍在使用的基础情报文件之一。该文件中指出:"信息本身可能对指挥官有用,但是当涉及有关运行环境的其他信息,并根据过去的经验来考虑时,会引起对信息的新的认识,这可能被称为情报。"

数据是一条信息、事实或统计结果,是用来描述某些事情的,例如在关于天气报告的例子中,温度是一个数据,描述一个事实,它使用经过验证和可复用的过程进行了测量。了解温度数据固然重要,但为了能进一步用于决策,我们还必须对当天的其他情况进行分析。在信息安全领域,IP 地址或域名是数据。如果没有额外的分析来提供上下文,那么它们只是一个事实。当我们收集并关联分析各种数据后,具备了为某种需求提供洞察的能力，这时它们便成了情报。

情报来自收集、处理和分析数据的过程。情报信息不仅需要被传播，还需要及时地触达预期的受众。没有触达正确受众的情报信息就被浪费了。瑞典文学家 Wilhelm Agrell 是研究和平与冲突的专家，他曾经说："情报分析是一门结合了新闻动态与科学地问题的方法的学科。"

数据和真正的情报之间的区别在于分析。情报需要基于一系列要求进行分析，目的是回答决策者关心的问题。没有分析，安全行业生成的大部分数据仍然是简单的数据。然而，同样的数据，一旦根据需求进行了适当的分析，就成为情报，因为它包含了回答问题和支持决策所需的背景内容。

> **威胁指标**
>
> 曾有一段时间，许多人将威胁指标（IOC）视为与威胁情报同义。我们将在本书后面详细讨论威胁指标，这是在系统或网络日志中寻找的一些可能表明系统已经被破坏的迹象，包括与命令和控制服务器或恶意软件下载相关的 IP 地址和域名、恶意文件的哈希值，以及可能表明入侵的其他网络或主机相关的信息。然而，正如我们将在本书中讨论的，威胁情报远不只是威胁指标，尽管威胁指标仍然是关于入侵的最常见的技术情报类型之一。
>
> 多年来，威胁指标的声誉逐渐恶化，虽然分析师曾经热衷于收集尽可能多的威胁指标，但现在可能会因为方向摇摆过度而被直接拒绝。但是，数据不是情报并不意味着数据没有价值——实际上，没有数据就没有情报！因此，不要把威胁指标当作过去简单时代无用的产物，而要珍视它们的价值——它们可以帮助在网络上检测威胁，并在事后分析和战略研究中使用。我们将在后面的章节中讨论如何使用威胁指标来实现这两种用途。

2.3 来源与方法

既然我们已经澄清了数据和情报之间的区别，接下来的一个问题是："我应该从哪里获取这些数据，以便分析它并产生情报？"

传统的情报来源通常围绕以下情报类型，它们描述了从哪里收集数据：

HUMINT（人工情报）

    HUMINT 来源于人类，是最古老的情报收集方式，要么秘密收集，要么通过外交方式公开收集。关于网络威胁情报是否可以从 HUMINT 得出是有争议的。然而，越来越多的证据表明，HUMINT 可能是整个故事的关键部分。一个例子是与参与或直接了解入侵活动的个人进行访谈或对话，例如卡巴斯基实验室的研究人员能够与一位经历过"月光迷宫"攻击的网络的系统管理员取得联系。这位系统管理员不仅提供了只有经历过入侵的人才能拥有的内部信息和视角，还提供了一台一直放在他桌子下的服务器——这是入侵的一部分，HUMINT 经常能够带来额外的数据收集。许多人认为另一个 HUMINT 的例子是通过受限或仅会员可访问的在线论坛与个体的互动获得的信息。这种情报收集也可以被认为是信号情报，因为它是从电子通信中得来的。

SIGINT（信号情报）

    SIGINT 指从电子信号中获取的情报，包括通信情报（COMINT）、电子情报（ELINT）以及外部仪器信号情报（FISINT）。大多数技术情报收集属于 SIGINT，因为毕竟计算机的功能依靠电子信号实现，所以从计算机或其他网络设备导出的任何信息都可以被视为 SIGINT。

OSINT（开源情报）

    OSINT 是从公开的信息源中收集的，包括新闻、社交媒体、商业数据库以及各种其他非机密源。我们之前讨论过，情报分析，包括网络威胁情报，涉及一些保密的方面。然而，这并不意味着所有的情报来源都必须是保密的。关于网络安全威胁的公开报告是一种类型的 OSINT，在情报分析中非常有用。在处理政府背景的行为者时，详细介绍该政府攻击性网络力量的组织结构的出版物可以提供大量知识。OSINT 也可以帮助揭示关于像 IP 地址或域名这样的公开可访问的信息的技术细节，例如，详细说明谁注册了恶意域的 WHOIS 查询。

IMINT（图像情报）

    IMINT 是从视觉表征，例如照片和雷达影像中收集的。IMINT 通常不是网络威胁情报的来源，但总是存在一些情况，视觉呈现可以提供关键的信息，例如在大规模的、政府支持的拒绝服务攻击期间，有能力观察军队的行动。

MASINT（测量与特征情报）

    MASINT 是指除了信号和图像之外，通过技术手段收集的测量与特征情报。MASINT 通常包括核、光、射频、声学以及地震特征的特性。由于 MASINT 不包含信号情报，因此它通常也不是网络威胁情报的典型来源。

GEOINT（地理空间信息情报）

    GEOINT 来自地理空间数据，包括卫星图像、侦查地图、GPS 数据以及其他与地点有关的数据来源。一些企业认为 IMINT 是 GEOINT 的一部分，有些企业认为它是一门单独的学科。与 IMINT 类似，GEOINT 不是网络威胁情报的典型来源，但它可以提供有关威胁的上下文信息，以帮助你了解攻击者如何使用网络域来实现其目标。

近年来，出现了各种其他的 INT，包括网络情报（CYBINT）、技术情报（TECHINT）、金融情报（FININT），以及我们最近发现的—CyberHumint（网络人工情报）。然而，这些新的术语大多已被其他情报收集方法所覆盖。例如，网络情报主要来源于电子情报（ELINT）和信号情报（SIGINT）。重要的是理解数据的来源。归根结底，如果将特定的收集类型称为它自己的 INT 有助于理解，那就继续；只是要做好应对这个领域常常出现的术语冲突的准备。

刚才我们介绍了一些传统情报收集的方法，这里面有一些收集方法经常被用于网络威胁情报。具体的威胁数据可能来自以下来源：

事件和调查
   这些数据是从数据泄露和事件响应活动的调查中收集的。这通常是网络威胁情报中最丰富的数据集之一，因为调查人员能够识别威胁的多个因素，包括黑客所使用的工具和技术，并且通常可以识别入侵背后的意图和动机。

蜜罐和蜜网
   这些设备被配置成虚拟的机器或网络，并收集与这些设备有关的交互信息。蜜罐有很多种类：低交互蜜罐、高交互蜜罐、内部蜜罐以及边界蜜罐。蜜罐信息非常有用，只要我们理解蜜罐的类型，它们正在监控的内容以及交互的性质。从蜜罐上捕获到的攻击尝试流量（尝试在系统上进行漏洞利用或安装恶意软件），往往要比分析网络扫描流量或 Web 爬虫流量更有用。

   蜜网是一个专门设立的网络，其中包含一个或多个蜜罐，旨在对攻击者显示得更真实，并捕获攻击者如何在网络中的设备间移动的额外信息。就像单个蜜罐一样，理解网络的配置方式对于理解其捕获的攻击者数据非常重要。

论坛和聊天室
   很多公司都声称自己拥有地下网络或暗网的情报收集能力。在许多情况下，这些公司是通过互联网访问那些受限的论坛和聊天室。在这些论坛和聊天室上，许多人会在完成信息分析后互相交换有价值的信息。这种类型的聊天室数量非常庞大，几乎任何一家公司都不可能完全覆盖这些暗网。我们要知道，每家公司收集情报的范围往往是有限的，且不同于其他公司宣称的拥有相似数据。

这些技术是过去常见技术的新迭代，但随着技术的发展，新瓶换旧酒，对于情报来说并没有什么不同。

军事术语

在信息安全领域，军事术语的使用常常引发争议。情报工作已经存在了几个世纪，并被编纂进军事机构的文件中。例如美军的 Joint Publication 2-0: Joint Intelligence（ *https://oreil.ly/2bo9V* ）以及英军的 Joint Doctrine Publication 2-00 - Understanding

---

情报原则 | 27

> and Intelligence Support to Joint Operations（*https://oreil.ly/BHjV-*）。大多数非军事情报的应用仍然非常重视这些文件中记载的普适原则，这导致了现代情报分析中出现大量的军事术语。同样地，在网络威胁情报领域，也从这些军事原则中大量攫取概念。然而，正如营销一样，军事术语在某些情况下也是有用的，而在其他情况下并不有用。如果使用军事术语阻碍了信息的传递，那么可能这种情况下不适合使用这些术语。

2.4 模型

模型是分析师工具箱中的重要工具。没有模型，对于世界上存在的大量数据，许多分析师可能无法利用和分析，也无法满足对数据提供含义的需求。他们需要努力地从各种来源收集信息，也需要努力理解和洞察与决策者相关的信息。

Edward Waltz 在 *Quantitative Intelligence Analysis*[注1] 一书中给出了"模型"最好的工作定义。在这本书中，Edward Waltz 写道："模型指的是系统、实体、现象或过程的认知、概念、数学、物理或其他逻辑表示。"网络威胁情报中最常用的两种模型是心理模型和概念模型。心理模型是一种认知模型，代表分析师对现实的理解。即使分析师经过了类似的正规训练，他们的心理模型也可能会因为人们感知和处理信息的方式多样而大相径庭。

概念模型是对已明确的知识的表示，通常是基于已编码的心理模型的情报综合的结果。一些最有用的模型是由分析师捕获和编码他们直观地处理或思考问题的方式得出的，其中一个例子就是我们将在第 3 章深入讨论的入侵分析的钻石模型（*https://oreil.ly/x6R3P*）。该模型的创造者之一 Sergio Caltagirone 描述了新模型的产生过程：

> 我们不断地理解我们一直在做的工作，直到我们的理解足够抽象。一旦抽象出来，它就变得无比有用，因为我们可以向模型提出新的问题。

Sergio Caltagirone 还将模型描述为公式——在你能充分利用模型之前，你必须理解模型的各个部分和它们之间的关系。

编码一个概念模型的目标是能够构造信息，使其可以被分析和采取行动。许多在情报分析中经常使用的模型，包括钻石模型，将在第 3 章和第 7 章进一步讨论。

2.4.1 使用模型进行协作

使用明确的概念模型（而不仅仅使用心理模型）的一个关键好处是它可以促进协作。情

注 1： Edward Waltz, *Quantitative Intelligence Analysis: Applied Analytic Models, Simulations, and Games* (Lanham:Rowman & Littlefield Publishers, 2014).

报协作被喻为"公开思考",因为它需要分析师将分析和综合的心理过程用语言或其他方式表达出来,这可能很难描述。模型对于分析协作至关重要,会提高情报的质量。因此,花时间确保团队成员理解常用的不同概念模型,以及理解他们在分析中将常用的心理模型编码的过程是值得的。

2.4.2 流程模型

概念模型可以分为两大类:代表我们思维的模型,以及代表分析主题的模型。第一种类型的模型可以被看作用来给过程构造结构的,比如我们的思考方式或生成情报的过程。

这一部分介绍了两种用于有效生成和应用情报的过程模型。第一个模型是 OODA 循环,它可以用于做出快速的、对时间敏感的决策。第二个模型是情报循环(也称为情报过程),它可以用于生成更正式的情报产品,这些产品将会以各种方式被使用,从制定政策到设定未来的情报需求。

> **有效地使用模型**
>
> 英国统计学家 George E.P. Box 曾说:"所有模型都是错误的,但有些模型是有用的。"每一个模型都是一种对理解问题有用的抽象。另外,由于模型的本质,每一个模型都是简化的,并且抛弃了重要的细节。将所有数据都用到特定的模型中并不重要,但始终有价值的是使用模型来理解和提升你的思维过程。

OODA

安全领域经常被引用的一个军事概念是 OODA,即观察(Observe)、定位(Orient)、决策(Decide)和行动(Act),如图 2-1 所示。OODA 循环是在 20 世纪 60 年代由战斗机飞行员、军事研究员以及战略家 John Boyd 发明的。他认为,当战斗机飞行员面对装备和能力都比自己强大的对手时,使用 OODA 循环原理,通过果断行动更快地对周边环境进行反应,有效地攻击对手,将可能获得最后的胜利。

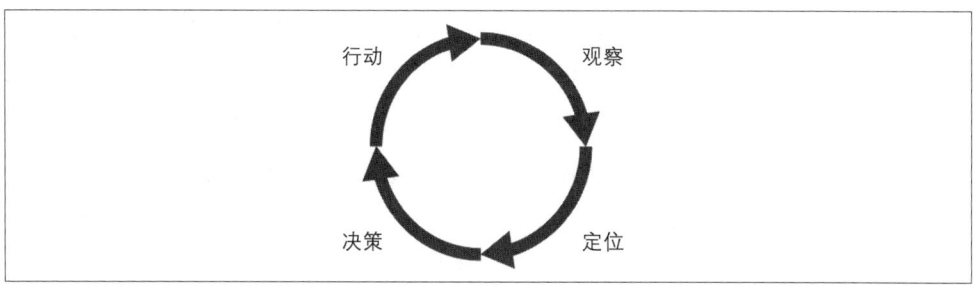

图 2-1:OODA 循环

下面我们讨论这四个阶段各自的情况。

观察。观察阶段聚焦于信息收集。在这个阶段，我们收集来自外部世界的所有有用的信息。打个比方，如果我们想抓住棒球，那么在这个阶段要做的主要就是观察棒球以确定其速度和轨迹。同理，如果我们试图捕获网络攻击者，观察阶段则包括收集日志，监控系统以及收集任何可以帮助识别攻击者的外部信息。

定位。定位阶段将观察阶段收集的信息根据已知的信息转换成上下文内容。这里需要考验我们过去的经验，预设的概念、期望和模型。还是以棒球为例，定位需要依靠观察者对棒球移动方向、速度以及轨迹的判断，预测它将去哪里以及抓住它时所产生的冲击力。在网络攻击示例中，定位需要从日志中提取监测数据，并将其与有关网络、相关攻击组织以及先前识别的攻击手法（如特定 IP 地址或进程名称）等知识相结合。

决策。在这一环节中，信息已被收集（观察）并完成上下文关联（定位），所以现在是确定行动方式的时候了。决策阶段不是关于执行操作，而是评审各种行动方案，直到最后决定采取哪个行动为止。

在棒球的例子中，这个阶段包括确定向哪里跑，跑多快，外野手如何移动并准备接球的手势，以及其他需要做的用来抓住球的事情。在处理网络攻击的情况下，这意味着决定是否等待并继续观察攻击者的动作，是否启动事件响应动作，或者是否忽略该活动。在任何一种情况下，都是防御方来决定下一步如何实现目标。

行动。行动阶段相对来说比较直接：个体会按照选择的行动方案进行操作，但这并不意味着它 100% 成功。这个判断是当这个循环再次开始时，在下一个 OODA 循环的观察阶段进行的。

OODA 是每个人每天经历数千次的基本决策过程的泛化。它解释了个人如何做出决定，也解释了团队和企业如何做出决定。它解释了网络防御者或事件响应者在收集信息并了解如何使用它时所经历的过程。

OODA 循环不只是单方在使用。网络防御者在许多情况下，经历了观察、定向、决策和行动的过程，攻击者也是如此。攻击者观察着网络防御者在该网络中的行为，并决定如何采取行动应对环境变化，并试图踢网络防御者出局。与大多数场景一样，能够更快地观察和适应的一方往往能赢得胜利。图 2-2 显示了攻击者和防御者的 OODA 循环。

关于 OODA 循环，需要注意的一点是，当分析师试图思考对手对他们行动的反应时——"首先，我会做 X，然后他们会做 Y，然后我会……"——实际上，往往很难知道对手会如何回应。当与行为不可预测的人类对手打交道时，总会存在不确定性，这可能会让风险厌恶者对采取任何行动都持谨慎态度。当存在疑惑时，回溯到你的需求，或者更进一步回溯到你的团队或项目的目标和任务。你的任务是保护网络吗？保护用户数据或公共安全吗？确保在定向阶段包含这些需求和任务，这有助于在决定最佳行动路线时避免瘫痪。

图 2-2：攻击者和防御者的竞争 OODA 循环

多防御者 OODA 循环

除了攻防双方的 OODA 循环外，思考多防御方 OODA 循环——一个防御者的决定如何影响其他防御者——也是有用的。一个防御团队所做出的许多决策可以为其他防御者创造竞跑条件。例如，如果一个防御者成功执行了一次安全事件应急响应，然后公开分享关于攻击的信息，那么第一个防御者已经开始向其他防御者赋能这种智慧。如果攻击者可以更快地通过 OODA 循环找到关于这些活动的公开信息，并且在第二个防御者使用这些信息之前改变他们的策略，那么攻击者将会让自己处于更有利的位置，这种情况下，第二个防御者的境遇就危险了。

因此，我们需要慎重考虑如何将自己的行动分享给其他组织，这里包括对手和盟友。在一般情况下，计算机网络防御都是减慢攻击者的 OODA 循环，并加速防御者的 OODA 循环。

情报循环

图 2-3 所示的情报循环是生成和评估情报的正式流程。这个循环始于上一次情报过程的结束，周而复始。情报循环并不需要完全遵循此过程。事实上，本书后面探讨的流程将会在此基础上进行。但是，读者必须重点关注关键步骤。如果你一开始就跳过整个步骤，将会面临更多的数据和问题，而不是真正的情报。

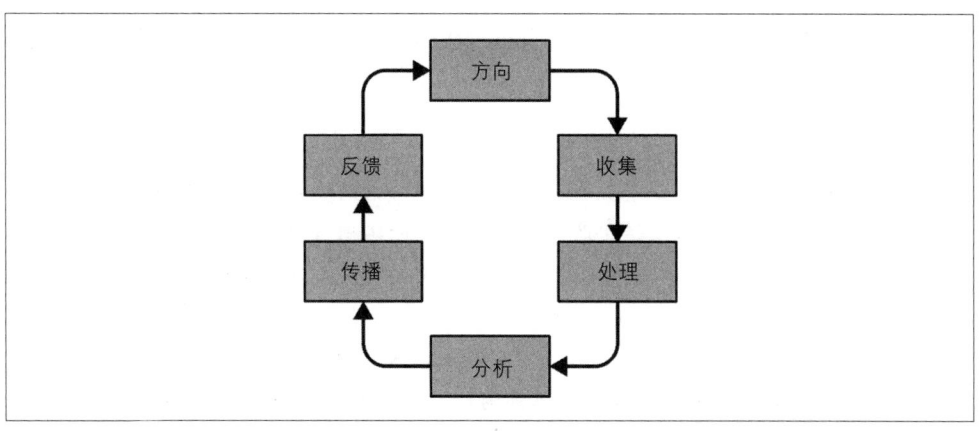

图 2-3：情报循环

情报原则 | 31

要正确地使用情报循环，你需要了解每个循环步骤所涉及的内容：方向、收集、处理、分析、传播和反馈。让我们深入了解并逐步执行每一步。

方向。情报循环的第一步是明确方向，也称为需求。方向是确立情报打算解决的问题的过程。这个问题可以来源于外部，并由情报团队开发实现；或者由利益相关者和情报团队共同开发（这个过程有时也称为 RFI 过程，我们将在第 4 章讨论）。这个过程的理想结果是提出一个清晰简明的问题，利益相关者可以找到有用的答案。

大量的情报工作都是围绕需求进行的。在情报社区中，任何完成的工作或流通的报告都需要直接与情报需求挂钩，无论是长期的还是优先的（紧急的和时间敏感的）需求。

收集。情报循环的下一步是收集回答问题所需的数据。这是一个大型的活动，我们应该着重从许多来源收集尽可能多的数据。冗余的信息在这里会增加价值，因为佐证往往很重要。

这里衍生了一个制订有效情报计划的关键思想：建立收集能力。我们很难准确地知道哪些数据可能最终被证明是有用的，因此建立广泛收集各种信息的能力很重要。这包括诸如基础架构、恶意软件和漏洞之类的战术信息，以及诸如攻击者目标、社交媒体监控、新闻监控和高级威胁分析文档（研究报告，例如供应商发布的关于攻击组织的报告及其相关信息）等战略操作信息。这里一定要记录来源并注意评估每个来源：新闻报道经常会反复发布或引用相同的原始材料，使得我们很难知道什么是佐证，什么是同一材料的重新组合。如果无法确定特定数据集的源，则尽可能避免将其作为收集源。

收集是一个过程，而不是一次性的动作。使用第一轮收集的信息（如收集 IP 地址）进行第二轮处理（例如使用反向 DNS 查找与这些 IP 地址相关的域），接着继续第三轮收集（使用 WHOIS 收集有关这些 IP 地址对应域的信息）。随着收集的层层递进，信息会有指数级的增长。这一阶段的重点并不在于数据如何相关，而是扩展尽可能多的信息，后面再慢慢分析。此外，不要忘记考虑来自内部来源的数据，例如内部事件管理系统。对于组织来说，发现已经非常熟悉的攻击者或攻击是很常见的。

命名冲突

命名在情报收集方面是一个重大挑战。虽然过去命名的重点放在别名和所涵盖的术语上，但在今天，该领域与情报收集和命名惯例的不同性质相结合。每个公司、情报分析小组以及情报机构都有各自的威胁组织名称。APT1 攻击组织便是一个很好的例子：它通常被称为 Comment Crew，也被业界人士称为 ShadyRat、WebC2 和 GIF89a。Mandiant 公司称它为 APT1，CrowdStrike 公司叫它 Comment Panda，Ongoing intelligence（美国众议院下属机构）认为该组织属于某国军事部队。收集这些名称很重要，因为忽视使用特定名称的报告可能导致关键数据丢失。

处理。数据并不总是以原始格式或收集的格式被立即使用。来自不同来源的数据可能会有不同的格式，有必要将它们转换成相同的格式，以便一起分析。使数据可用的处理过程常常是一个被忽视的任务，但没有这个过程，产生情报几乎是不可能的。在传统的情报循环中，处理是收集的一部分。然而，在处理涉及事件响应的数据类型和企业类型时，考虑分开处理是有用的。以下是处理与网络威胁有关的数据的一些常见的方法：

正规化（Normalization）

处理包括将收集的数据归一化为统一格式进行分析。收集过程将产生几乎各种可以想到的数据结果。情报数据来自不同格式，从 JSON 到 XML 到 CSV 到电子邮件的纯文本。供应商可以在博客帖子或表格中的网站上分享信息，也可以在基于 PDF 的报告中甚至 YouTube 视频中分享信息。同时，企业倾向于以不同的格式存储数据。一些企业使用专门的威胁情报平台，而其他企业则从维基或内部应用程序构建自定义的解决方案。

索引（Indexing）

大量的数据需要可搜索。无论是处理诸如网络地址、互斥量等观察数据，还是处理论坛帖子、社交媒体等操作数据，分析师都需要能够快速有效地进行搜索。

翻译（Translation）

在某些情况下，区域分析师可能会提供源文档的人工翻译，但对于处理来自世界各地信息的大多数企业来说，这通常是不够的。机器翻译虽然不完美，但通常能够提供足够的价值，以便分析人员可以找到感兴趣的项目。如果有必要，可以将其升级给专家以进行更准确的翻译。

拓线（Enrichment）

为一条信息提供额外的元数据很重要。例如，域名地址需要解析为 IP 地址，并提取 WHOIS 注册数据。Google Analytics 跟踪代码应该被交叉引用去发现使用相同代码的其他网站。这个过程应该自动进行，以便相关数据能尽快提供给分析人员。

过滤（Filtering）

并非所有数据都具有相同的价值，分析人员在无休止的无关数据流中被压倒。算法可以过滤掉已知无用的信息（尽管它仍然是可搜索的），并且给出最有用和最相关的数据。

优先级（Prioritization）

已收集的数据可能需要排序，以便分析人员可以将资源分配给最重要的条目。分析时间是很宝贵的，应该正确地将精力集中在获取情报产品的最大收益上。

可视化（Visualization）

数据可视化效果显著。虽然许多分析师通常会对供应商杂乱的仪表盘内容望而生畏，但是根据分析人员的需要（而不是营销和高管认为看起来不错）设计可视化，可以减少认知负荷。

花时间有效地处理数据可以改进未来的情报工作。

分析。分析既是一门艺术，也是一门科学。在情报分析中，已收集的数据被描述特征，并与其他可用数据进行比较，从而评估这些数据的含义和已产生的影响。也可以预测出对未来的影响。进行分析的方法有很多种，但最常见的是使用分析模型来评估和构建信息、识别联系，并对信息的含义进行预测。除了本章介绍的OODA等模型之外，分析人员还可以开发自己的模型，使用它们的特定数据集或解释信息的方法。

分析阶段的目标是回答在情报循环的方向阶段确定的问题。答案的类型将由问题的性质决定。在某些情况下，分析可能会生成一种新的情报产品，形式可以是一份报告，也可以简单到一个"是"或"否"的回答，这种回答通常会附带一个可信值。在开始分析之前，理解其输出将是什么是非常重要的。

分析不是一门完美的科学，常常在信息不完整的情况下进行。分析人员必须识别并明确说明分析中的信息差距，这一点很重要。这使决策者能够意识到分析中的潜在盲点，并且还可以推动收集过程以识别新的来源，以减少这种差距。如果差距太大，分析师认为无法使用当前信息完成分析，则可能需要返回收集阶段并收集其他数据。在这种情况下，暂缓分析要比最终提供有缺陷的分析更好。

需要注意的是，情报分析必须是由人来实现的。如果它是自动化的，那么它被认为是处理阶段，这是情报循环中的一个关键步骤，但它本身并不是分析阶段。

传播。在这一阶段，该过程已经产生了真正的情报：对于在方向阶段提出的问题给出语境化答案。只有将答案的报告与利益相关者（那些可以使用这个情报的人）分享，这个答案才有用。在许多记录在案的失败情报中，分析是准确的，但传播却失败了。情报必须以利益相关者所认为的最有用的形式分享。这使得传播依赖于受众。如果产品是针对高层管理人员的，那么考虑长度和措辞就很重要。如果是针对技术系统（如IDS或防火墙）的，那么可能需要特定供应商的程序格式。无论如何，情报的传播必须能被利益相关者使用。

反馈。经常被遗忘的反馈阶段是继续情报工作的关键。反馈阶段询问生成的情报是否符合问题的方向。最终只有两个结果：

成功
　　如果情报过程回答了这个问题，这个循环可能就结束了。然而，在许多情况下，成功的情报过程会导致新问题出现，或根据答案所采取的行动需要更多情报支撑。

失败

在某些情况下，情报处理过程会失败。在这种情况下，反馈阶段应重点识别原始指示中未得到适当回答的部分。接下来的方向阶段应特别关注解决这次失败的原因。这通常归结为一个结构不良的方向阶段，没有足够缩小目标，或者一个不完整的收集阶段，导致无法收集足够的数据来回答问题，或者是进行了不正确的分析，没有从可用的数据中提取出正确（或至少有用）的答案。

2.4.3 情报循环的应用案例

让我们考虑如何利用情报循环来开始了解一个新的对手。

首席信息安全官（CISO）最常问的一个问题应该是："我们对我听说过的这个威胁团体知道多少？"CISO 会想要基本了解一个团体的能力和意图，以及对一个已知组织的相关性评估。那么，在这种情况下，情报循环看起来是什么样的？下面是一个例子，展示了在满足 CISO 需求的情报循环中每一步所涉及的内容。

方向（*Direction*）

这来自一个重要的业务受益者：CISO。"我们对 X 威胁组织有什么了解？"正确答案是一个目标清单，稍后我们将详细探讨。

收集（*Collection*）

首先从原始资源开始，这通常是一篇新闻文章或报告。这份文件通常至少会提供一些上下文来开始收集阶段。如果源材料包括关于特定入侵或攻击的信息，那么了解被攻击实体的更多信息，并识别任何可能的入侵动机或目标会很有帮助。如果存在 IOC 特征（例如 IP、URL），那么通过转换和丰富信息来尽可能深入地探索这些特征。源可能指向包含 IOC，战术、技术和程序（TTP），或其他分析的额外报告。

处理（*Processing*）

处理阶段取决于工作流程和组织。将收集到的所有信息放入一个最能有效利用它的地方，可能就像将它全部放入一个文本文档那么简单，或者可能需要将它全部导入一个分析框架中。可以通过与该群体相关的技术细节进行额外的丰富化。此外，可能还需要翻译报告或其他文档。

分析（*Analysis*）

面对已收集的信息，分析师将尝试回答以下关键问题：

- 这些攻击者盯上了什么？
- 他们通常使用什么策略和工具？
- 防御者如何检测这些工具或策略？

- 这些攻击者是谁？（虽然这个问题一直存在，但未必值得花时间回答。）

传播（Dissemination）

对于旨在回答 CISO 提出的特定问题的产品而言，一封简单的电子邮件可能就足够了。虽然在某些情况下有限的邮件回复也可以接受，但一个能够主动分发的真实产品往往能创造出更大的价值。

反馈（Feedback）

关键问题是：CISO 是否对结果感到满意？是否进一步提出了新的问题？这些反馈是否有助于完成闭环，并开始一系列可能的新循环？

情报循环是一个通用模型，大小问题都可以回答。然而，需要注意的是，遵循这个循环中的步骤并不能自动产生优秀的情报。

2.5 好情报的质量

情报的质量主要依赖于两个方面：收集来源和分析。在网络威胁情报中，我们经常需要处理自己没有收集的数据，因此，尽可能多地理解这些信息至关重要。当我们自己生成情报时，也需要确保理解收集来源并在分析中处理偏见。为了确保产生高质量的情报，需要考虑以下几点。

2.5.1 收集方法

了解信息是从事件或调查中收集的，还是从自动收集系统（如蜜罐或网络探针）中收集的，这一点非常重要。虽然了解收集的确切细节并不是必需的，一些供应商更愿意保留其来源的机密性，但我们仍然可以在不影响收集源的基础上对数据来源有基础的了解。你对收集信息的方式了解得越多，对这些信息的分析效果就越好。例如，知道数据来自蜜罐是一件好事，但如果能知道数据来自一个用于监控远程 Web 管理工具的暴力破解攻击的蜜罐，那就更好了。

2.5.2 收集日期

大多数收集来的网络威胁数据是很容易过期的，这些数据的使用寿命从几分钟到几个月甚至几年不等，但总归有一个生命周期。了解数据什么时候被收集可以帮助防御者理解如何采取行动。当你不知道是何时收集了数据时，将很难正确分析或利用数据。

2.5.3 上下文

收集方法和日期在一定程度上可以为数据提供上下文内容，可用的上下文越多，分析就越容易。上下文可以包括其他细节，例如与信息相关的具体活动以及信息片段之间的关系。

2.5.4 解决分析中的偏见

所有分析师都有偏见，识别和消除这些偏见，让分析师不受影响地进行分析是确保情报质量的关键部分。分析师应该设法规避几种偏见：一种是确认偏见，它试图找出能够支持以前定下的结论的信息；另一种是锚定偏见，它导致分析师过分重视单一信息，而忽略很多其他可能的宝贵信息。

2.6 情报级别

迄今为止我们所研究的情报模型，聚焦于通过某种分析管道实现信息的逻辑流动。正如事件分析一样，这种方法并不是信息建模的唯一途径。我们可以从不同层次来思考情报的抽象概念，从高度具体的（战术级）到运营支撑的（作业级）到非常通用的（战略级）。当我们审视这些情报级别时，请记住，这个模型代表了一个连续的光谱，它们之间有灰色区域，而不是离散的孤立点。

2.6.1 战术情报

战术情报是低等级且极易过时的支撑安全运营和事件响应的信息。战术情报的客户包括安全运营中心（SOC）分析师和计算机事件响应小组（CIRT）调查员。在军方，这一级别的情报被用于支撑小分队的行动。在网络威胁情报中，这通常包括 IOC 特征以及观测报告，例如高细粒度的 TTP 描述对手如何部署特定的能力。战术情报使防御者能够通过以下方法直接应对威胁：在网络中主动追踪对手活动迹象、根据漏洞主动利用报告优先实施关键补丁、向员工发布针对组织的钓鱼活动预警信息。

战术情报的一个例子是与新发现的漏洞利用有关的 IOC 特征。这些战术级 IOC 包括执行漏洞扫描探测的 IP 地址、域名托管的恶意软件（漏洞攻击成功后植入），以及利用和安装恶意软件过程中生成的各种基于主机的组件。这种战术情报将使安全运营团队能够有效追踪网络中的恶意活动，同时采取具体措施防范未来的攻击。

2.6.2 作战情报

在军事领域，作战情报是战术情报的升级版。这类信息支持后勤并分析地形和天气对大规模行动的影响——换句话说，它涉及的背景比手头的战术任务要多得多。在网络威胁情报中，这通常包括对活动和更高层次的 TTP 的信息、对对手预期反应的信息，以及这些行动如何影响其他操作的信息。它还可能包括关于特定行为者归属以及能力和意图的信息。作战情报的客户包括高级数字取证和事件响应（DFIR）分析师以及其他网络威胁情报团队。

这个级别的情报对许多分析师来说是比较棘手的，若是太过宽泛就难以制定具体的战术行动，若太过具体则无法进行战略性决策。作战情报往往要求迅速采取行动，而任何行动都可能产生深远影响，因此OODA循环中的"观察"和"定位"阶段包含更多的组成部分和复杂性。此外，对于是否需要做出决定、采取行动，分析师和高级管理层之间往往存在分歧。例如，高级管理层可能会花费大量时间权衡最佳行动计划。

回顾一下刚才介绍的漏洞利用战术情报的例子，作战情报将包括漏洞利用攻击的影响面有多大，是定向的还是广撒网式的，谁是定向攻击的目标，安装恶意软件的目的是什么，以及执行攻击的黑客组织的所有细节。了解这些细节可以支持后续情报的产生，比如可能发生的其他威胁、威胁的严重程度等，以帮助制订应急响应计划。

2.6.3 战略情报

在军事或政府领域，战略情报处理的是国家和政策信息，通常是多年分析工作的积累，旨在提供某一情况的全面画像。在网络威胁情报中，我们认为这有助于支持C级高管和董事会在风险评估、资源分配和组织战略方面做出重大决策。这些信息包括威胁趋势和行为者动机，以及与组织相关的其他信息。在前述例子中，战略情报将包括攻击者动机的信息（尤其是当活动表明存在新的或以前未识别的威胁时），以及任何可能需要更高级别响应的新策略（如新的政策或架构变化）或攻击者目标的信息。

2.7 置信级别

如前所述，情报通常具有与之相关的不同置信级别。这些置信级别反映了分析师对信息的正确性和准确性的信任。对于某些类型的数据，这种置信可能是数字度量（例如从0到100），并使用传统的统计方法计算。而在其他情况下，置信评估是由分析人员直接提供的。确定以下两个重要领域的置信级别非常重要：对信息来源的置信，以及对分析师结论的置信。

描述源可靠性的一个常见方法是FM 2-22.3（美军人工情报收集操作手册）中记录的Admiralty Code或NATO System。这里包括两个维度：首先根据先前的信息来评估源的可靠性，范围从A（可靠）到E（不可靠）；然后评估信息内容本身的可靠程度，从1（确认）到5（不可能）。这两类分数根据来源和具体内容合并在一个特定的信息中，例如具有有效信息历史的来源中已知的真实信息可能被评估为B1，但来自具有无效信息历史的来源的不太可能的信息将被评估为E5。

Sherman Kent被很多人称为情报分析之父，他在1964年写了一篇名为"Words of Estimative

Probability"的文章，其中描述了如何用各种定性方式来描述分析师对置信级别的判断。在这篇文章中，Kent 分享了他和他的团队用来分配和描述置信的图表之一（如图 2-4 所示），但同时他也提到，图中涉及的术语，只要有助于帮助理解，其他术语在保持一致性的前提下可以相互替换。

```
100% 确定
可能性的普通区间
93%（上下浮动约 6%），几乎确定
75%（上下浮动约 12%），可以肯定
50%（上下浮动约 10%），机会均等
30%（上下浮动约 10%），肯定不是
7%（上下浮动约 5%），几乎不可能
0%，不可能
```

图 2-4：Sherman Kent 的概率估计图

2.8 本章小结

情报学拥有悠久而迷人的历史，是一个不断适应技术变革和世界日益复杂化的领域，其基础是人性的一部分——好奇心、评估危险的情况、建立联系。这些基础已经被结构化的过程和模型所建立，使得通常的本能行为在学术上变得更加严谨和有章可循。人类无法完全避免的偏见可能会影响分析，需要对这些偏见加以识别和应对，以免做出不准确的评估。

情报也是事件响应的关键组成部分，许多流程可以用来将情报原则整合到事件响应调查中。理解你所依赖的情报来源非常重要；你处理来自网络中以前的事件响应调查的情报的方式，与处理来自诱捕蜜罐的信息的方式有很大区别。这两种类型的信息都很有价值，只是它们的应用场景不同。下一章将深入探讨事件响应的具体内容，并帮助分析师实施情报驱动事件响应的模型。

第 3 章
事件响应原则

> 几乎所有的系统都有办法被入侵，这恐怕是公开的秘密。这类入侵已渐成主流，这个秘密却少被提及。
>
> ——Dan Kaminsky

情报只是情报驱动事件响应难题的一部分。虽然计算机事件响应的历史远不及间谍活动的历史，但在过去的 40 年里，它已迅速发展成为一个主要的行业。事件响应是对检测到的入侵的响应过程，无论是针对单一系统还是整个网络。它包括识别完全理解事件所必需的信息，制订并执行移除入侵者的计划，并记录后续行动的信息（如法律行动、监管报告或情报操作）。

入侵检测和事件响应在许多特性上是相似的。它们都是抽象的，都是复杂的主题。因此，人们试图通过将它们抽象化为周期或模型来简化它们。这些模型使理解防御者和攻击者之间的复杂互动成为可能，并构成了规划响应这些事件的基础。就像第 2 章中描述的过程模型——OODA 循环和情报循环——它们很少是完美的，也不能总是被明确地遵循。然而，它们提供了一个框架，用于理解攻击者的入侵和防御者的响应过程，同时也允许多个响应者使用相同的术语和方法共同理解一个入侵。共享词汇和思维过程的结合，使得这些复杂的事件变得不那么令人困扰，更有可能成功。

就像我们对情报的探索一样，这一章从总体理论开始，然后转向更具体的应用和模型。我们将深入研究常见的防御技术，并介绍我们将在本书其余部分使用的情报集成和运营模型。

3.1 事件响应周期

就像需要一种标准语言来讨论智能概念一样，我们也需要一种语言来讨论检测和响应事件。这个过程可以从防御者和攻击者的角度来看。让我们先从防御者开始。

事件响应周期由入侵检测和事件响应的主要步骤组成。这个模型的目标是对攻击类型（如网络钓鱼、战略性网络妥协、服务妥协）保持中立，并概括这些攻击（以及许多其他攻击）共有的步骤。图 3-1 展示了这个周期。

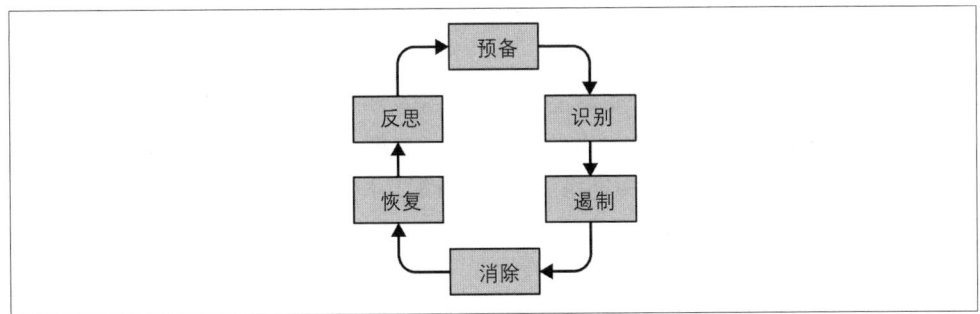

图 3-1：事件响应周期

关于事件响应周期的概念一开始有一些争论。第一个相关文献似乎来自美国国家标准与技术研究院（National Institute of Standards and Technology）关于事件响应的重要文件"NIST 800-61 Computer Security Incident Handling Guide"（*https://oreil.ly/tnTt4*）。现在在第二次修订中，这个文件是美国政府机构处理安全事件的基础。尽管这个文件介绍了大量关键概念，但其中最重要的一点是对事件响应周期的描述，它为事件响应过程提供了防御者的视角。这个过程包括以下步骤：预备、识别、遏制、消除、恢复、反思。下面我们将详细介绍。

3.1.1 预备

从防御者的视角来看，事件发生的第一个阶段是在攻击开始之前：预备阶段。预备工作是防御者通过部署新的检测系统、创建和更新签名以及了解系统基线和网络活动来获取先机的。这是网络安全架构和安全运营的组合，其中许多步骤超出了安全团队的范畴，这里还会涉及网络运维、网络架构设计、系统管理甚至一线 IT 支撑服务。

预备阶段应注重五个关键要素，其中三个是技术性的，两个是非技术性的：

攻击面映射（*attack surface mapping*）
　　防御未知的系统极其困难。在今天这个充满影子 IT、云服务提供商和快速原型设计的世界里，几乎不可能完全了解网络中的每一个系统，更不用说列出清单了。然而，如果没有这种理解，或者不能尽可能接近这种理解，防御就仍然是一个猜测游戏。

遥测和可见性（*telemetry and visibility*）
　　你无法找到你看不见的东西。处理事件需要专门的系统来识别和调查入侵事件。这些系统的范围从网络到主机，应该提供在多个层面调查各种活动的能力。

加固（*hardening*）

比快速识别入侵更好的唯一情况就是什么事也没有发生。预备工作应确保补丁被正确安装，配置被锁定，未使用的服务已被禁用，其他能阻挡攻击的安全工具 [比如虚拟私有网络（VPN）和防火墙等] 已经准备好。

流程与文档（*process and documentation*）

在非技术方面，流程是可以提前准备的第一道防线。在事件发生时，最糟糕的莫过于手忙脚乱地试图弄清楚自己在做什么。除了流程（例如应急响应预案、通知机制和沟通机制），定期梳理有关网络配置、系统配置和系统所有者等常见问题的文档，有利于加快响应速度。

演练（*practice*）

预备的最后一件事就是定期开展预案演练。这将帮助你提前识别并纠正未来应对事件时会出现的问题（我们将在 3.1.6 节进一步讨论这个问题）。最好的事件响应团队是那些一起经历过事件的团队，最好的办法就是演练。演练可以包括桌面演习或红队演习等，其中个人在模拟入侵中扮演红队和蓝队（攻防）的角色。

在讨论计算机网络防御时，许多人（大多是悲观的）能很快地列出攻击者拥有的所有优势。这些优势大部分都令人惊讶：在计算机网络利用攻击中，攻击者可以选择攻击的位置和时间。许多人没有考虑到防御者的关键优势：通过控制环境应对进攻的能力。攻击者需要进行侦测，但是在许多情况下，攻击的对象是一个黑匣子，就算黑客入侵后，他依然没有完全理解攻击目标。防御者可以通过充分利用这一点来做足准备，并最大化他们的"主场"优势。

3.1.2 识别

识别阶段是防御者识别攻击者如何影响其环境的阶段。这个阶段可以有多种方法：

- 识别进入网络的攻击者，例如针对服务器的攻击或传入的网络钓鱼电子邮件。
- 发现来自受感染主机的 C2（Command and Control，命令和控制）流量。
- 当攻击者开始窃取数据时，看到大量的流量飙升。
- 在你所在地的联邦调查局接受特工的询问。
- 所有网络设备突然显示一个屏幕公告，宣布你已被勒索软件攻击。

无论攻击者采取什么行动，只要你意识到攻击者对你的资源采取了行动，识别阶段就开始了。在事件响应周期中，识别阶段涵盖整个入侵检测步骤，这里先忽略这一复杂主题中的许多细节（我们稍后会更深入地探讨其他关于此阶段的模型）。显然，这是一种过于简化的说法，但考虑到这个周期关注的是事件响应的全过程，而不是深入到每个阶段的细节，这种说法是合理的。识别阶段通常会导致调查，发现更多关于事件和攻击者的信息，然后开始直接回应。威胁情报的关键目标之一是增强识别阶段，增加识别攻击者的方法的准确性和数量。

从事件响应的角度来看，识别阶段不是简单地了解发生或学习新攻击者的攻击方式。识别阶段开始时，攻击已对用户、系统或资源有直接影响，因为这是一个事件，肯定有影响。

另外，如果攻击者有能力、意图和机会，那么他确实会构成威胁。这不是事件响应周期的开始，而是情报循环的开始。只有在你的环境中识别出攻击者之后，才会开始一个事件。

3.1.3 遏制

前两个阶段可以看作被动的，侧重于信息收集。实际响应措施的第一阶段，即针对网络攻击采取的具体行动，是遏制。遏制是减缓攻击者行为的最初尝试，目的在于短平快地控制风险，同时准备更长期的响应。这些短期的响应可能不会使攻击停止，但它们大大降低了攻击者继续实现目标的能力。这些行动应该以迅速而受控的方式进行，以限制攻击者的反击机会。

常见的遏制措施如下：

- 在网络交换机上禁用某台受感染计算机的连接端口（断网操作）。
- 阻断到恶意网络资源的访问，如 IP（在防火墙）、域名或特定的 URL（通过 Proxy 网络代理）。
- 在控制入侵者的情况下临时锁定用户账号。
- 禁用攻击者正在利用的系统服务或软件。

在许多事件响应的案例中，防御者可以选择完全跳过遏制阶段。风险遏制通过改变环境缓解进攻或使攻击者出局，但有时攻击者可能仍可以控制环境。直接跳到消除阶段也可能给那些将隔离措施视为权宜之计的高管带来安慰。

> **绕过遏制**
>
> 遏制对于那些进攻方法（使用商业恶意软件）有限、无法应变的菜鸟攻击者往往是最有效的。那么老练的攻击者呢？在许多情况下，遏制阶段可以阻挡他们。他们可能会建立新的工具，构建二级后门，甚至开始破坏性的攻击。因此，大多数事件响应最终可能需要采取消除措施。我们将在第 6 章中进一步讨论。

3.1.4 消除

消除阶段包括长期的缓解行动，目的是将攻击者从环境中移除，并永远不让他们回来，这与遏制阶段的临时措施不同。对这些行动应该仔细规划，并可能需要花费大量的时间和资源来部署。消除行动专注于彻底消除攻击者被赶出后重新进入网络的能力。这不仅包括关注他们首次获得访问权限的具体策略，还包括基于对攻击者的目标和战术、技术和程序（TTP）的了解，对网络进行额外的加固。

常见的消除措施如下：

- 删除攻击者安装的所有恶意软件和工具（请参见"擦除并重装与移除"部分）。
- 重置并修复所有受影响的用户和服务账号。
- 重新创建攻击者可能已获取的密钥，例如共享密码、证书和令牌。
- 对用户进行教育和提醒，以降低未来社会工程攻击的可能性。
- 修复软件漏洞并更改易受攻击的配置。

实施消除措施，需要根据涉及的服务或信息的类型而变化。在这种情况下，应急响应人员很可能在系统无任何入侵痕迹的情况下采取补救措施。例如，在攻击者访问一个 VPN 服务器之后重新生成所有 VPN 证书。这种方法在消除自己不知道的风险时是有效的。在这种情况下，我们不可能完全掌握对手做了什么，最终我们需要为这些措施付出许多努力。

必要的行动方式取决于所涉及的服务或信息的种类。在活动目录管理的 Windows 环境中执行全部密码重置相对简单，在主流浏览器中重新生成并部署带域锁定的扩展验证（EV）TLS 证书非常困难。事件响应团队需要与企业风险管理团队和系统/应用管理团队合作，以确定在这些情况下要走多远。

擦除并重装与移除

信息技术和安全团队之间最常见的争论之一，就是如何处理被恶意软件感染的系统。防病毒系统宣称可以移除恶意软件，但是大多数有经验的事件响应者过去一直被这种攻击困扰，他们更愿意坚持全面清除系统并重装操作系统。随着使用 Ansible、Puppet 和 Kubernetes 等工具构建云系统的新场景，出现这个过程变得既容易又复杂——这些工具使重建系统变得更容易，但需要进行详细的检查，以确保受损的依赖关系或构建不会简单地重新部署。以史为鉴的做法是关键，因此每个组织在这一点上都需要为自己而战。

例如，在 2015 年春天，宾夕法尼亚州立大学因为网络被侵入，将其整个工程学院的网络关闭了三天。之后，它必须将网络重新上线并恢复正常服务。这样的恢复需要从系统

中移除恶意软件，重置证书和密码等凭据，修补软件，并进行许多其他旨在完全从网络中移除对手并限制对手返回能力的变更。在这种情况下，减轻行动，即将整个网络下线（可能是为了限制对手在消除阶段进行更改的能力），在补救行动之前进行。这是处理持续对手时的一种常见模式。一方面，它减少了对手对减轻和补救的反应能力，除非通过预先计划或自动化的方式；另一方面，它向对手明确表示正在进行响应，并对使用网络的任何人造成了重大的负面影响。

3.1.5 恢复

遏制和消除往往需要采取激烈的行动。恢复是回到无事件状态的过程。在某些方面，攻击本身需要的恢复较少，更多的是源自事件响应者采取的行动。

例如，如果从用户那里拿走一个被攻破的系统进行取证分析，那么恢复阶段包括归还或替换用户的系统，以便用户可以恢复他们的业务功能。如果整个网络被攻破，那么恢复阶段涉及撤销对手在整个网络上采取的任何行动。这可能是一个漫长且复杂的过程，有时包括重建整个网络。云服务增加了各种利弊：一方面，追踪非正规的 IT 可能会很困难；另一方面，这些网络可以是确定性的（使用配置管理工具构建的），并使重置和重建变得更容易。

这个阶段的事件取决于前两个阶段所采取的行动、攻击者的方法以及受到攻击的资源。它通常需要与其他团队进行协调，例如桌面管理员和网络工程师。

事件响应是一种团队运动，需要安全团队和非安全团队进行各种行动，但在恢复阶段，这一点尤为明显。安全团队可能会为系统恢复的方式设定某些要求（其中大部分会在消除阶段进行），但在事故应对团队全面清理后，恢复工作主要由 IT 部门和系统所有者处理。弄清楚如何有效协作是关键，这通常需要实践和经验（尽管良好的文档也有所帮助）。如果 IT 部门在事故应对团队完全消除威胁之前就开始恢复系统，那么几乎没有什么能比这更快地威胁到应对效果。

3.1.6 反思

与许多其他安全和情报循环类似，反思是事件响应周期的最后一个阶段，包括抽出时间来评估过去的决策并学习在未来如何改进。

这个阶段也可以称为行动后报告、实时评估或者回顾。无论它被叫作什么，在吸取教训的阶段都会评估团队在事件的每个步骤中的表现。基本上，这就是获取事件报告并回答一些基本问题：

- 发生了什么事？

- 我们在哪方面做得好？
- 我们在哪方面可以做得更好？
- 下一次我们要做什么不同的事？

作为一个练习，这往往是艰巨的。许多团队拒绝审视经验教训或进行事后回顾。出现这种情况的原因很多，从担心所犯的错误被曝光（导致 IR 团队受到指责），到由于新的或正在进行的事件而没有时间去做这件事。不管是什么原因，只有反思才能让事件响应团队得到快速成长。反思阶段的目标是使下一个事件响应变得更快、更顺畅，或者永远不会发生同类事件（这是理想情况）。如果没有这关键的一步，IR 团队（以及他们合作的团队）将会犯同样的错误，受到同类的阻力困扰，而不能确定改进的方向。

尽管这个阶段很重要，但是反思工作不一定会非常艰巨。其实应该是相反的，一个好的事后行动不需要花费太多时间，也不需要卷入参与事件响应的每个人。以下是在反思过程中对每个阶段进行评估时，你想要提出的一些详细的基础问题：

预备（preparation）
- 我们怎么样才能完全规避这个事件？这包括对网络架构、系统配置、用户培训甚至策略的改变。
- 哪些策略或工具可以改进整个过程？

识别（identification）
- 什么监测资源（IDS、网络流量、DNS 等）可以使识别这种攻击变得更容易或更快速？
- 什么特征或威胁情报可以用得上？

遏制（containment）
- 哪些遏制措施是有效的？
- 哪些是无效的？
- 如果其他遏制措施更容易部署，它们是否有用？

消除（eradication）
- 哪些消除措施进展顺利？
- 有什么更好的措施？

恢复（recovery）
- 什么因素减缓了恢复的进度？（提示：注重沟通，因为这是恢复过程最艰巨的部分之一。）

- 响应的恢复动作告诉我们关于对手的哪些信息？

反思（lessons learned）
不要太过于形式，而是要评估如何更有效地吸取经验教训。例如，如果响应者在整个过程中做笔记，这会有帮助吗？响应者是否等了太久才开始这个过程以致信息已经丢失或被遗忘了？

反思也可以练习（与事件响应过程的其他环节一样）。不要仅反思实际发生的安全事件，还要遵循你们的反思处理流程进行红队和桌面练习（我们会在第 8 章和第 10 章更详细地讨论红队）。事实上，将反思融入桌面练习中是至关重要的。

最终，反思的关键在于理解经验教训，虽然早期的教训会带来痛苦，但情况会有所改善，这就是重点。早期的反思练习将揭示出缺陷、缺失的技术、缺席的团队成员、糟糕的流程和错误的假设。这个过程的成长痛是常见的，但请花时间并忍受它们。很少有事情能像一些严峻的反思会议那样快速提升应急响应团队的能力。此外，捕捉这些教训并与你的领导和相关团队分享。尽管这看起来像是在指出团队的缺陷，但在很多情况下，这些报告提供了改善应急响应能力的具体理由。

事件响应周期是应急响应人员首先要学习的模型之一，原因很简单：它精炼地描述了一项调查的生命周期。关键在于花时间评估你的团队在每个阶段（从预备到反思）的执行能力。与情报工作一样，有几个相关的模型和框架可以在事件响应周期中提供帮助。

3.2 杀伤链

网络威胁情报中引用的另一个军事概念是杀伤链。事实上，由于这几年安全市场对这个营销概念的热炒以及业界对它的广泛引用，已经很难找到杀伤链的原始出处。这个概念多年来游走于学术边缘，直到 Lockheed Martin 公司的研究人员 Eric M. Hutchins 等人发表了题为"Intelligence-Driven Computer Net work Defense Informed by Analysis of Adversary Campaigns and Intrusion Kill Chains"的报告，开始将杀伤链带入了信息安全主流，它才正式地映射了最常见的入侵模式：杀伤链[注1]。

自从这份报告发布之后，杀伤链已经成为几乎所有供应商在网络威胁情报上都会引用的模型，也是防御团队的主要指导流程。杀伤链为攻击者在利用目标时所经历的阶段提供了重要的抽象，尤其是在涉及基于网络钓鱼的攻击场景时。

但什么是杀伤链？对杀伤链最简单的解释就是攻击者为了实现目标而必须执行的一系列

注1：Eric M. Hutchins et al., "Intelligence-Driven Computer Network Defense Informed by Analysis of Adversary Campaigns and Intrusion Kill Chains" (*https://oreil.ly/m_ZJ8*).

步骤（见图 3-2）。这里我们讨论的是一个计算机网络攻击者，但它实际上可以用于许多对抗活动。这意味着在事件的抽象过程中，事件周期聚焦于防御者的行为上，而杀伤链则侧重攻击者的行为。

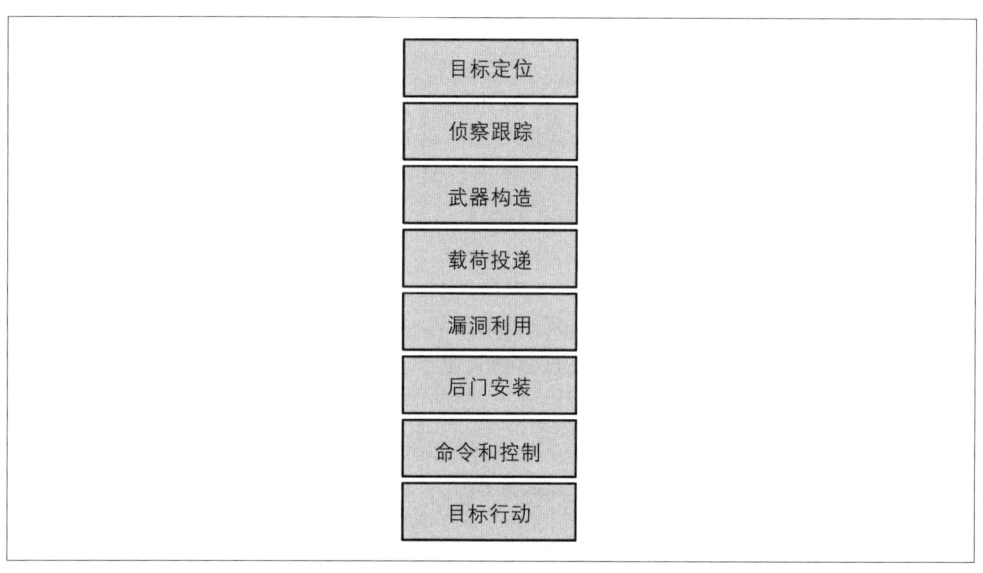

图 3-2：杀伤链

杀伤链是抽象攻击者的战术、技术和程序的好方法，它提供了一个理解攻击的抽象行为结构。

尽管对于防御者来说，杀伤链的早期阶段，特别是目标定位和侦察跟踪有时是不透明的，通常难以发现，但这是情有可原的。防御者往往倾向于认为攻击者每次都能毫不费力地获胜，然而这并不是真相，事实上，我们破坏这些预入侵阶段的能力可能是防守者最大的优势之一。

> ### 关于杀伤链
>
> 在 Lockheed Martin 的杀伤链概念出现之前，"杀伤链"已经存在很久了。其前身是为了实现对某个军事目标实施致命性打击所必需的一系列相互关联的步骤。"Joint Publication 3-60: Joint Targeting"一文中描述了目前美国杀伤链的军方版本。而 Lockheed Martin 公司的杀伤链文章描述的是网络安全运营领域的杀伤链模型，这里没有所谓"正确的"杀伤链。根据攻击场景的不同，某个阶段可能会被省略或组合，如同其他模型一样，它只是一种思考入侵的方法。如果它对概念化和协作有用，那么它就发挥了作用。
>
> 对于本书，我们可以根据自身情况对杀伤链进行适当改造，比如可以为它增加自己

的阶段（例如定位、持久化）。我们并不否定 Hutchins 等人所做的伟大工作，只是可以让你根据自己的理解，建立自己的入侵模型。

3.2.1 目标定位

在杀伤链正式开始之前，攻击者必须确定要攻击什么（例如，谁是潜在的目标）。在许多情况下，这是黑客与某赞助商或受益方进行磋商时确定的，通常作为他们自身情报或业务需求的一部分。对于防御者来说，我们通常会认为目标是受害者企业，但实际上，黑客针对的目标是企业里有价值的信息或能力。

目标定位是杀伤链一个有趣的阶段，因为它涉及攻击的动机，也是对攻击者的归类（不一定是具体属性的识别）。举个例子，一个想偷钱的攻击者需要去有钱的地方。了解攻击者的最终目标是什么，可以引导我们更好地使用防御技术（稍后将在 3.5 节中讨论）。

3.2.2 侦察跟踪

瞄准目标后，攻击者便开始进行侦察。在侦察跟踪阶段（或简单的侦察），攻击者会尽可能多地收集目标受害者的信息。根据所收集的数据类型（硬数据与软数据）和收集方法（被动与主动），侦察可分为多个类别。

硬数据与软数据

正如我们在第 2 章中讨论过的，情报世界有多种基于主题（如 SIGINT、TECHINT 等）的信息划分方法，但对于网络安全运营领域来说，我们可以把事件简化。

硬数据包括网络及其系统的技术信息。对于攻击者来说（也适用于调查攻击者的防御方），这里通常包括开源情报：

- 足迹或枚举目标网络。
- DNS 信息，如反向 DNS。
- 操作系统和应用程序版本。
- 系统配置的有关信息。
- 安全系统的有关信息。

软数据包括网络及其系统的企业背景信息：

- 组织结构图、公共关系和其他层次结构文件。
- 业务计划和目标。

- 招聘信息，通常可能泄露诸如正在使用的技术等信息。
- 关于员工，包括专业和个人的信息，用于社交工程攻击。

主动与被动收集方法

攻击者可能会使用不同的方法收集信息。我们可以将这些方法归类为主动或被动。

主动收集方法需要直接与目标进行交互。主动的硬收集可以通过直接对系统进行端口扫描实现，主动的软收集可能是通过社交工程手段收集有关内部企业架构和人员联系方式等信息。

被动收集方法不直接与目标互动，通常是收集来自第三方信息服务（如 DNS 或 WHOIS）的信息。被动的硬收集可以利用来自公共服务的域信息；被动的软收集从 LinkedIn 等网站收集关于企业的信息，在这些社交站点中，人们经常分享相当多的信息（有些信息是不该分享的）。

防御者检测这种侦察活动的能力差别很大。例如，主动方法比被动方法更容易检测，而且大多数网络防御者对硬数据比软数据有更多的控制措施。检测端口扫描的硬收集行为要比检测读取企业对外发布的特定技术岗位的职位描述要容易多了。在某些情况下，对手可以通过公共服务来代理或反向连接他们的侦察活动，其中一些公共服务会根据客户的请求执行诸如网络扫描或域名系统查询等主动操作。这种匿名性或隐藏在噪声中的方式对防御者和攻击者都有利，因为双方都使用了许多这样的工具。

> **追踪黑客**
>
> 尽管侦察收集有一定效果，但对于杀伤链启动的大多数情况，也是存在一定疑惑的。实际上通过端口扫描的动机来衡量黑客组织的水平是不大可能的。互联网上的任何内容都可能遭受到大量的扫描，扫描源头并不一定是坏人（比如有可能是 Project Sonar、Censys、Shodan、GreyNoise 等收集系统），所以我们需要考虑侦察的低精度与高噪声。另外，获取在攻击杀伤链后期识别出的、与侦察活动相关联的指标，或许能让人对攻击目标、攻击手段，甚至对其他已被攻陷的基础设施有深入了解。例如，在 2021 年底的 Log4J 利用中，GreyNoise 对于识别迅速扫描并试图利用该漏洞的系统非常有用。早期，这种实时视图对于阻止恶意 IP 和识别敌方字符串非常有用。后来，当更多的攻击者甚至防御者开始扫描 CVE-2021-44228 时，这些数据变得不再有用，因为存在噪声的干扰。

3.2.3 武器构造

如果所有的安全防御产品，或者所有软件都能按预期工作，那么攻击者几乎总是会失败

(但往往理想很丰满,现实却很骨感)。因此,攻击者的目标是找到设计和实现不匹配的地方:一个漏洞。然后,攻击者可靠地利用这个漏洞,并将其打包为可以送达目标的形式(例如,恶意文档或漏洞利用工具包)。寻找这个漏洞,制造一个漏洞,并把它与一个有效载荷相结合的过程就是武器构造。

漏洞挖掘

武器构造的漏洞挖掘阶段是特别有趣的,因为它决定了要攻击哪些目标。它会迫使攻击者做出决定。一些广泛部署的软件可能会在任何环境中找到,例如 Adobe Acrobat 和 Reader、Microsoft Windows 和 Office。这意味着任何针对它们的利用都是可以广泛使用的。但是,这些软件多年来一直遭受攻击,它们所属的公司都在努力识别漏洞并减轻漏洞带来的影响。另一种方法是攻击一个缺乏维护的软件,但这样的软件往往部署范围也不太广,会限制攻击者可以使用的范围。这个过程可以与网络杀伤链的侦察跟踪阶段结合在一起,攻击者愿意付出的努力也可能受到他们自己的方向和情报需求的影响。

Stuxnet 攻击事件是这种权衡的一个例子,在该事件中,未经确认的攻击者在伊朗 Natanz 的核设施内禁用离心机,其中还包括在西门子设备中部署针对可编程逻辑控制器(PLC)的漏洞利用。虽然这种设备在大多数企业中并未广泛部署,但它存在于目标环境中。这些 PLC 中的漏洞为攻击者执行任务提供了一个载体。

作为防御者,我们通过以发展为中心的安全方法不断地破坏这个攻击过程。良好的开发实践,如微软的安全开发生命周期(Security Development Lifecycle,SDL),可以减少产品设计与实现不匹配的漏洞。应用程序安全团队需要经常在源代码中寻找这些漏洞,强大的补丁管理可以帮助消除环境中的已知漏洞。

每个被修补的漏洞都会逐步给攻击者设置限制,迫使他们找到新的漏洞并加以利用。这是一个耗时且昂贵的过程。一个漏洞影响的时间越长,对攻击者就越有价值。反之,破坏漏洞的投资回报率(ROI)也带来了防御价值。

想象一下,攻击者在 Windows 95 中发现一个权限升级漏洞。攻击者使用它多年,直到 Windows 7 才修复这个漏洞。这意味着攻击者在多个 Windows 版本中长期使用该漏洞,它持续的时间越长,攻击者从漏洞挖掘和利用获得的 ROI 就越多。

后来攻击者又发现了 Internet Explorer 11 的代码执行漏洞,并将其用于一系列攻击。然而,三个月后,防御者发现并修补了这个漏洞。攻击者没有多少时间从这个漏洞中获得投资回报,这迫使攻击者重新寻找新的漏洞。这里需要额外的资源分配,以获得更小的漏洞有效性时间窗。

漏洞利用

一个漏洞只是盔甲中的一个裂缝,要真正利用这个裂缝,还需要实际的攻击手段——

漏洞利用。漏洞利用的过程就是找到触发漏洞的方法，并将其转化为程序执行的实际控制。就像漏洞挖掘一样，这个阶段可能需要自身领域的专长，也可能与其他利用阶段同时出现。这里本身就是一个很宽泛的话题，在 Jon Erickson 的 *Hacking: The Art of Exploitation*[注2] 一书中得到了很好的解答。

漏洞利用完成后，攻击者必须想办法让其能被稳定执行。这个过程可能是复杂的，因为攻击可能会因为语言包环境或特定的防御措施而无法奏效，如 Microsoft 的增强缓解体验工具包（EMET）或 Linux 地址空间布局随机化（ASLR）。此外，破坏目标代码或系统的漏洞将引起防御者的注意。

然而，漏洞利用对于攻击者而言只是打开了一扇门，给了攻击者一个访问目标（至少是一个中间目标）的方法。下一步，攻击者将需要一个植入程序。

植入程序开发

通常，漏洞利用的目标是为攻击者提供某种有效载荷，以便进一步实现其目标（如数据泄露）。植入程序将允许攻击者保持对被攻击系统的访问，而不必连续地对目标设备进行攻击，这很容易打草惊蛇。而且，一旦被攻击的系统漏洞被修复，它将使现有的漏洞利用方法失效。因此，植入程序开发遵循许多与传统软件开发相同的过程，重点在于隐藏能力（以避免检测）和程序功能（以使攻击者能够实现其目标）。例如，如果攻击者希望能够在被感染计算机的周边范围内窃听对话，那么植入程序需要激活麦克风，记录听到的内容并传输所得到的音频文件，这个过程不能引起用户的怀疑，也不能被正在运行的安全软件发现。

这里有两种主要类型的植入程序。第一种是主动发信号给 C2 服务器的植入装置，它将接收在目标系统上执行的指令。第二种是不主动发信号，但等待接收命令，然后开始与 C2 服务器进行通信。植入程序开发通常由网络拓扑结构和设备类型决定，有时候可以使用以前开发的程序，但是在某些情况下，攻击者需要为目标网络开发特定的程序。

尽管许多计算机网络操作仍然严重依赖于攻击者使用植入程序来保持持久化控制能力，但是越来越多的黑客试图在不安装任何植入程序的情况下实现目标。希拉里·克林顿（Hillary Clinton）竞选团队主席约翰·波德斯塔（John Podesta）的电子邮件遭受攻击，就是在没有部署植入程序的情况下进行的，只窃取了他的密码。在很多情况下，这种攻击方式对安全分析人员来说是非常难以发现的，因为没有植入程序，所以可分析的内容更少了。无植入攻击就是这样一种场景，理解攻击者的目标将有助于了解他们的技术背景。

注 2：Jon Erickson, *Hacking: The Art of Exploitation*, Second Edition (San Francisco: No Starch Press, 2008).

测试

作为武器构造阶段的一部分，漏洞利用和植入程序都需要经过广泛的测试。就像软件开发一样，测试可能不仅仅是一次抽查，也有可能由不同的质量保证团队进行大量的测试。对于恶意代码，测试阶段聚焦在两个方面：功能和可检测性。

功能方面与其他软件开发项目非常相似。测试团队需要确保软件能够完成它设计的任务。如果要窃取文件，植入程序必须能够从目标主机上读取文件系统，找到正确的一组文件，并打包、加密和压缩它们，然后将其输送到攻击者控制的系统中。这似乎很容易，但中间经常会出现开发团队无法控制的情况，这时就需要进行测试。

可检测性方面有别于正常的软件开发过程。测试团队将尝试验证他们的软件是否可以绕过目标环境中的安全检测工具，例如防病毒软件或其他终端安全软件。这个结果会直接关系到植入程序的功能，因为许多基于启发式的安全软件会监测某些行为，例如，恶意代码为了实现目标，可能需要通过设置注册表项来保持持久化。这些可检测性要求可能基于假设，或基于在侦察跟踪阶段收集到的信息，针对的是入侵难度特别高的目标。

基础设施建设

虽然严格来说这一过程并不是武器构造阶段的一部分，但基础设施的开发是对手在攻击之前需要完成的另一个关键准备任务。大多数攻击都依赖于基础设施的各个部分来支持部署到受害者机器上的恶意代码，需要 C2 服务器来指导攻击行动，也需要数据外泄点来上传并检索被盗数据。如果对手的其他基础设施被破坏，那么他们需要热点来混淆他们的真实位置。对手需要各种各样的基础设施来执行他们各个阶段的操作：

证书。首先，我们需要区分两种在入侵中最常用的证书类型：

代码签名证书
> 这些证书由操作系统构建商（如苹果和微软）提供，它们对于运行新应用程序而不绕过安全控制来说是必需的。如果没有代码签名证书，用户通常需要通过多个步骤才能执行未签名的程序。这些证书很难获得，尤其是通过欺诈手段（公司会努力确保这一点）。

传输层安全性（TLS）证书
> 这些证书可以加密与网站的通信，保持网络流量的私密性。没有这些证书，大多数浏览器会抛出错误，警告用户他们的通信是不安全的。更糟糕的是，证书和域名之间的不匹配，这将引发更严重的错误。这些证书过去很难获得，但是感谢像 Let'sEncrypt 这样的服务，让它们最近变得更容易获得。

攻击者想要获得代码签名和 TLS 证书以避免浏览器和操作系统级别的保护对现代攻击的

影响。一些攻击者试图鼓励用户绕过安全控制，但这可能既有风险（因为用户很可能不会去做），也有可能让用户发现异常（并且理想情况下会向他们的安全团队报告）。

服务器。像很多基于互联网的活动一样，大多数攻击者在他们进行攻击的一个或多个阶段依赖服务器。这包括交付，可以是托管下载的文件（对于网络钓鱼邮件中的链接），或是托管浏览器漏洞。在后期阶段，服务器可以在命令和控制阶段启用通信，或者在目标行动阶段上传被盗的文件或凭据。这些可能是攻击者拥有和运行的（裸机），但是，像很多组织一样，许多攻击者已经转向使用云服务器，甚至直接使用公共网络服务。这两者都有融入的优势。

域名。很少有网络连接直接使用 IP 地址，大多数攻击者会使用域名。有些域名被选择作为特定的诱饵或用来迷惑分析人员，意图模仿或看起来类似于其他可识别的域名（例如，使用同形异义词攻击，如使用 l 代替 I）。

电子邮件地址。网络钓鱼是对手最初且最明显的电子邮件使用方式。这些电子邮件地址通常被设计为一次性或有限使用，并且就像域名一样，可能模仿相关域名甚至特定的人。电子邮件地址也需要设置其他基础设施，用于输入证书，甚至与像加密货币这样的支付发送和接收方法相关联。

> **非电子基础设施需求**
>
> 并非所有的基础设施需求都是电子的。攻击者经常需要另外两个大的需求来建立恶意的基础设施：身份和金钱。它们都是购买与建设基础设施所需的资源。这些对于攻击者来说都是具有挑战性的，因为在大多数情况下，这个过程需要直接绑定到真实的个人，这是攻击者最想避免的。
>
> 多年来，攻击者采取了各种各样的方法来避免这些陷阱。假名和假身份是常见的方式，但即使这样也可以被跟踪，因为攻击者经常在域名和证书购买上使用相同的虚假名称、虚假地址或注册电子邮件。在采购环节，一些攻击者完全可以通过入侵其他安全性较低的系统来避免直接购买属于自己的系统。其他人则采用了比特币这样的半匿名支付系统。除此以外，攻击者已经开始使用在线服务，如 GitHub、Twitter（现更名为 X）、Dropbox 和其他免费基础设施，详见 Hammer Toss 报告（*https://oreil.ly/D2QNg*）[注3]。

3.2.4 载荷投递

一旦攻击者收集到足够的信息来制造攻击，下一个杀伤链阶段就是载荷投递。常见的情

注 3：FireEye Threat Intelligence, "HammerToss: Stealthy Tactics Define a Russian Cyber Threat Group" (*https://oreil.ly/D2QNg*) (Special Report, July 2015).

况包括但不限于以下场景：

钓鱼邮件
　　攻击者通过直接通信（一般是电子邮件）向特定目标发送武器化载荷，多采用附件或链接形式。这种通信过程通常会被精心伪装成合法的，减少目标用户的怀疑。近年来，对手也利用即时通信平台和短信向用户发送带有恶意链接的信息。

SQL 注入
　　21 世纪初期，一种常见的矢量群——直接利用面向网络的服务——再次出现。在这些情况下，攻击者找到了一个面向网络服务的漏洞，比如一个网页应用程序或 VPN，并直接攻击它。在许多情况下，这些都是商品系统，例如有对手入侵 Pulse VPN[注4]。尽管其中一些攻击具有高度针对性，但像 Shellshock 和 Log4J 这样的漏洞已经被广泛利用。

战略性 Web 入侵（水坑攻击）
　　在两阶段攻击中，通常基于前期的服务利用场景，攻击者首先会攻击一个次要资源，通常是预期目标可能会访问的网站，并在其上放置一个浏览器或媒体漏洞。这里的假设是，目标（通常是一个整体群体而不是特定个体）会访问这个网站并受到威胁。

载荷投递的关键是它是否能够简化：将有效载荷传送给受害者。这种简单性掩盖了这个阶段的重要性。载荷投递是攻击者对受害者进行攻击的第一个活跃阶段，虽然之前的两个阶段攻击者也可以处于活跃状态，但在这个阶段攻击者必须是活跃的，这通常会导致受害者（无论是预期的目标还是安全团队）能够检测到攻击。这意味着载荷投递阶段是受害者获取 IOC 指标和攻击者 TTP 的保证。在鱼叉式网络钓鱼的场景下，可能是电子邮件属性，如邮件头和邮件地址，而对于 SQL 注入场景，可能是连接 Web 服务器 / 数据库的 IP 地址。

3.2.5 漏洞利用

了解载荷投递和漏洞利用之间的差异可能是具有挑战性的。在载荷投递阶段，攻击者没有直接与目标进行互动，也没有控制任何目标系统。即使在钓鱼邮件攻击的场景下，安全措施也有可能将其成功阻断，并没有真正实现漏洞利用。漏洞利用是攻击者获得代码执行控制权限，并开始执行自己的代码。

下面列举几个漏洞利用的例子：在一次水坑攻击中，受害者点击受感染的 Web 页面；在

注 4：Dan Perez et al., " Check Your Pulse: Suspected APT Actors Leverage Authentication Bypass Techniques and Pulse Secure Zero-Day " (*https://oreil.ly/3hKEp*), Mandiant, updated October 27, 2021.

鱼叉式网络钓鱼攻击中，受害者点击恶意附件或链接。从这些场景来看，攻击者至少控制目标系统中的一个进程，这个立足点是攻击者进入网络的开始。

漏洞利用是一个巨大的主题，有专门的专家、公司、市场甚至经济领域。为了更深入地理解漏洞利用，你可以参考：

- *The Shellcoder's Handbook，Second Edition*，由 Jack Koziol 等人编著（Wiley，2004）。
- *The IDA Pro Book*，由 Chris Eagle 编著（No Starch Press，2008）。
- *Real-World Bug Hunting*，由 Peter Yaworski 编著（No Starch Press，2019）。
- *A Guide to Kernel Exploitation*，由 Enrico Perla 等人编著（Syngress，2010）。

3.2.6 后门安装

初始执行通常很困难，攻击者并不希望多次重复这一过程。一旦攻击者执行了代码，他们的第一步通常是通过建立一个永久的据点来巩固自己的访问权限。Lockheed Martin 杀伤链报告以如下方式描述了这一点："在受害系统上安装一个远程访问的木马或后门，使得攻击者能够在系统环境中持续存在。"[注5] 虽然这是攻击者在这个阶段通常会做的事情，但我们发现将这些行为看作建立系统或网络的持久性（在许多情况下，攻击者会同时采取这两种行动，但将它们分开考虑有助于分析）是有用的。

系统持久化

在这个阶段，攻击者在单个系统上执行代码，可能只是一个单一进程。这是一个有用的开始，但是它不会在系统重新启动后持续。关闭受感染的应用程序甚至可能会删除其访问权限。

大多数攻击者首先通过部署 Rootkit 或远程访问木马（RAT）来巩固对少数主机的控制权。Rootkit 建立对系统的内核级访问，一旦安装，攻击者就可以逃避底层操作系统的许多检测方法。RAT 是一种远程控制软件，在系统重启后还能持续运行，而不依赖于某种漏洞，这使得攻击者可以持续保持对一台单独主机的控制。

网络持久化

绝大多数敌人并不满足于仅在一个系统中建立立足点。相反，他们想要更深的持久化。为此，他们通常会使用以下两种技术中的之一（或都使用）来扩大攻击范围：

注 5：Eric M. Hutchins et al.，"Intelligence-Driven Computer Network Defense Informed by Analysis of Adversary Campaigns and Intrusion Kill Chains"（*https://oreil.ly/m_ZJ8*）。

在多系统中建立系统持久化

这意味着使用捕获的凭证并在其他系统上安装 RAT 或类似的访问方法。攻击者有多种选择，从自研软件到本地工具，如 Windows 中的 PsExec 或 Nix 环境中的 SSH。

收集能够访问较多网络资源的权限，避免直接访问网络上的系统

这意味着使用 VPN、云服务或其他暴露在互联网上的系统，如 Web 邮件系统。这在很多情况下降低了被发现的风险，并且不需要使用恶意软件，而是使用本机工具。

以上这些技术可以单独使用，也可以一起使用。这种组合通常是大多数攻击者的标志性技术集合。

3.2.7 命令和控制

一旦攻击者建立了持久性，特别是如果他们选择了远程管理工具（RAT）的方式，那么他们就需要一种发送命令的方法（通过推送或拉取）。在过去，许多恶意软件，特别是分布式拒绝服务（DDoS）工具，通过加入 IRC 频道或向对手控制的服务器进行 HTTP 调用进行通信。评论组（Comment Crew）因在看似无害的网页上使用 HTML 评论进行命令和控制而得名。[注6] 有些攻击者使用多种方法，包括 DNS 查找，社交媒体，或者热门的云应用程序。

自引导的恶意软件

有一小部分恶意软件家族是不带任何通信功能的。这些"无人机"，或自引导的恶意软件家族很少，但特别适合攻击相对封闭的网络。著名的例子是 Stuxnet 恶意软件家族，专门针对没有任何网络通信的伊朗核研究机构。鉴于这个恶意软件家族取得的成功，以后可能会有更多的追随者。响应自引导的恶意软件需要采取不同的方法，因为防御者不能聚焦于识别命令和控制或数据泄露的网络流量，相反，防御者需要识别系统中正在运行的恶意软件，并在其传播之前将其消除。

攻击者专注于确保他们的通信渠道不被发现，并提供足够的带宽来满足攻击者的需求。在某些情况下，恶意软件可能每天只使用几行文字进行通信，而其他则包括完整的虚拟桌面功能。

3.2.8 目标行动

在大多数情况下，我们刚刚描述的所有阶段并不代表最终目标，而是设置过程。攻击者通过设置访问过程，以便赋予自己以前没有的影响目标的能力。我们将这种新能力称为

注6："APT1: Q&A on Attacks by the Comment Crew"（*https://oreil.ly/DBqmG*），Endpoint Protection, Broadcom, updated February 19, 2013.

目标上的行动（AoO）。

虽然许多最早的 AoO 就像探索一样简单，但自 20 世纪 90 年代中期以来，最常见的 AoO 一直是收集和排除目标系统上的信息。用一种非常简单的方式，这是很有道理的：计算机最终是用来处理信息的。据说臭名昭著的银行抢劫犯 Willie Sutton 曾经被问到为什么要抢劫银行。Sutton 回答说："因为那里有钱。"在现代社会——数据就是金钱（作为分类账或区块链中的 1 和 0），下一代军事技术的设计方案存储在企业服务器上的计算机辅助设计和开发文件中，政治情报存储为 PDF 或 Excel 电子表格——数据盗窃成为主要的 AoO，这有什么奇怪的吗？

除了数据泄露，最常见的 AoO 是与安装的网络持久性部分相关的横向移动。在很多情况下，对手的真正目标并不能直接受到攻击。人们不应该从保存他们最宝贵计划的 FTP 服务器上打开钓鱼邮件（但不幸的是他们经常这么做），也不应该从拥有他们所有客户数据的系统上浏览可疑的网站（但事实上他们也会这么做）。但在遵循这些做法的情况下，攻击者通常会攻击可能有助于进一步获得最终目标的相关系统。

在许多情况下，攻击者甚至不知道他们最终的目标是什么系统，但会攻击任何可用的系统，建立持久性，然后进行横向移动，相当于从头开始整个入侵过程（即杀伤链中的杀伤链）。一个常见的入侵模式是，最初的系统非常无害，与任何事情都无关（比如攻击者针对的是一个可能启用了 Microsoft Office 宏的招聘人员或会计），通过破解安全账户管理器（SAM）文件获取管理员凭证，然后转向域控制器，再次盗取 SAM 文件。现在，攻击者拥有整个网络的管理员凭证，可以直接对他们的最终目标进行攻击。

除了数据泄露和横向移动，攻击者最常见的 AoO 不仅在计算机上，还被美国空军归类如下：

破坏
    攻击者破坏物理或虚拟的东西。这可能意味着销毁数据、覆盖或删除文件，或者使系统完全不可用（除非重建），也可能意味着摧毁某个物理对象，尽管这在计算机攻击中很少发生，Stuxnet 破坏伊朗核设施就是这样一个例子。

拒绝
    攻击者拒绝目标对资源（例如一项基础设施或一个特定的能力）的使用，例如通过拒绝服务攻击使目标无法被访问。近年来流行的另一个例子是勒索软件，它加密用户的数据，要求用户付款才能再次使用（存在理论上的可能性）这些数据。

降级
    攻击者会降低目标基础设施或功能的可用性，这通常是指破坏目标控制和指挥基础设施的能力。例如，禁用网络服务。这是一个不太复杂的版本，它使用了一个简单的杀伤链，即分布式拒绝服务。

干扰

通过阻断信息的流动，攻击者可以干扰目标执行正常操作的能力。

欺骗

攻击者试图让目标相信一些伪造的东西。在大多数场景下，攻击者可能会将虚假信息插入工作流程中以重定向资产或信息，或者导致目标执行一系列动作使攻击者受益。

这些行动大部分都是直接的、显而易见的。攻击者把它们放在一起的方式是非常关键的，常常直接告诉我们攻击者的身份和目标。攻击者可以隐藏恶意软件、混淆命令和控制等，但最终在目标上的行动不能混淆、编码或保护。为了窃取信息，攻击者必须窃取文件；为了执行 DoS，攻击者必须使用受感染的主机来发送大量的网络流量。简而言之，AoO 阶段是无法伪造的。我们稍后会详细讨论防御者如何应对对手的 AoO。

理解攻击者可能将多个动作结合起来也是很重要的，包括物理的/非网络的动作。比如收买一名内部人员，将战略信息泄露给某个军事行动（例如，轰炸一个地理位置）。

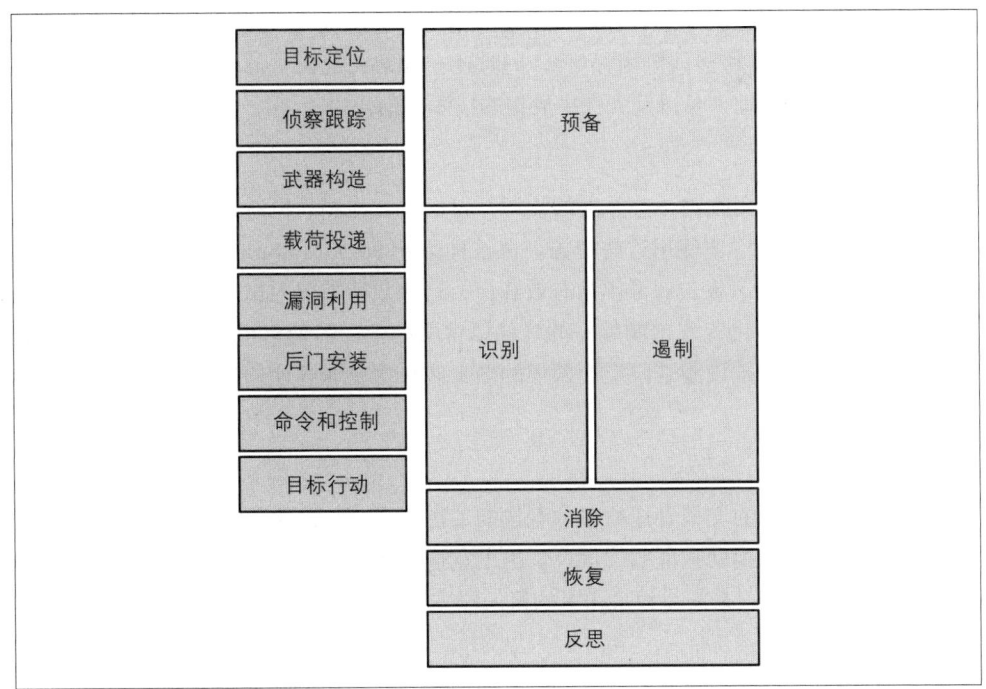

图 3-3：杀伤链与事件响应周期

如图 3-3 所示，攻击者的杀伤链是严格定义的，而事件响应周期必须从识别阶段开始对

事件响应原则 | 59

其做出反应。识别可以在杀伤链的定位阶段到目标行动阶段之间的任何地方发生，并会导致截然不同的事件响应。在杀伤链的载荷投递阶段就能及时发现安全事件是理想的，防御者可以通过钓鱼邮件拦截或 Web 代理阻断黑客执行的攻击；若在后期阶段（如命令和控制或目标行动）检测到攻击则可能会比较痛苦，因为许多资源已经受损，事件响应调查过程也会变得昂贵而漫长。

3.2.9 杀伤链示例

下面我们举个例子来描述一下杀伤链。假设有一个代号为 Grey Spike 的虚拟黑客组织进行了一系列攻击。这个组织针对多个国家的本土活动进行政治情报收集。最近的报告显示，他们一直在针对美国和英国的选举活动。他们试图获得关于候选人在经济、外交政策和军事问题上的态度信息。以下是他们的战略需求：

目标定位

  Grey Spike 没有自己的固定目标，而是从国家机构决策人那里接受任务（情报来源指引着他们的目标）。任务里会具体描述目标国家、候选人以及信息关键词。

侦察跟踪

  Grey Spike 一开始会了解目标的网络覆盖范围（包括域名、邮件服务器、使用的关键技术以及 Web 和移动应用程序），同时还会收集关键人员的信息，如竞选管理人员、社交媒体管理人员以及大选中聘请的技术咨询公司。

武器构造

  Grey Spike 定期会收到一些分配的资源，包括零日漏洞，但通常他们会在没有其他资源可用的情况下才使用这些资源。在这种场景下，Grey Spike 拥有一套组件，可以用于在文档中下载宏病毒作为有效载荷，这些载荷被植入由情报机构内部跨部门借调的区域和文化专家定制编写的目标语言文档中，另外，用于 C2 和载荷投递的私有服务器等基础设施是以空壳公司的名义向来自全球各地的虚拟主机供应商那里租用的。

载荷投递

  攻击者将武器化的文档发送给参加竞选的关键官员。每份文件都是针对个人专门设计的，比如财务捐助和证明的提议。由于竞选会非常激烈，被攻击的目标打开这些文件的概率很高，最终导致攻击者的植入程序在受害者的笔记本电脑上运行。

漏洞利用

  植入代码以宏命令的形式运行，它主要针对 PDF 阅读器的一个较旧的漏洞。尽管该漏洞的补丁已经发布了一段时间，但是由于高层们认为这可能在不恰当的时候导致中断，因此他们已经冻结了所有更新。

后门安装

> 漏洞利用代码是一个下载程序，它会连接部署在主流 ISP 虚拟主机环境中的恶意软件传输服务器，以便在目标系统上安装远程访问特洛伊木马（RAT）。接着 RAT 会与部署在其他国家 ISP 网络的 C2 服务器通信。

命令和控制

> Grey Spike 通过 C2 通道（加密的 DNS 查询）向 RAT 发出命令。通过这种隐蔽的通道，他们搜索目标的电子邮件和相关文件。除了一些计划获取的信息之外，他们还发现了一些电子邮件记录了共享账户（包括密码），可以使用这些权限来扩大对整个网络的访问权限。

目标行动

> 最后，Grey Spike 对获取到的信息进行专项检索。机构决策者不希望直接干预竞选，主要是因为担心政治后果，尽管他们有能力摧毁候选人的大部分数据和线上的基础设施。

攻击杀伤链有助于以一种系统的方式来整理事件响应数据，使你能够直观地看到攻击发生时的样子，并且能够帮助识别攻击者行为中的模式。实现这一目标的另一种方法是钻石模型，我们接下来将对此进行讨论。

3.3 钻石模型

钻石模型的入侵分析在许多方面与杀伤链不同（尽管在本节后面，我们将讨论它们如何互补）。最初在 Christopher Betz、Sergio Caltagirone 和 Andrew Pendergast 的开创性论文（*https://oreil.ly/Fi2Lq*）中讨论的这种模型可以概括如下：

攻击者通过某种基础设施部署能力来对付受害者。这些活动称为事件……事件由攻击者－受害者对按阶段排序，形成代表攻击者操作流程的活动线程。

最终，钻石模型（见图 3-4）是理解各种参与者（攻击者和受害者）以及攻击者的工具（基础设施和能力）之间互动的范例。

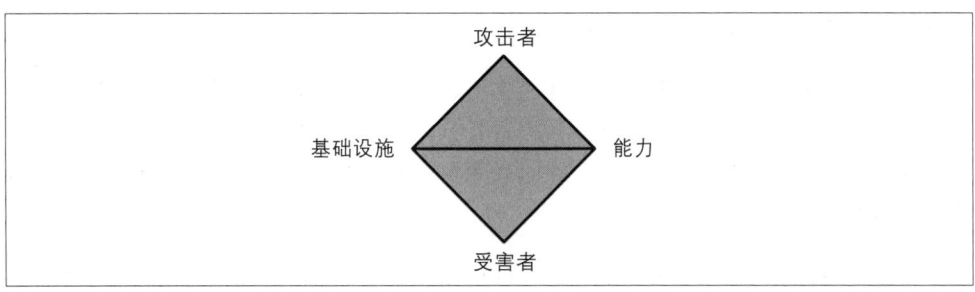

图 3-4：钻石模型

3.3.1 基本模型

对手是一个情报组织，意图收集有用的信息或侵害信息系统。我们可以进一步将其分解为两拨人，一拨是执行任务的攻击者，一拨是从此次任务中受益的客户。当然，也有可能这两拨人同时扮演这两种角色（比如一个小型的雇佣军或经济驱动的黑客组织）。但也有例外情况，比如在一个国家情报机构，客户和攻击者可能来自不同部门甚至不同团队。不管怎么样，对手有明显的意图，可以是"通过信用卡诈骗赚钱"，或者是"获取指定人员身上的某个主题信息"。

对手有一套攻击工具，技术娴熟，这些被称为能力，用来实现攻击目标。这可以包括在杀伤链中讨论的武器化软件和植入病毒程序；也可以包括进行社会工程攻击的能力；甚至在某些情况下，对手还可以部署某种形式的物理攻击能力，用于收集信息或干扰系统。

对手使用一套通信系统和协议来投递武器、实现远控或在受害目标上执行操作，它们统称为基础设施。这里包括攻击者直接拥有的系统（例如，实际拥有的台式机和网络设备）以及通过入侵间接拥有的系统（例如僵尸网络中的肉鸡）。

当对手定位了某个受害者后，针对他们部署各种攻击能力，试图达成某种意图。受害者包括人员和资产，两者都可能被针对。如前所述，受害者的系统可以被用来作为攻击另一个受害者的基础设施。

每一次出现以上四个要素（一个对手使用跨基础设施的能力来对付受害者）都是一个事件。我们将相互作用的多个事件作为活动线程进行分析，然后将这些线程进一步归集到活动组中（相关线程可能是并行运行的，不一定会线性流动）。

3.3.2 模型扩展

该模型展示其作用的方式之一来自轴线。连接对手和受害者的"南北轴"代表了一种社会政治关系。对手对受害者有一定的兴趣，无论是某类兴趣（信用卡号），还是特定的兴趣（针对首席执行官的钓鱼邮件以实现欺诈电汇）。对这个轴进行分析可以揭示对手的动机，并有助于入侵检测和事件响应的分析、运营和战略的规划。

正如本节开头提到的，钻石模型补充了杀伤链，事实上这两者相互融合。钻石模型中的每个事件都可以根据其在杀伤链中的阶段进行分类，这使得分析师可以更好地理解事件之间的关系，并考虑以前在调查和记录过程中可能忽略的点（也就是说，并不是每个事件都会出现杀伤链的每个阶段）。

这个模型也被扩展为一个聚类机制，分析师试图比较多个杀伤链以找出相似性，并将它们分组到活动和行动者中（我们稍后会讨论这个问题）。

3.4 ATT&CK 和 D3FEND

美国的 MITRE 公司（通常称为 MITRE）是一个基于美国联邦资助的研究和开发中心，基本上是一个政府智囊团，发布了各种有用的网络框架。鉴于 MITRE 是 Cliff Stoll 在《杜鹃蛋》中追踪到的狡猾黑客之一，这个焦点相当合理。

3.4.1 ATT&CK

杀伤链和钻石模型是两种你可能会经常使用的入侵分析框架——无论是显式地使用，还是作为思维模型。另一个加入分析师工具箱的是 MITRE ATT&CK 框架，它增强并扩展了传统的杀伤链。ATT&CK 代表"对手策略、技术和常识知识"。MITRE 将 ATT&CK 描述为"一个基于真实世界观察的对手策略和技术的全球可访问知识库，是开发特定威胁模型和方法论的基础。"表 3-1 展示了如何将 ATT&CK 分解为几个主要概念组。

表 3-1：ATT&CK 框架中的关键概念

概念	MITRE 定义
策略	策略代表 ATT&CK 技术或子技术的原因。它是攻击者的战术目标——执行操作的原因。例如，攻击者可能想要获得凭据访问权限
技术	技术代表对手，如何通过执行操作来达到战术目标。例如，对手可能会导出凭据以获得凭据访问权限
群组	群组是由安全社区用一个公共名称跟踪的相关入侵活动的集合。分析人员使用各种方法和术语跟踪活动群集，如威胁群组、活动群组、威胁行为者、入侵集和活动
软件	软件是一个通用术语，用于指代定制或商业代码、操作系统实用程序、开源软件或其他用于执行在 ATT&CK 中建模的行为的工具

（来源：*attack.mitre.org*。）

还有一些次要概念，包括矩阵、数据源、缓解措施和资源。矩阵非常重要，因为它们将其他数据与各种环境相关联。大多数时候，人们提到的是 ATT&CK 企业矩阵，但是移动和 ICS（即工业控制系统）也可能根据你的组织而变得重要。数据源是一个专注于将数据映射回数据采集源（即探针或日志类型）的概念。缓解措施，按矩阵划分，代表了应对各种攻击的方法。

ATT&CK 中捕获的战术和技术并非理论性的——它们是网络安全从业者在追踪进行网络操作的对手时观察到的。这些战术和技术以单独的组件形式捕获，并以矩阵形式显示。ATT&CK 是一个多功能模型。它可以作为战术和技术的库，帮助事件响应者和情报团队建立对现有和新兴对手趋势的理解。

目前，不仅美国政府在使用 ATT&CK 模型，许多网络威胁情报分析师和事件响应者也以它为心智模型。而且，一些供应商也在基于 ATT&CK 模型实现检测、攻防和技术评估。甚至有些雄心勃勃的网络安全专栏作家也会使用这个模型。我们将在本章和其他章节进一步讨论 ATT&CK。

> **蓝队，红队，紫队和黑队**
>
> 虽然有很多不同的方式来称呼公司安全团队的不同部分，但最简单的方式是按颜色来称呼。它们包括：
>
> 蓝队
>
> 　　纯粹的防御团队。通常，这指的是入侵检测、事件响应、网络威胁情报，甚至是逆向工程师和系统管理员。
>
> 红队
>
> 　　红色团队通常是我们用来称呼模拟攻击团队的方式（模拟是因为他们的最终目标是帮助提高防御力，而不是为了攻击），他们探测和测试应用程序和防御系统。这通常指的是渗透测试者、应用程序安全团队、漏洞分析师，甚至是漏洞管理员。
>
> 紫队
>
> 　　紫色团队是一个相对先进的概念，更像一个过程而非一群人（虽然一些公司确实有这样的团队）。尽管许多组织会将他们的蓝色和红色团队分开（有时这些团队甚至错误地产生敌意），但在紫队中，蓝队和红队直接共同工作，试图通过快速分享发现，共同识别问题，总体上缩短反馈循环来提高彼此的能力和效率。
>
> 黑队
>
> 　　这是一个稍微特殊且不太常用的词，但你可能会听说过。黑队就是红队假装的对手：真正试图制造破坏的攻击者。通常，我们将他们称为攻击者，但有时也会使用黑队这个词。

3.4.2 D3FEND

MITRE 还发布了 D3FEND（这是另一个直观且有趣的缩写词）。在 NSA 的资助下创建的 D3FEND 列举了防御者可以采取的对策和响应，以阻止或回应对手。与 ATT&CK 框架类似，D3FEND 将这些分为策略（总体目标）和技术（实际正在实施的技术控制）。D3FEND 的目标是将特定的防御技术与特定的攻击技术相关联。通过两个模型，应该可以实现从特定攻击者（比如 G0032-Lazarus Group）到你应该采取的特定系统强化步骤（以阻断攻击），以及需要的检测类型（以发现攻击者的活动）的全链路覆盖。

这会有效吗？现在下结论可能还为时过早。ATT&CK 在最初的几年里启动得很慢，所以

D3FEND 可能会加速。这些框架很好地将我们引入下一个话题。

3.5 主动防御

情报驱动的事件响应周期中最受关注和最难理解的概念之一便是主动防御。

主动防御常被等同于"反击（hack back）"或直接攻击恶意攻击者。虽然这是主动防御的一个方面，但还有另外五个有用的防御策略。这种混淆往往源于对主动防御目标的完全误解。

大多数试图或请求进行某种形式的反击的人表现出了一种孩子气的报复行为。这是自然的。你被打了，你就想回击。我们已经不再采用这些幼稚的策略，原因有很多。第一，在网络入侵中，我们发现很难知道对手的身份，这导致了误判和因此产生的误导性攻击，也很难知道一个给定的技术资产是对手的财产，是他们从供应商那里购买的（是的，对手和你的开发运营团队一样喜欢云服务），还是对手正在利用的免费服务，或是赃物（这意味着攻击可能不仅仅是针对对手，还有无辜的合法所有者）。第二，对于防御型组织来说，做出适当的反应是困难的。第三，反击的目的通常是有限的，除了想报复之外。第四，根据对手的反应，反击可能会引发他们的报复。第五，也是最重要的一点，大多数国家都禁止在没有许可或适当的法律权威的情况下试图破坏计算机系统，比如赋予执法和军事组织的权威，这些权威理论上受到严格的监督。简而言之，不要进行反击。

> **攻击性网络行动**
>
> 你可能会说："那些有权限并且拥有反击信息的人呢？"事实证明，这种情况已经出现了。2021 年 12 月，美国网络司令部司令兼国家安全局局长 Paul Miki Nakasone 将军在《纽约时报》的一篇文章中承认："我们已经采取了行动，并对勒索软件的操作者施加了成本。"长期来看，这种做法的效果如何还有待观察。

除了反击外，主动防御还包括其他几个有效且有用的元素。Wendi Rafferty 在 2015 年的 SANS DFIR 峰会上描述主动防御的目标是试图打乱对手的节奏。Mandiant 的 Andrew Thompson 使用了与 Nakasone 将军相同的措辞来描述主动防御，即"施加成本"。就像侦探一样，事件响应者的目标是抓住对手的错误，提供揭露他们的机会。主动防御为防御者提供了一种通过强迫对手犯错误来加速这一过程的方法，这通常是在响应事件响应团队设置的障碍时发生的。

防御者和对手一样，可以选择阻断、干扰、降级、欺骗和销毁这五种方式。因此，我们将主动防御称为 5D 防御模型。它最初被开发为计算机网络攻击（CNA）的一系列期望能力，结果却为主动防御提供了一份很好的能力清单。

3.5.1 阻断

阻断对手的想法如此直接和常见，大多数组织甚至无法想象这是一种主动防御；大多数人都在积极地进行阻断式的行动。然而，如果我们按照传统的定义来打乱对手的节奏，这就是一个完美的例子。阻断可以很简单，比如实施一个新的防火墙规则来阻止对手的指挥和控制，应用一个系统补丁来修复一个漏洞，或者关闭一个被入侵的电子邮件账户的访问权限。阻断的关键在于预先排除恶意行为者的能力或基础设施。

阻断迫使对手偏离他们的计划，并寻找不同的方法来实现他们的目标。如果对手在继续前不改入侵的指标，你可以强迫他们暴露出 TTP 并将你的调查转向他们的新活动。另外，许多阻断行动可能被解释为纯粹的巧合，比如用户因为需要窗口而重置密码，而不是遵照事件响应团队的指示。

3.5.2 干扰

如果说阻断措施第一时间削弱或消除了攻击者的访问能力或关闭了他们攻陷的基础设施，干扰措施则是将攻击者与其掌握的资源隔离。在大多数情况下，干扰需要主动观察攻击者，知道攻击者何时处于活动状态，以便实时干扰攻击，比如切断对手正在使用的 C2 通道，或者中断他们对大文件的传输。

3.5.3 降级

与干扰和阻断对手类似，降级措施聚焦于减少攻击者正在使用的边缘资源。一个容易理解的例子就是在出口限制攻击者的传输带宽，导致大文件的上传变得极其缓慢。这种降级措施尝试缓解攻击者的攻击，并驱使他们尝试以不同的方式访问数据，并暴露他们额外的基础设施、工具或 TTP。

干扰和降级对于网络安全防御团队来说是一个有趣而又危险的机会。虽然阻断行动可能会被误解为正常的被动防御行为，但是干扰和降级显然是积极的。他们开始与攻击者展开对话，给攻击者一个暗示，故意给攻击者回应。在这种情况下，攻击者可以采取各种行动，他们可以通过引入更先进的能力并降低攻击的节奏，或者可以走向另一个方向暂时停止攻击，等待热度下降。这是主动防御的风险，需要谨慎采取和做足准备。

3.5.4 欺骗

欺骗措施基于有意识地为攻击者提供虚假信息的反情报概念，并希望攻击者将其视为真相，据此做出决定。例如，在蜜罐系统甚至真实的网络环境中存放一些包含错误数据的虚假文档。

欺骗行动需要深入了解攻击者的目标、方法、心理以及自己的资源。制作攻击者愿意接受的欺骗材料是非常困难的，因为熟练的攻击者将试图利用其他来源来验证他们找到的任何材料。话虽如此，欺骗行为已经引起了各种工具销售商的注意，这些工具从简单的蜜罐或令牌（一种被动的欺骗方法）到模拟整个网络并在对手调整时监控他们的高级欺骗套件（主动欺骗），应有尽有。

3.5.5 销毁

销毁行为会对攻击者的工具、基础设施甚至攻击执行者造成物理或虚拟的伤害。在大多数情况下，这是执法人员、情报人员或军事执法人员等的职权范围，他们拥有进行此类行为的法律权限（在《美国法典》第 10 篇和第 50 篇提及这些组织）。商业或私人组织这样做不仅被认为是非法的，而且也很危险。他们可能没有成功进行计算机网络攻击的工具、方法和操作员，而且可能导致重大的意外后果。这些资源最好用于改善防御操作。

主动防御是否适合你？主动防御是一个新潮的话题，但是企业应该把它作为安全计划的一部分吗？几乎所有关于复杂主题的问题，答案都是"看情况而定"。主动防御不必全面实施。阻断对手是任何企业的职责，实际上大多数人可能已经有意或无意地在做，不管他们是否意识到。干扰和降级需要一定的技术成熟度。欺骗是一种先进的策略，具有高回报，但也是高风险的，应该仅限于最高级的安全团队成员使用。正如我们刚才所说，进行销毁行动需要具备特殊的法律地位，不适合非政府机构。

3.6 F3EAD

F3EAD 是我们要介绍的最后一个重点框架，它将情报循环的情报生成与事件响应和杀伤链周期以运营为中心的理念结合起来。作为一种针对特种作战团队与现场情报分析小组合作的定位方法，F3EAD 解决了我们讨论过的情报和操作周期的两个关键问题：

- 情报循环不应该导致过多的情报：它们应该用于指导有意义的行动。也就是说威胁情报不应该仅仅引导我们获得更多的威胁情报，而是引导我们采取积极的事件响应行动。
- 情报运营循环不应在目标达成后结束。在任何行动中获得的信息应该开始提供一个新的情报循环。当事件响应结束时，应该将其中产生的信息输入情报系统中开始查找新的情报，从以前的事件中吸取教训，为将来可能发生的入侵做好准备。

因此，安全运营和威胁情报两个周期是彼此相互作用的，不是割裂的（如图 3-5 所示）。每个事件响应运营的过程会触发情报运营，每个情报运营的过程也会触发事件响应，如此循环。

为了实现这个过程，F3EAD（*https://oreil.ly/bZPqP*）使用一个结合情报和安全运营周期的修改版本：查找、定位、行动、利用、分析、传播。正如你所看到的，这意味着要经历事件响应周期，并将结果输入情报循环中，然后将这些结果反馈回新的事件响应周期。

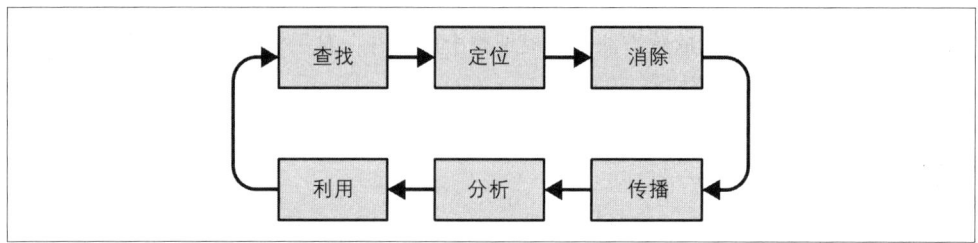

图 3-5：F3EAD 安全作业情报循环

3.6.1 查找

查找阶段包含运营的目标定位阶段，用于确定情报要解决的威胁方向。情报来源可以有很多，例如来自商业供应商或开源组织。理想情况下，你自己以前的情报循环也应支持这个过程。根据运营或投资策略的不同，这个阶段可由 IR 团队与情报团队一起决定，甚至可能与这外面的团队合作，如 SOC 团队或管理层。这个阶段与事件响应周期的预备阶段相似。

3.6.2 定位

根据查找阶段的信息，定位阶段建立检测并确定对手在网络上的位置以及其他外部威胁。这里需要澄清的是，定位并不代表修复，它指的是在网络中识别攻击者的行为。这涉及获取可用的信息，找出对手可能攻击的系统、服务或资源，他们的通信渠道以及如何在网络中移动。我们可以将其视为事件响应周期的识别阶段。

3.6.3 消除

消除阶段包括实际的事件响应行为（最原始的军事版本对这个过程会有更多的准备和致命行动，但企业千万不要这么做）。这是采取果断的行动对付对手，进行事件响应周期的遏制、缓解和消除阶段的操作。

F3EAD 的关键点在于 IR 流程结束后整个周期并没有结束。事后无论企业是否转移团队之间的资源和责任，或是团队自身改变了自己的活动焦点，消除阶段的结束将是利用阶段的开始，也就是 F3EAD 情报部分的开始。

3.6.4 利用

利用阶段大致对应于情报循环的收集阶段，主要的不同之处在于，这个阶段专注于在周期的操作阶段从对手那里收集的信息。一些对于情报驱动的事件响应特别有用的信息包括：

- 关于入侵的各种指标，包括 IP 地址、URL 地址、文件哈希值以及邮件地址等。
- 对 IOC 特征的自动关联（比如反向 DNS 查询特定 IP 地址或关联 WHOIS 数据）。
- 载荷投递的利用代码样本。
- 恶意文件样本。
- 漏洞 CVE 编号和利用代码。
- 用户事件报告。
- 来自攻击者的通信内容。
- 以前识别出的 TTP。
- 攻击者的对象、目标和动机。

列出所有可能有用的信息是不现实的，但分析师应该尽可能多地收集有关攻击各个阶段的信息。对照杀伤链的每个阶段，尽可能地收集有关每个阶段的信息。

3.6.5 分析

分析阶段对应的仍是情报循环的分析阶段。在此阶段，我们的目标是评估所收集的信息对于活动的短期和长期的影响。这通过一些方法实现：

- 攻击者 TTP 总结。
- 对数据输入模型或框架进行进一步分析。
- 解读时间线和杀伤链，以得出可行的建议。

像情报阶段一样，分析阶段本身是周期性的。恶意软件分析可能会发现更多的 IOC 特征，这些 IOC 本身也可以得到丰富，并可能涉及更多的恶意软件。总体目标是对攻击者的 TTP 进行全面了解，并着重于如何发现、缓解和应对他的行为。

3.6.6 传播

情报只有在以正确的格式传达给正确的受众，并有足够的时间让他们吸收和采取行动时才有用。传播不仅仅是推送信息——它是确定决策者需要什么信息，以他们能消化的方式交付，并随时回答问题或接受对信息的后续请求。情报的传播主要关注的是受众，而不是个别分析师喜欢的操作方式。因此，理解受众非常关键，他们通常可以归入以下几类：

战术

> 情报最直接的受众是事件响应团队，作为下一个 F3EAD 周期的开端。他们希望把重点放在 IOC 和总结 TTP。

战略

> 对于管理层而言，通常只需要发生一个重大事件就可以开始对事件响应和威胁情报团队投入更多的关注和资源。他们感兴趣的是高度概括的 TTP（更关注整体的活动而不是个别事件）以及有针对性的行动。这类情报有助于决策者思考在未来的资源分配和更大规模的业务计划（例如进行风险评估）。

第三方

> 许多企业都参与某种形式的威胁情报分享小组。每个企业都必须确定自己的参与规则。与你的领导和法律团队合作，确定最佳方法，这可能包括任何抽象层次的情报，这取决于你的目标和合作意愿。

无论情报处于哪种水平或面向哪些受众，你都希望传播的信息清晰、简明、准确，并且是可执行的。

3.6.7 F3EAD 的应用

F3EAD 是可以实施以提高威胁情报和安全运营的事件响应方面的最强大的概念之一，也是最困难的之一。尽管很难解释为什么一个大部分人连发音都不清楚的神秘特种部队缩写应该成为 IT 部门标准操作程序的一部分，但是它确实提供了一个关键的缺失部分：如何让运营部门更好地获取情报，或者情报如何更好地指导运营。

当我们思考如何使用 F3EAD 时，不要专注于细节，而要关注整体概念：安全操作和事件响应变为对威胁情报的输入，威胁情报则变为对安全操作和事件响应的输入。无论安全操作团队的任何部分（无论是 SOC，CIRT 还是个别工程师）何时完成事件响应，他们所有的输出和文档、取证工件、恶意软件和研究都应传递给情报团队。从那里开始，情报团队利用和分析这些信息。他们基于该事件的输出应回馈给安全操作团队，然后循环继续。这最终形成了一种安全操作/威胁情报 OODA 循环。安全操作团队越能快速地使用这些情报，就越能快速完成操作任务，从而推动更多情报产生。

这种运营+情报的模式不需要限制在 SOC 和情报团队。漏洞管理和应用程序安全（AppSec）团队也可以使用同样的过程。例如，当应用安全团队发现一个新的漏洞时，这个漏洞可以被视为一个情报。但在现实中，我们往往无法保证 AppSec 工程师是第一个发现漏洞的人，因此需要 AppSec 团队向 SOC 提供尽可能多的信息，SOC 开始查找以前针对该漏洞进行攻击的迹象。

3.7 选择正确的模型

模型的目的是提供一个框架，用来解释信息并生成情报。记住 George E. P. Box 的名言："所有模型都是错误的，但有些是有用的。"有数百种模型可用于情报分析，而更多有用的模型可以从其他学科中引入，如军事冲突理论和执法。其中一些模型旨在通用，而另一些则是为个人或特定用例开发的。在决定使用哪种模型时，需要记住几个因素：

- 可用于分析的时间可以帮助确定哪种模型适合。如果有时间对事件进行深入的分析，那么将钻石模型用于入侵分析可能会很有效。如果有时间限制，那么像 OODA 循环这类模型则可以用来驱动决策。
- 信息的类型也可以决定哪种模型最适合，因为一些模型被设计为与特定的数据源一起使用，如网络流量或端点数据。
- 最后，这可能完全取决于分析师的喜好。如果分析师发现某种模型在他们的流程中运行良好，那么继续使用那种模型就好。甚至可能有一天，最好的选择是开发一个新模型。

3.8 场景：走鹃行动

现在我们已经深入研究了许多关键的应急响应模型，让我们进一步加深对情报驱动的应急响应的理解。我们即将深入到应急响应、网络威胁情报以及它们如何共同帮助你保护组织的实际细节中。

本书其余部分按照联合作战/情报模型 F3EAD 进行布局，该模型增加了一些特别适合于情报驱动的应急响应的其他分析模型和框架。我们将通过调查名为走鹃行动（Road Runner）的以选举为关注点的活动（本章前面介绍的）来运用这些模型和框架。我们认为这是虚构攻击团队 Grey Spike 的最新任务，他们正在积极地针对我们的组织以及其他组织。依据这个对手和相关活动，我们将遵循 F3EAD 过程：

查找

下一章将介绍我们如何主动和被动地瞄准对手，以收集我们需要的信息来支持其余 F3EAD 过程。我们将根据我们的组织以前的事件以及来自外部的共享信息中对走鹃行动的介绍来评估这次活动。

定位

这个阶段可以被认为是调查阶段，涉及在受害者的环境中跟踪对手。这里，我们将积极寻找网络中的走鹃行动，或许我们可能会发现以前不知道的其他对手的迹象。

消除

一旦所有的对手活动都被识别出来，就会在消除阶段从环境中移除对手。

利用

一旦事件响应过程结束，我们将开始开发从事件响应过程中得出的数据，以便得出教训和洞察。我们已经知道走鹃行动是由一个资金充足并且持久的对手进行的；我们需要积极工作，防止他们重新获得我们的信息。这需要从尽可能多地了解他们的活动开始。

分析

接下来，我们将这些数据开发成情报，以保护我们的组织，并帮助其他可能正在处理类似入侵或面对同样对手的人。

传播

在开发了情报之后，我们将把它们转换成各种有用的格式，以便于各种客户充分加以利用。

最后，我们将开发一整套产品来分解走鹃行动。

3.9 本章小结

事件响应等复杂过程通常受益于模型的使用，这些模型给出了过程结构，并且可以为任务完成定义必要的步骤。确定应采用哪种模型取决于现实情况的时间线、可用的数据以及分析者的偏好。你对这些模型及其应用越熟悉，就越容易确定对于不同事件应该使用哪种模型。

现在让我们来深入探索！

第二部分

实战篇

对基础知识有所了解之后,就到了实战的时候。第二部分将结合F3EAD循环(包括查找、定位、消除、利用、分析和传播)详细讲解情报驱动事件响应流程,借助上述步骤,可以确保你能按照正确的顺序获取正确的信息,采用正确的行动。

第 4 章
查找

"千万别出声,我们要去抓兔八哥了。"

——Elmer J. Fudd

F3EAD 循环的前半部分是这次作战的主要内容:查找、定位和消除。在此语境之下,"作战"即是以有计划的、协同的行动来应对不断变化的形势。对我们来说,就是对未授权网络活动进行事件响应。通过这三个步骤来发现对手、识别对手,进而将其根除。我们根据情报采取作战行动,但情报的作用并不止于此。在此过程中产生的数据还将应用于 F3EAD 循环的后半部分:利用、分析和传播。

本章着重介绍"查找",这既是情报的源头,也是作战活动的起点。对于传统的 F3EAD 循环而言,查找阶段始于运营团队识别到被对手所觊觎的高价值实体。对于情报驱动事件响应而言,查找阶段始于识别到事件响应的相关对手。

假设有一起攻击行动正在进行之中,你可能自己发现了端倪,也可能从别人那里得到一些初始线索,打算据此对该事件深入调查;又假设在某次威胁猎杀的过程中,你准备检测内网的异常活动。无论是哪种情况,你都需要先知道要找什么,才有可能把它找出来。

在"查找"阶段可以采取的方法有很多。具体采取哪种方法,取决于情况或事件的性质,以及调查的目标。各种方法还可以组合使用,力求不漏掉任何蛛丝马迹。本章将介绍查找阶段采用的方法,包括行为体、受害者、资产、能力、基础设施,以及大家往往会被迫采用的终极手段——媒体报道。

4.1 围绕行为体查找目标

如果已经掌握攻击事件幕后操纵者的可靠资料,或者需要对外提供特定攻击组织的相关情况，就可以围绕行为体来查找目标。

围绕行为体来开展调查，就像是拆旧毛衣——找到几根线头，然后开始逐一拉扯。这些线索可以让你洞察攻击者曾对你使用了哪些战术和手段，进而知道还需要调查哪些线索。调查结果令人期待，但调查过程却充满挑战。你无法知道哪条线索是揭开真相的关键，只能不断地尝试。最后，意外地从某个角度给整个调查带来重大突破。坚持不懈，这就是围绕行为体开展调查的成功之道，另外也需要几分运气。

> ### 行为体与自然人
>
> 辨识攻击者身份是一件有趣的事。我们常说的所谓"他们""对手"，显然都是指躲在攻击事件幕后的那些家伙，只有在个别情况下，我们才会借以指代行为体的自然人身份（这称为"溯源"，将在情报相关章节深入讨论）。我们所说的行为体，几乎都是指对手在攻击行动中扮演的角色。为了达到攻击目的，对手会使用不同的战术、技术和程序（TTP）。我们把这些对手分门别类，并在脑海中赋予他们不同的人格，因为这样人们才能听懂故事在讲什么。这只是一种抽象的说法，毕竟我们通常无法知道对手是一个人，还是一个大型攻击组织。我们将这些战术、技术和程序，以及不同的攻击目的结合起来，抽象为一个行为体，无论对手实际上有多少人。

事件响应人员在开展深入调查时，有时会大致知道攻击事件幕后的行为体。这方面的线索可以从多种信息源获得，例如，有人在地下论坛出售被窃数据，或者有第三方在早期预警中提供了一些攻击者情况。至少要掌握一些攻击者的详细资料，才好在"查找"阶段围绕行为体查找目标。

围绕行为体查找目标的第一步，就是验证所掌握的攻击者资料是否可靠。你的企业是否被攻击者视作攻击目标？他们为什么会瞄准你的企业？我们不妨设计一个威胁模型，指导我们站在攻击者视角看待攻击目标，发现潜在威胁。这个模型不但可以提高我们对于潜在威胁的发现速度，还可以帮助我们分辨数据类别，并为那些可能成为攻击目标的数据设置访问权限。这类信息也可以作为查找阶段的输入条件，可供事件响应人员检索攻击者的活动迹象。在调查过潜在或疑似攻击者之后，就算你依然无法掌握攻击者的确切资料，也还是可以借助威胁模型，围绕行为体查找目标。在数以百计的犯罪分子、激进分子和间谍组织之中，真正对你的企业有兴趣的组织屈指可数。评估哪一个攻击组织才是真正的威胁并无一定之规，你只能靠猜，别忘了，你所依赖的流程虽不具权威性，但还是一个不错的抓手。经历几次之后，积累的经验就会成为找到潜在威胁的最好向导。

验证过原始信息的可靠性，下一步就是尽量找到更多的攻击者信息。这类信息将用于形成关于攻击者的目标清单，借此展开定位行动，消除该攻击事件。攻击者信息也要包括既往攻击的细节，无论这类攻击事件是发生在你的企业内部，还是发生在外部。

4.1.1 从已知信息着手

在大多数情况下，总是可以找到一些威胁行为体方面的信息，这些信息可能来自既往攻击事件，也可能来自在内部环境中发现的攻击尝试（这属于内部信息），还可能是来自研究者、厂商和第三方的报告（这属于外部信息）。在理想情况下，为了呈现威胁的全貌，应该综合利用上述各类信息。

在这一阶段，战略情报和战术情报都能派上用场。战略情报用于提供行为体的攻击意图和针对目标（他们到底想要攻击哪里，一旦得手他们要干什么）。战术情报用于提供行为体的典型的行动细节，包括他们的攻击手段、常用方法、常用工具、用过哪些基础设施，以及其他定位阶段可用的检索信息。对于后续阶段发现的信息，这两类情报都有助于我们理解前因后果。

虽然很麻烦，但这有助于了解行为体是惯于独立行动，还是与其他行为体组织联手。我们知道，有些间谍组织会把任务分派给多个不同的小组，有的小组负责获取初始访问权限，有的小组负责最终完成攻击任务，有的小组负责为未来的攻击活动维持访问权限，诸如此类。对于这种情况，网络中会呈现多个行为体和多项活动的迹象，但深入分析后可以发现这些活动究竟是符合多个行为体组织协同攻击的模式，还是存在多个行为体各自为战的可能。

4.1.2 查找阶段的有效信息

在查找阶段，我们的首要目标是为 F3EAD 循环中的"定位"阶段获取有效信息，而最有效的信息是那些行为体难以改变的信息。事件响应专家 David J. Bianco 从这一思路出发，在他的金字塔模型（Pyramid of Pain）中表述了攻击者改变各类信息的难度，如图 4-1 所示。

该金字塔模型描绘了行为体的工具链和攻击目标在各类信息中的重要程度，相应地，对此做出改变的难度可想而知。金字塔底端是经常发生变化的基础特征，攻击者只需对恶意软件或网络配置稍加调整，比如将恶意软件重新编译（会产生新的哈希值），或者把命令控制服务器指向新域名、新 IP 地址，这些特征就会改变。金字塔顶端用来准确识别行为体的核心信标，例如，关键技术或攻击方法。

> **情报与信息**
>
> 需要注意的是，目前我们关注的是威胁信息，并非威胁情报。信息只有经过分析，能够解答 F3EAD 后续环节遇到的具体问题，才算是情报。当前是初级阶段，我们需要尽量捕获更多具有潜在用途的信息，分析判定这些信息是否应该纳入后面的步骤。

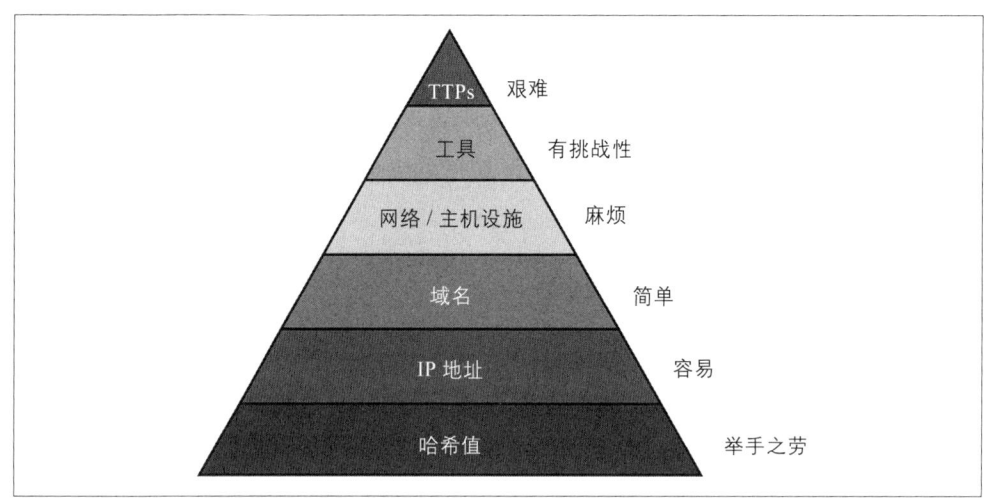

图 4-1：David J. Bianco 的金字塔模型

那么，我们该如何利用这个模型呢？金字塔模型的意义在于帮助我们理解不同类型的攻陷信标的相对价值和时间本质。哈希值是无用的吗？完全不是，在许多情况下，哈希值是非常有用的，是调查工作的最好起点。可是，哈希值常常会被改变，而且这种改变非常容易（通常只需要重新编译恶意软件的某一部分）。与之相反，专门利用 SQL 注入手法入侵网站的行为体，如果想把攻击方式转变为结合零日漏洞利用的鱼叉式钓鱼攻击，就会经历一段相对困难的时期。对于威胁信息来说，我们一直倾向于使用靠近金字塔顶端的那些信息。无论是事件响应还是情报分析，我们都要尽量获取接近金字塔顶端的信息，只有这样，才能让对手更难于逃出我们的视野。

攻陷信标

那些易于采集的数据（位于金字塔底部）通常被称为攻陷信标（Indicators of Compromise，IOC）。IOC 虽有多种不同的格式，但均可定义为一种对于已知威胁技术特征、攻击者手法及其他危害证据的描述方法。

典型的 IOC 通常是位于金字塔底部的零散信息。根据信息被发现的位置不同，可分为：

文件系统信标
  文件哈希值、文件名、字符串、文件路径、文件大小、文件类型、签名证书。

内存信标
  字符串和内存结构。

网络信标
  IP 地址、主机名、域名、HTML 路径、端口、SSL 证书。

各类信标的用途不同，发现位置不同（单机系统监测或者网络监测），各种格式适用于不同的工具。

行为

攻击者的行为特征极难改变，就像金字塔最顶端的 TTP 那样。行为比 TTP 更为抽象，很难用 IOC 描述。

根据第 3 章关于杀伤链的内容，通常就足以理解行为特征了。攻击者是如何逐步得逞的呢？以下是几个假设的例子：

侦察跟踪阶段

（一般靠推测得出）攻击者借助在网上找到的会议日程为潜在受害目标画像。

武器构造阶段

攻击者利用嵌入 Word 文档中的 VBA（Visual Basic for Application）宏脚本。

载荷投递阶段

攻击者根据侦察跟踪阶段取得的会议日程信息，仿冒行业集团发送钓鱼邮件。

漏洞利用阶段

当受害目标打开邮件附件的 Word 文档，触发 VBA 宏脚本执行，就会下载第二阶段载荷。

后门安装阶段

攻击者使用提权工具安装第二阶段载荷，即远程控制木马（RAT），随系统开机启动，在主机持久存在。

命令和控制阶段

该远程控制木马连接到某个微博客类的网站，采用加密通信的方法接收命令和控制。

目标行动阶段

攻击者试图窃取技术原理图和邮件，并压缩上传到某文件共享服务器。

如果你根据杀伤链来捕获行为信息，所发现的各类信息均应完整记录，使其在情报驱动事件响应流程的后续步骤中可以追溯。

4.1.3 杀伤链的使用

围绕行为体查找目标是不错的起点，因为结合杀伤链模型使用，会显得非常直观。在调查工作之初，无论是被动获得的信息，还是主动发现的信息，几乎都可以在杀伤链模型里找到对应的位置，如果幸运的话，甚至可以对应到杀伤链的某两个阶段。根据杀伤链的此前阶段和此后阶段的迹象，判断还有哪些信息尚未掌握，再根据已掌握信息在杀伤链中的所处位置决定去哪里找余下的信息，这是一个好策略。

在前例中，如果对于本次攻击事件仅知道攻击者在漏洞利用阶段利用了 Word 文档的宏脚本，就可据此查找提权工具、代码，确认攻击者是否突破成功。你也可以顺着杀伤链的另一个方向查找载荷投送方法，根据已知情报的最早时间，搜索相关的邮件发件人或邮件主题。就算攻击者在不同攻击中的行动不会一成不变，可总是可以发现相似之处，尤其是当你知道想找什么的时候。

走鹃行动：构建初始杀伤链

从行为体出发，对于新出现的攻击者，即使最初掌握的信息并不多，构建杀伤链也会是了解攻击者的好办法。杀伤链厉害的地方在于，哪怕在里面填满了问号，也会让我们有章可循，知道下一步该去找什么。一旦有新的信息出现，也很容易对其更新。

在第 3 章，我们已经根据典型行为特征、战术、技术和程序，为 Grey Spike 构建过一般性的杀伤链。现在我们构建另一个杀伤链，呈现我们称之为"走鹃行动"的特定攻击行动（即针对某特定目标开展的一系列入侵）。对于这个案例，可以从同类企业发来的某份内部报告开始。该报告虽然来自其他企业，但我们近期在自己的网络里也看到了攻击者的类似活动迹象。借助该报告，结合我们内部的入侵记录，就可以给"走鹃行动"构建杀伤链，并将我们所知的和缺失的信息记录下来。

行业咨询报告 TLP 黄色

标题：APT 组织瞄准州、地方竞选活动

版本 1.0

内容提要：针对州和国家竞选活动的网络钓鱼邮件不断增多。

概述：有三个州和地方政府称收到高度针对性的网络钓鱼邮件，邮件包含恶意 PDF 附件。这些邮件的收件人不同，但风格与内容性质相似。其中两份邮件被打开，导致恶意附件在系统中执行。另有一份邮件的 PDF 附件无法打开，竞选经理（campaign manager）将其转发给 IT 人员，经 IT 人员确认，其为针对旧版 Adobe Acrobat 查看器漏洞（CVE-2018-4916）的恶意软件，参见表 4-1。

表 4-1：攻陷信标

类型	信标	阶段
邮件地址	betty.smith@ymail.com	载荷投递
邮件地址	support.network@yoohoo.com	载荷投递
文件名	donation.pdf	漏洞利用
文件哈希值	b33bf51149b4a86574648351a26a846a	漏洞利用

另外，曾多次为我们竞选活动提供网络安全运营支持的我方机构已确认，有类似的钓鱼邮件针对我们所支持的竞选经理发起攻击，其邮件日期与战术均与此一致。以下为我们的内部报告：

> **活动摘要**：走鹃行动针对竞选工作人员发起攻击
>
> 自 2 月 14 日以来的一周，至少有三封电子邮件被发送给华盛顿州的国家和州级竞选活动的主要工作人员。这些邮件虽有相同，但有关键内容相似，均包括被武器化处理的 PDF 恶意附件。
>
> 邮件 1：
>
> 邮件主题：筹款事项跟进
>
> 发件人：*charlene_abbott@yoohoo.com*
>
> 文件名：sendingdonation.pdf
>
> 邮件 2：
>
> 邮件主题：是否需要帮忙？
>
> 发件人：*matt_albridge@yoohoo.com*
>
> 文件名：volunteer_resume.pdf
>
> 邮件 3：
>
> 邮件主题：捐款是否通过？
>
> 发件人：*tanya_smitherton@ymail.com*
>
> 文件名：receipt.pdf
>
> 三个附件均被收件人打开，但无一系统受到影响，因为各系统的 Adobe 版本无法被漏洞利用，附件文件被打开后的执行尝试未能成功。

走鹃行动：完善杀伤链

现在，我们根据走鹃行动的第一批零散信息构建了初始杀伤链，这些信息来自外部报告和内部入侵报告。显而易见，因为有几个阶段是完全缺失的，这距离我们的理解框架还有巨大差距，但攻击者已经渐渐露出真容。我们知道了一些该行为体在入侵我们的企业后可能使用的手段，参考行为体 Grey Spike 的前期活动，我们就会知道他们一旦入侵得逞可能会采取什么行动。我们把研究结果总结为表 4-2。

表 4-2：待完善的走鹃行动杀伤链

杀伤链阶段	外部报告	内部报告
攻击目标	国家和州级竞选活动工作人员	国家和州级竞选活动工作人员 • 竞选财务经理 • 人事总管 • 社交媒体经理
侦察跟踪	未知，但目标均在竞选网站列出，并曾在社交媒体网络公开过自己的职位	未知，但目标均在竞选网站列出，并曾在社交媒体网络公开过自己的职位
武器构造	为诱导收件人而专门制作的 PDF 文件，内嵌宏脚本	为诱导收件人而专门制作的 PDF 文件，内嵌宏脚本
载荷投递	邮件，发件人为： • betty.smith@ymail.com • support.network@yoohoo.com	邮件，发件人为： • charlene_abbott@yoohoo.com • matt_albridge@yoohoo.com • tanya_smitherton@ymail.com
漏洞利用	CVE-2018-4916	CVE-2018-4916（未成功）
后门安装	未知	未知
命令和控制	未知	未知
目标行动	未知	未知

我们要尝试借助已经掌握的信息追踪对手，回应对手，并不断填补空白。这一过程会贯穿 3F [即查找（Find）、定位（Fix）和消除（Finish）] 的各个步骤。

4.1.4 攻击目标

行为体的目标，是你在查找阶段搜集的全部信息中最为抽象的，因为多数情况下这只能根据攻击者的行动推理得出，而不会被攻击者明确地讲出来。然而，即使已经被防御者发现，行为体也很少会改变目标。目标明确的攻击者为了躲避检测，可能会更改 TTP、工具或攻陷信标，但不会简单地变换攻击目标。无论行为体选用哪种攻击技术，或者选用哪种攻击方式，他们仍然必须去攻击目标所在的地方。因此，攻击目标是行为体最为不变的部分，应该成为追踪溯源攻击者的核心。

> **攻击者接私活**
>
> 攻击者有时也会接私活（moonlighting），针对不同的战略目标，从事不同类型的行动，这表现为使用同样的 TTP 攻击完全不同的目标。比如间谍组织偶尔也会从事犯罪活动，由窃取情报变为窃取金钱；借助僵尸网络发送垃圾邮件的犯罪团伙，临时改行从事 DDoS 攻击。在某些情况下，这可能是为其他行动做准备，比如给另一次攻击预备次级基础设施，也可能单纯为了获得利益。

如果发现行为体改变攻击目标，这可是一个重要信号，需要密切关注。这可能是因为兴趣发生了转移，或预示着要发起新型攻击。无论是哪种情况，都可以作为追踪溯源和分析战略利益的重要证据。

对于走鹃行动来说，攻击目标完全是根据受害者得出的。到目前为止，我们仅看到针对竞选人员的攻击活动，这表明他们在试图获取美国大选相关的网络或设备权限。参照第 3 章的 Grey Spike 杀伤链，我们认为该行为体是一个有国家资金支持的组织，是为国家的战略需要而接受任务的。

目前，只能进一步观察其针对的受害者来推断攻击目标。接下来，我们就转向围绕受害者的查找方法，看看我们是否可以识别出有关此活动的其他内容，这在后续阶段会给我们带来帮助。

4.2 围绕受害者查找目标

如果当前处理的事件仍处于活跃状态，对于事件相关的行为体的初始信息，你可能知道，也可能不知道，但对于该事件所针对的目标，或者该事件的受害者，你肯定会有所了解。围绕受害者的查找方法，就是要尝试拼凑细节，还原全貌，回答对手想得到什么，他们又是如何侵入网络的特定节点，有时候还要回答他们的攻击为何要始于该节点。

围绕受害者的查找方法，所依据的是犯罪被害人学（victimology）。犯罪被害人学是犯罪学的一个分支，所研究的对象是被害人和罪犯之间的关系，所采用的方法是考察被害的原因和造成损害的性质。根据犯罪学的理论，了解被害人可以让调查人员更深入地了解犯罪者。了解被害人所经受的伤害过程（例如，是否受到惊吓或威胁，犯罪者是否企图对他们隐瞒犯罪的存在），有助于理解犯罪者的动机和意图。对于情报驱动的事件响应来说，我们习惯将受害者视作那些被针对的目标设备或服务器。对于围绕受害者的查找方法来说，这些设备固然非常重要，但攻击事件给这些设备的使用者造成的影响，对于理解事件的性质和行为体来说，是同样重要的。

那么，我们应该如何开始围绕受害者查找目标呢？与前面通过基线来围绕行为体查找目标的方法类似，你首先要能获取受害者的基本信息。这类信息包括被攻击设备详情、其他使用者的信息，以及该设备的使用方式。收集到这些受害者基本信息后，才可以针对这些数据提出问题：攻击者为何会选择这些受害者？如果受害者不止一个，那么他们之间有哪些共同点？可否从这些受害者推测出行为体的目标或意图？

> **目标和受害者**
>
> 在查找阶段，务必要尽可能多地找出调查线索和"拼图碎片"。在此过程中，洞察力

固然重要，但我们尚未在所发现的信息中分析得出最终结论。所以，在提及受害者与所针对的目标时，要注意这个重要的区别。目标可能是指那些能让对手达到目的的人、设备或实体，而受害者则是指由对手的行为造成影响的某个人或事物，有可能是攻击者在抵达真正目标的攻击路径上的一个有意的受害节点，也可能是因入侵过程中的失误而产生的牺牲品。

在多数复杂的攻击事件中，对手可能会在达成阶段目标和完成终极任务的过程中影响到许多人。当我们采用围绕受害者的查找方法时，要区别对待那些仅是受到攻击影响的受害者和我们所理解的对手针对目标。受害者当然可以提供有关针对目标的线索，但在我们进入 F3EAD 循环的情报相关的阶段之前，我们尚无足够的数据或流程来支撑，以得出可信的分析判断。

围绕受害者查找目标的应用

第 3 章介绍了适用于事件响应流程或一般情报过程的几类模型，其中，钻石模型非常适合应用在围绕受害者查找目标的方法中。该模型的一个顶点专门用于表明入侵事件中的受害者。该模型的优势在于，可以通过连接不同的顶点形成符合情境的指示。这些指示定义了不同模型组件之间的关系性质。对于围绕受害者查找目标的方法，这些指示可以为发现网络中的其他恶意活动提供关键帮助。

受害者 – 基础设施关系

对手想开展攻击活动，就必须借助某种基础设施。只要这类攻击活动直接影响到某个受害者，受害者与该基础设施之间就必然建立了连接。在查找阶段，可利用这种受害者 – 基础设施关系顺藤摸瓜，再转向围绕基础设施查找目标的方法，找到其他受害者或者关于对手的其他线索。对此，将在本章后面的部分讨论。

对于该顶点，可以考虑如下问题：

- 受害者与对手的基础设施之间的连接性质是什么？该连接是由受害者主动发起的，还是由对手的基础设施发起的？
- 是否还有其他设备以相同的方式与该基础设施进行交互？
- 这种关系有何可以借鉴的独特之处？

回到我们的走鹃行动分析场景，在钻石模型的"基础设施"顶点上，可以找到邮件地址和几份 PDF，这说明了该组织向受害者进行载荷投送的能力。在几个案例中，邮件地址都是常见的名字，在目标选区并不罕见。此外，从所投送邮件的主题和 PDF 文件名来看，与目标收件人平时收到的邮件风格一致。若是逐一排查竞选筹款主席收到的每封筹款邮件，似乎不算是有效地利用时间。在此情况下，邮件域名是个潜在的关联线索，因为它并非常见的邮件服务提供商。

受害者－能力关系

与基础设施类似，攻击者的能力与受害者之间总是存在关联，尽管"受害者"可以有多种含义。例如，受害者可能是指那位点击了网络钓鱼链接的用户，也可能是点击该链接时所使用的那台计算机。无论是哪种含义，这种关系都可以被表征和捕获。

对于该顶点，可以考虑如下问题：

- 攻击者的能力对于哪些用户是奏效的（或失效的）？
- 同样的能力是否可以影响到其他受害者？

对于走鹃行动而言，我们知道该钓鱼攻击活动是利用了 CVE-2018-4916 漏洞，该漏洞利用针对的是旧版 Adobe Acrobat 查看器的脆弱点。我们知道，因为收件人并未使用该软件存在漏洞的版本，所以攻击尝试未能成功。这对于查找阶段来说是一个关键信息，因为我们知道那些运行着有漏洞版本的程序的设备都是对手的潜在目标。

受害者－对手关系

在钻石模型中，虽然对手与受害者这两个顶点之间通常并无直接的连线，但可以借助一个元特性发现两者之间存在的社会政治关系。这个元特性可以是这样的上下文信息：为什么对手愿意利用其能力针对某个（或某类）受害者？特别是在查找阶段，在我们设法收集更多数据的时候，若能找出对手和受害者存在的某种关系，就可以帮助我们找到其他的数据收集方向。

在挖掘受害者－对手关系的时候，可以考虑如下问题：

- 针对该受害者发起攻击，可以让对手实现什么目标？（切记，受害者可能是最终目标，也可能只是作为一个跳板，两种情况均需要考虑。）
- 是否有其他具有类似特征的受害者？他们也会成为类似的目标吗？

借助围绕受害者查找目标的方法，我们发现这些关键的竞选人员很可能会再次成为目标，因为他们是 Grey Spike 和走鹃行动所觊觎的情报类别的最佳来源。

4.3 围绕资产查找目标

围绕资产查找目标的方法，着眼于行为体所针对的或影响到的一组受害者及受害设备，借助这些信息来发现更多的攻击活动迹象。不过，即使在尚无对手明确的攻击活动时，该方法也是适用的。围绕资产查找目标的关键，在于那些你所保护的资产，并专注于那些攻击者用于实施行动的特定技术。若你无法判断网络是否受到针对性攻击，或者想知道到哪里去找以及如何查找攻击、入侵迹象时，这种方式会非常有用。

工业控制系统（Industrial Control System，ICS）最适合使用这种查找方式。这类专用系统控制着水坝、工厂和电网之类的基础设施，对其应用或攻击都需要具备特定领域的专业知识。威胁情报团队可以根据攻击者对工业控制系统的理解能力、拥有的权限以及测试攻击的情况将攻击者分门别类。我们不仅要考虑大规模的复杂系统，也要考虑大量的高价值系统。在攻击者展开杀伤链之前，他们必须投入大量的时间和精力，获取所需软件来查找漏洞，找到相应环境来测试漏洞利用的效果。

围绕资产查找目标的关键在于，了解什么样的攻击者具备攻击你所保护的系统的能力，从而使你关注那些用于攻击你的信标和工具。攻击者对任何额外系统的攻击投入都是一种机会成本，这意味着这些时间和资源无法再被投入其他需要相同级别资源的技术。例如，某团伙花费精力攻击工业控制系统，相关资源就无法再用于对汽车技术企业的攻击。

第三方的研究成果对于以技术为中心的攻击有利有弊，这些基础研究同时对攻击者（节省了他们的时间和资源）和防御者（帮助他们理解攻击者的进攻手段和防护方法）有所帮助。多数防御者虽不需要深入研究这些具体问题，但可以借鉴其攻防模式的视角。

围绕资产查找目标的应用

围绕资产查找目标的重点在于攻击者所针对的资产，通常那些技术领域独特的企业采用此方法会更有效果，如工业控制、发电、自动驾驶、无人机，或者物联网设备相关的企业。显然，各类企业情况不同，但可以采用的杀伤链模型大同小异。著名的工业控制系统专家 Robert Lee 在他的论文"The Industrial Control System Cyber Kill Chain"（*https://oreil.ly/6gy8Y*）中展示了以资产为中心的定制杀伤链。

我们如何把围绕资产查找目标的方法应用到走鹃行动的场景中呢？到目前为止，我们已经有了一点信息可用，虽然它们看起来过于宽泛。我们已经知道，走鹃行动针对多人投送含有 PDF 阅读器漏洞利用的钓鱼邮件。对手可能只是在针对那些他们认为容易攻击的个人，但也可能是在针对特定的群体，我们尚无足够的信息来确定他们是否针对特定的系统，以及在获得初始访问权限后还会向哪些系统发起攻击。如果对手的目标是收集信息，那么仅仅通过访问关键员工的邮件账户就可以获得很多信息。

围绕资产查找目标，需要详细的情报。对于这一起攻击活动，目前我们还所知甚少。我们要继续为查找阶段收集尽可能多的信息。但要注意的是当前阶段我们只是在尝试识别信息的盲区,如果后续过程中了解对手所针对的资产变得至关重要,那么我们将需要回过头来弥补这个信息盲区。现在,对于查找阶段来说,我们的信息是够用的。

4.4 围绕能力查找目标

你可能有所了解,查找阶段的一个要点(毕竟还有许多不同的方法),就是对于这项工作我们基本上只能量力而行。多年来,公司之间、政府和企业之间的情报共享,让这一点有所改善,有了更多的各类信息来帮助检测恶意活动。其中一项非常有用的信息就是关于对手能力的信息。

所谓能力,就是对手为了达成目标而使用的工具和方法。在我们讨论对手能力时,可能有人会以为这是在说零日漏洞、多态恶意软件。切记,对手通常使用最不复杂的工具来达成目标。记住这一点才能避免忽略网络访问或网络遍历这类并不复杂的方法。

围绕能力查找目标最常见的用途之一,就是在环境中找到恶意软件。借助 VirusTotal 工具或防病毒供应商提供的情报门户,分析师可以快速加入被攻陷系统的恶意软件哈希值、文件名等信标,从而找到查找阶段可用的其他信息。

围绕能力查找目标的应用

围绕能力查找目标的方法,更适合本章前面讨论过的位于金字塔模型底端的信标类型,例如哈希值、文件名和字符串。不过,这也无妨。查找阶段重在尽量穷举各类信息,再关联得出更多的信息。还可以对相似的信息进行聚类,从而得到更有价值的信息,再逐步提炼金字塔模型更上层的信息。以发送给竞选工作人员的邮件附件文件名为例:

- Receipt.pdf
- Sendingdonation.pdf
- Volunteer_resume.pdf

可以从中发现一个清晰的模式。若按此模式在受害者收件箱中查找其他带有 receipt(收据)或 resume(简历)字样的其他附件,则可能是徒劳的(收件箱里可能存在海量的这类邮件)。更好的办法是,结合在查找过程中发现的其他零散信息,借助恶意软件库来查找。例如,恶意软件执行后的回连 IP、签名信息或其他类型的元数据。切记不要在关联分析的过程中掉进"兔子洞"。根据一般经验,在查找阶段对于一条信息最多关联调查两次。在 F3EAD 循环的后期阶段(特别是在利用和分析阶段),可以进行更多次数的关联调查。因为在这些阶段会有更多的上下文信息可供参考,能够防止被错误的线索引入歧途。

> **通过恶意软件识别威胁行为体**
>
> 多年前,根据恶意软件或攻击期间使用的其他工具,将一起攻击行动归因到特定组织是很常见的。恶意软件 PlugX 就是一例,它最初被认为是由 NCPH 组织开发和使用的(*https://oreil.ly/T35aI*)。此后,PlugX 被出售或分享,被多个威胁行为体广泛使用。基于恶意软件归因的时代已经过去,这是因为许多攻击工具和远程控制木马已被各威胁行为体组织公开发布、出售和复用。除了恶意软件之外,也要考虑各种其他因素,包括攻击目标、攻击意图、行为和策略。不过,识别曾被使用过的恶意软件,在查找阶段依然有用,因为可以据此识别出更多有用的调查信息。

以走鹃行动为例,对于它在攻击过程中所展示的攻击能力,我们确实已经了解到一些基本信息。在我们讨论围绕行为体和围绕受害者查找目标的时候,借助外部报告提供的哈希值,我们可以获得恶意代码样本,并有可能据此找到其他信息。我们相信走鹃行动背后的行为体是 Grey Spike,预计其攻击武器库中还会有其他工具。对于这些工具所代表的能力,会有更多我们可以利用的信息。

4.5 围绕媒体查找目标

这虽然有点搞笑,却是那些纪律涣散的企业最常使用的一种查找方法,常被称为"围绕 CNN[译注1]查找目标"或"围绕新闻查找目标"。通常是某个行政人员在公开新闻中看到了消息,或者听到别人的负面评论,断断续续交代给威胁情报小组,由他们负责评估威胁影响。

需要指出的是,这也并不总是坏事。因为新闻与情报密切相关,甚至大型传统情报机构也会对新闻源进行监测。眼下的事件往往会让企业产生巨大的情报需求。重点在于从那些看似发散的质疑中,提炼出更具说服力、更接近真相的情报。

例如,某利益相关方看到标题为"美国司法部长称有黑客入侵某些公司"的新闻后来找你,想知道你的企业是否受到影响。想回答这个问题,需要考虑以下几个要点:

- 首先,花点时间阅读该文章、观看视频或相关媒体。事件都涉及哪些群体和个人?不要只关注攻击者,也需要了解受害者和第三方。
- 该文章提到了某个具体的攻击组织。你知道那些攻击者都是谁吗?
- 你被问到的问题是什么?大处着眼,小处着手。乍看文章或视频的标题,很容易得出"我们并不在被入侵公司的列表中,列表里甚至没有与我们相关的公司名称"这样的结论。但不要掉以轻心。问题的实质很可能是"我们是否处于国家支持的行为

译注1:美国有线电视新闻网(Cable News Network,CNN)。

体窃取知识产权的风险之中？"

- 如果可能，对于可判定是否已遭入侵的信息，以及可提供针对同类攻击如何布防的信息，应进行全面检查。查找阶段的妙处在于：你只管挑选将来可能用到的信息，将其纳入正式分析流程，而不必问缘由。

对于利益相关方提出的这类问题，完全可以视作非正规的信息请求，无须立即处理。信息请求是触发启动调查循环的外部过程。我们将在本章稍后讨论这个概念。当前最重要的是，切记媒体报道中可能存在有关对手或活动的关键信息，包括入侵活动趋势、对手攻击目标的信息，以及其他可能有用的见解。虽然这些信息可能无助于对网络中的入侵活动开展威胁猎杀工作，但所提供的信息可作为将来关联其他数据的连接点。退一万步讲，快速有效地响应利益相关方的问题，可以为他们提供急需的支持，帮助他们更好地了解情报对于企业的作用。

4.6 根据第三方通知查找目标

对于事件响应团队来说，最糟糕的经历恐怕就是被第三方（无论是同行公司、执法机构，还是某人在推特发布的消息）披露了企业的泄密事件。当泄密事件见诸第三方的通知时，大多数情况下，对手已经攻击得逞。报告提供方会告诉你行为体是谁（至少是一些指向行为体的提示），理想情况下还会提供一些指标。此时，事件响应阶段就该启动了。首先要明确如何充分利用所提供的信息，部分内容将在下一章继续讨论。

对于第三方通知，你要把重点放在还能从通知者那里拿到什么。你和你的企业应将以下要点作为前提，尽可能多地从第三方获取信息：可操作性（actionability）、保密性（confidentiality）和操作安全（operational security）。

对于来自第三方通知的情报共享，情报分享者需要承担巨大风险。保护情报来源和发现方法已是一项艰巨的工作，若通知范围不受控制（例如该情报会给到未知人员），则是难上加难。因此，这些信息是否得到妥善处理，即信息是否安全（指操作安全和保密性），是否发挥作用（指可操作性），取决于情报的接收方。

这就导致第三方在首次共享信息时，可能不会提供太多内容，而只提供攻击者基础设施的 IP 地址和时间框架这类信息。直到接收方经审查后被证明是值得信赖和有效的情报共享用户，才会获得更多的情报内容。这种互动形式在信息共享组织中是约定俗成的，无论是情报共享与分析中心（Information Sharing and Analysis Center，ISAC）这样的正式组织，还是采用邮件列表或聊天共享形式的非正式组织。无论是成熟的组织，还是尚不成熟的组织，都可以加入这类信息共享组织并从中获益。只要确保你的企业能够共享情报，或者能根据已共享情报采取行动，就可以占有一席之地。对于某种特定类型的情报，一个组织能共享的信息越多，其他组织在采取行动时就越轻松、越有效。

许多企业会因信息共享引起授权之争。虽然大多数企业都乐于获取其他安全团队或研究人员的信息，却不想共享自己的信息，无论对方是个人还是组织。这种担心是正常的，但团队必须克服，否则信息就无法发挥作用。常言道："将欲取之，必先予之。"一般来说，你要让法务部门参与制定信息共享规范。

4.7 设定优先级

查找阶段的工作进行至此，你大概已经收集并分析了大量信息。在进入其后的定位阶段之前，你需要给这些信息设定优先级，以便采取行动。

4.7.1 紧迫性

考虑利益相关者提出的查找需求的紧迫性，是设定优先级的最简单方法。你的 CISO[译注2]是否在询问刚刚由某机构发布的特定组织威胁报告？公司的新决策可能影响到某个拥有侵略性威胁组织的国家，他们是否要求对此进行评估？如果这是迫切需要的，则应予以优先考虑。

判断查找行动是否迫在眉睫并非易事。新的线索会分散注意力，而经验往往让我们放慢脚步，另辟蹊径。跟着感觉盲目地调查新线索是容易犯的错误，重要的是培养分辨需求紧迫性的能力。应该经常放慢速度，避免陷入突如其来的"潜在"恶意活动的漩涡中。许多有经验的事件响应人员都有过这样的经历——在看似重要的目标上投入过多，事后才明白它其实无足轻重。

4.7.2 既往事件

如果需求并不紧迫，不妨投入时间筹划收集工作的优先级。我们很容易注意到最新的威胁或刚刚发布的厂商报告，但在大多数情况下，应该先从企业自身发生过的事件着手。

多数攻击者采用广撒网式的攻击方法，只会一次性地攻击那些存在漏洞或配置错误的系统。对于勒索攻击或不那么高级的攻击者来说，这种情况尤为常见；另有一类行为体则会采用持续攻击的方式，经常会针对不同的目标重复使用相同的工具。威胁情报最有价值的地方就在于追踪这类攻击组织。对过去事件的分析成果常可以用于检测将来的攻击。

从分析过去事件着手的另一优点是，你可能已经掌握了用来形成事件报告的大量素材、第一手观察资料和原始数据（例如恶意软件和磁盘），并在此基础上添砖加瓦。在查找阶段可以再度挖掘既往事件的细节或遗漏之处。

译注2：首席安全官（Chief Information Security Office，CISO）。

4.7.3 严重性

在本阶段，已确认的信息要比那些采集到的零散信息对行动产生更为重要的影响。例如，在查找阶段，发现敏感网络存在横向移动迹象，其优先级就远高于那些外部 Web 服务器发现的扫描行为。虽然这两起事件都应该被调查，但前者的潜在影响明显要高于后者。对于事件严重性的判断因企业不同而异，要看特定企业认为哪起事件更重要。

4.8 定向活动的组织

对于查找阶段的主要输出内容，应了解其组织方法和审查过程。投入一定时间（无论是 10 分钟还是 10 小时）深入挖掘哪些信息是可用的，并对即将出现的局面有所预期，才能不断进步。所收集和分析的全部信息都必须整理成便于管理的格式。

4.8.1 精确线索

那些你已确认与调查有密切联系的信息，都属于精确线索。属于精确线索的情报可为那些已确认的信息或已知具有相关性的信息提供上下文。如果这类线索曾在网络的某些节点出现，在查找阶段，就应该检索其他网络节点的相关活动。重要的是认清哪些情报与事件有直接关系，哪些情报只有潜在关系。类似于曾在第 3 章中讨论过的数据源，各类线索均有用，只是用法不同。

4.8.2 模糊线索

查找阶段发现的信息多数属于模糊线索。模糊线索是一些附加信标或行为，虽已确认与某些精确线索相关，但暂不清楚是否出现在你的环境中，也不了解其影响是什么——这些问题将在定位阶段解决。那些与你的企业相似的企业遭受攻击的最新报告里的信息，也属于模糊线索。你所知道的合法情报共享组织提供的信息（无论相关威胁是否涉及你），同样是模糊线索。若你在寻找某个突然出现的可疑活动的模式，那些启发式行为检测规则也是一种模糊线索，虽然它并不是可靠的情报。从技术上讲，这类线索通常更难以使用，却能产生重要结果和大量情报。

4.8.3 相关线索分组

线索可分为精确线索和模糊线索两类，在此基础上，还需要跟踪线索之间的相互联系。精确线索一旦出现（无论线索来自活跃事件还是既往事件），通常会在定位阶段指引你找到多条模糊线索。这是另一种关联，由一条线索扩展出多条线索，而这些新线索可能与你有关，也可能无关。初始线索往往作用有限，所以关联的价值就体现出来了。跟踪记录哪些精确线索与模糊线索相关，哪些模糊线索之间相互关联，将有助于你解释和分析调查结果。在查找阶段，对于那些针对你环境的威胁信息，投入时间和精力来加以确定是值得的。你不会愿意花时间重新分析信息，因为此时往往已经忘记了信息来源，也记不清最初对其关注的原因。

4.8.4 线索存储和记录

这些线索应该用某种方式完整存储和记录，并在后续阶段易于补充。记录这些信息可以采用多种方式。许多团队仍在坚持使用 Excel 电子表格，但更多团队已经开始使用威胁情报平台（包括开源版本和商业版本）等工具存储信标、添加注释和标签，并在必要时将信标关联起来。在事件响应流程的这一阶段，对于记录方式，首要考虑的是适应工作流程，让团队直观地看到哪些信息已经确认，哪些信息还有待审核或进一步调查。我们见过许多团队因为重复劳动或协作不力，在查找阶段浪费了大量时间。不要陷入这个陷阱！你处理的威胁信息在经过确认和妥善记录后，即可进入下一阶段。

第 7 章会专门讨论事件响应活动跟踪和事件管理，这里先讨论线索追踪。事件响应人员都有过这样的经历：借助线索侥幸发现的蛛丝马迹，其实是以前见过的，只是想不起来当时的情境。应该花些时间给线索写下注释，哪怕只是写在本子上的只言片语，也会发挥作用。以下为记录线索的固定格式：

线索
  简述发现结果或思路。

日期
  什么时候提交的？［这对于还原上下文或填写各类服务合同（SLA）很重要。］

情境
  该线索是如何发现的？（来自内部还是外部？是通过分析推测的，还是在具体事件中发现的？）

分析人员
  谁发现的？

这种方式简单易行但有效。多数情况下，维持线索可用性是应对当前安全事件、强化安全效果及将来构建情境的入手点。

4.9 信息请求过程

信息请求（亦称情报请求）与线索相似，是从外部利益相关方获取团队事件响应或情报周期的指导意见的过程。这一过程旨在将请求规范统一，使之易于优先排序，安排合适的分析人员。

信息请求（Requests For Information，RFI）可简（只有一句话和文档链接）可繁（涉及假想场景和多条警告）。良好的 RFI 应该包括以下项目：

请求
　　求助问题概要。

请求人
　　信息反馈给谁？

输出
　　可以是多种格式。需要 IoC 格式、简报文档还是 PPT？

参考
　　如果问题涉及某文档或因某文档引出，可在此说明。

优先级或截止日期
　　用于决定工作完成时间。

在你的企业内，RFI 流程需要具有相关性和可行性，关键在于将信息整合起来。对于利益相关方来说，无论是通过门户网站还是电子邮件，在提交请求和获取反馈时都不会遇到麻烦。如果你或团队经常因为大量非正式的 RFI 而加班加点，最好建立一套正规制度来管理工作量。我们将在第 9 章展开讨论 RFI，尤其是情报产品。

4.10 本章小结

查找阶段是 F3EAD 循环中最关键的第一步，让你清楚地知道该找什么。查找通常等同于明确目标，与情报循环的方向阶段密切相关。如果你不清楚自己的任务，或者说不知道自己正在应对什么威胁，将很难做好。查找阶段为 F3EAD 循环中其他面向具体业务的阶段提供了舞台。

你不会在每个项目的查找阶段都投入同样的时间。有时候，查找阶段你自己就能应付；有时候，还需要花些精力深入探索；更多的时候，查找阶段会拖沓冗长，需要团队多人参与，分别关注某个威胁的不同方面。如果面对的是最后一种情况，务必让信息有条理、文档化，并对线索按优先级排序，这样你才可以带上全面而精确的查找目标清单，进入定位阶段。

现在，我们已经初步了解了要寻找的对手和内容，是时候深入了解事件响应的技术调查阶段——定位阶段了。

第 5 章
定位

"永远不要在敌人犯错误的时候打断他们。"

——Napoléon Bonaparte

我们收集情报不是为了拥有这些情报。收集情报的核心意义在于有所行动,无论做出战略规划,还是为事件响应流程提供支持。情报能够且应该支持事件响应,表现为以下几个方面:

检测

建立完善的告警标准,奠定工作基础。

富集

让响应过程中识别出的信息更具情境化。

态势感知

了解攻击者、方法和战术。

使用已识别情报、威胁数据,确定内部或外部攻击者位置的过程称为"定位"。在 F3EAD 循环的定位阶段,由查找阶段收集的全部情报都应被投入使用,从而追踪对手在内网的活动迹象。本章介绍了追踪对手活动的三个方法——利用攻陷信标、利用对手行为信标(又称为 TTP),以及利用对手的目标。

这一章不太好写,因为大部分内容在各类书籍中已有介绍。这些内容只能让你学到一些皮毛,实际上,只能作为一个学习的起点。比如你想学习恶意代码分析,仅凭一章、一节的内容是远远不够的,必须阅读大量书籍,跟着有经验的逆向分析工程师,并且投入足够的时间来实践。另外,"定位"阶段采用的各类方法差异显著,这取决于企业的技术应用。比如 Mac 和 Linux 平台的内存分析过程差别不大,但 Windows 平台就截然不同了。同样,CrowdStrike 公司的端点检测和响应(EDR)工具 Falcon 与 Meta 公司的操作系统监控工具 osquery 也有很大区别。为了重点说明如何运用"查找"阶段识别出的情报,我们将介绍事件响应的核心概念(重点是相关技术和威胁情报的有机结合),提供资源来更详细地学习这些技术。如何在实际工作中运用本章内容,取决于你和团队。

5.1 入侵检测

情报可以在多个方面支持入侵检测。但是,在入侵检测中集成情报的过程未必一帆风顺,因为入侵的表现形式多种多样,而攻击者动向的检测点也多种多样。同样,如何检测攻击者活动,也取决于你的安全状态和内部可见性。

检测入侵主要有两个途径:1)网络告警(在内网通信及内外网间通信中查找攻击者入侵迹象);2)系统告警(在端点上查找攻击者存在的迹象,重点是攻击者通过网络横向移动的行为)。

> **外界反映**
>
> 为了发现潜在的入侵活动,除了借助网络告警和系统告警之外,从外界反映中发现端倪,正变得越来越普遍。公司对外界披露其网络入侵事件已经渐成常态,通过外界反应发现针对企业自身的类似入侵尝试也变得更有价值。在糟糕的情况下,这种外界反应来自企业数据被人在暗网等地下市场出售,或者来自攻击者声称已攻陷企业的勒索邮件。在这些情况下,可开展围绕资产的调查,确定相关数据是否已被获取,以及是如何被窃取或破坏的。然后,进入 F3EAD 循环的后续阶段。

5.1.1 网络告警

网络告警是指通过识别网络流量发现恶意活动。如果当前环境已为发现异常网络活动做好准备,而且工程师已具备甄别和调查异常活动的能力,这类告警将会非常有用。杀伤链的多个阶段都涉及攻击者与受害主机的网络通信。通过网络流量,我们可以识别出攻击者的活动。相应的 ATT&CK 企业策略如表 5-1 所示。

表 5-1: ATT&CK 企业策略 ID 及名称

ATT&CK 企业策略 ID	ATT&CK 企业策略名称
TA0043	侦察跟踪
TA0001	载荷投递
TA0011	命令和控制
TA0008	横向移动
TA0010	数据渗出
TA0040	影响

不过，各类网络告警的使用效果不尽相同。下面，我们针对各项活动深入探究，讨论在哪种情况下使用告警是有效的，在哪种情况下应该避免使用。

关于侦察跟踪的告警

从侦察跟踪阶段就开始告警，似乎是最理想的。毕竟，如果能提前识别出觊觎你的网络的潜在攻击者，你就可以阻断攻击。不幸的是，在侦察跟踪阶段告警通常并不值得。为什么？原因就在于潜在的侦察事件数量太多了。若你不开防火墙就把系统直接暴露在互联网上，你就明白原因了。猛烈的扫描持续不断，有些是恶意的，也有些是合法的研究行为。大量合法的安全工具（包括 Shodan、Censys，以及其他资产发现、基础设施收集类平台），都会频繁地发起扫描，用以维护、更新其 Web 资产目录。如果防御者把网络扫描当作检测标准，就会对外声称自己遭遇到海量的网络攻击事件（通常是自称在短时间内受到数百万次攻击），实际上这些主要来自自动探测工具，而非真实的威胁。简而言之，如果你对 Nmap 的每次扫描或每个 DNS 请求尝试都发出警报，就会淹没在海量的无意义的噪声里，又无计可施。

这并不是说收集这些侦察信息没有用。在高级阶段，侦察信息是开展欺骗行动的理想目标，这些内容我们将在下一章介绍。以 GreyNoise（公司及其服务名称）在 2021 年对于 Log4J 的零日漏洞事件所做的出色工作为例。GreyNoise 运营的监视器可供发现大量互联网探测程序，并能快速识别针对相关端口的扫描范围，包括其 PoC 及用于测试的漏洞利用。虽然对于这类探测程序的检测并没有给 GreyNoise 提供足以准确识别攻击者的信息，但对防御者来说，这确实是一份可供参考的潜在对手清单，告诉防御者在侦察追踪阶段应该通过什么发现针对性攻击，以及哪些攻击者的系统值得关注。

关于载荷投递的告警

首先需要关注的是来自载荷投递阶段的高价值告警。载荷投递一般需要利用电子邮件（用于钓鱼——T1566）、网站（用于水坑攻击——T1189）或 Web 服务渗透（用于对 Web 应用程序、数据库或其他服务的访问——T1190）。

对于载荷投递的告警能力在很大程度上取决于你掌握的技术。对电子邮件的告警难度是众所周知的，通常需要专门的开发工具或深度改造现有工具。对于载荷投递来说，附件、链接和元数据这三项需要重点关注：

附件

近年来，（尤其中、低攻击水平的对手）投送载荷最常见的形式就是邮件附件，通常是常用软件的包含漏洞利用的格式文档（不过，不使用漏洞而是借助社会工程学手法修改程序扩展名诱导用户执行的情况也是常见的，例如把恶意软件改为屏幕保护程序的扩展名）。Adobe 公司的 Acrobat 和 Microsoft 公司的 Office 文档格式都是经常被利用的。企业可以根据邮件附件的文件名、文件类型、文件大小或文件内容对攻击发出告警（但是，鉴于存在多种嵌入或压缩附件的方法，最后一种检测方法可能会很棘手）。也可以将邮件附件送入恶意软件自动化分析环境或沙盒中，从而主动触发漏洞。这类环境可以使用商业软件（比如电子邮件保护类产品），也可以借助 stoQ 这样的自动化工具自行搭建。

链接

在某些情况下，电子邮件中的恶意链接将导致用户访问包含恶意软件、利用浏览器漏洞的网页。社会工程攻击也会利用链接将用户引入伪造登录页面，获取用户名和密码，从而进行凭证重用（credential reuse）攻击。

元数据

电子邮件自身包含多种类型的元数据（metadata），企业可以据此发出告警，但这只是权宜之计。根据恶意电子邮件元数据告警固然容易，但攻击者也可以轻松更改这些元数据。尽管如此，对于电子邮件发件人地址、IP、中转服务器（特别适合作为模式）、用户代理数据的追踪信息，都可以用于告警。

如果能识别攻击者发起攻击活动的新奇手段或独特手法（不同于常见方法），我们就可以提出新的方法来检测入侵行动的载荷投送阶段。对于防御者来说，有时候"发现可疑，及时报告"[译注1]也会取得一定效果。为了提早发现可疑的网络钓鱼行动，可以告诉用户一些识别可疑网络钓鱼手段的基本方法，并为用户提供上报可疑事件的邮箱（例如 *phishing@company.com*），或给用户的邮件客户端加一个提交按钮。每位用户都能做到这一点吗？不太可能。不过，既然网络钓鱼链接、文件等通常会尝试发送给大量用户，肯定有人会注意到和上报可疑事件。不要低估用户发现入侵事件的能力，在他们之中总会有人给你带来惊喜！

凭证重用

根据"Verizon 数据泄露调查报告"（*https://oreil.ly/gqvOI*），凭证重用仍然是攻击者获取权限或内网横向移动的一种主要方式，我们身边的人也这样说。这是有道理的，因为对于攻击者来说，用户名和密码并不难获得。弱密码、密码重复使用和众多的密码公开泄露令攻击者能够轻松找到入侵网络的凭证。他们一旦进入网络，获取更多的凭证就更容易。许多网络钓鱼攻击都试图获取用户凭证，然后将其用于获取网络权限。对于那些"不落地"（Living off the Land）的攻击风格来说，这种方式迟早是会被采用的。攻击者在获取系统权限后，通常会记录通过键盘输入的密码或者破

译注1：2010 年 7 月，美国国土安全部（DHS）在全国范围内发起了"发现可疑，及时报告"（If You See Something, Say Something）的全民安保运动，提高公众对于恐怖主义和相关犯罪的意识，了解向国家和地方当局报告可疑活动的重要性。

解密码，找到重复使用的账户（特别是 IT 或其他管理员账户），破解其密码，再使用这些密码进入其他系统，从而具备长期运行的持久化能力，不必再次借助漏洞进入系统，这样就不容易被检测到。

通过监控发现凭证重用可能很困难。毕竟合法用户也要访问网络，这样恶意行为就会混在里面。如果你有适当的系统，还是有办法检测这类恶意行为的。比如查找陌生登录地点（如果爱丽丝在圣地亚哥生活和工作，那么来自意大利的登录就是可疑的）。此外，在奇怪的时间登录，或者同时有多人登录也是异常现象。即使你无法在第一时间检测到可疑登录，但在事件响应的时候，这些异常事件会让你发现攻击者进入了网络，此时，你可以在日志中查找可疑活动并将其标记，以便进一步调查时使用。在"消除"阶段，应该为这些用户重置密码（甚至以此为契机，为系统添加双因素身份验证的安全机制）。

关于命令和控制的告警

攻击者终究需要与他们的系统进行通信（通常如此，少有例外）。这些通信行为多发生在杀伤链模型的载荷投递与命令和控制两个阶段之间，但这些很容易在系统层次检测出来。命令和控制（Command and Control，C2）是指攻击者与恶意软件发生交互执行动作，这必然导致网络通信。

对于 C2 通信，可找出以下共性特征：

回连地址（Destination）
  这是第一个也是最简单的方法。数以百计的威胁情报产品专门按照 IPv4 地址和域名提供已知的恶意位置。许多工具为你提供恶意回连地址的黑名单和告警依据。如果你已经在使用这类工具，那么在辨识未知或非预期的连接时，地理位置信息也可以派上用场。（例如，"为什么我们的打印服务器要与 X 国建立连接？"）

通信内容
  多数恶意软件为逃避检测会采用加密和编码（也可能是仅加密或仅编码）的方式通信。虽然这确实会使检测传输内容变得更加困难，但同时也为防御者提供了便利——只需查找加密信息出现在哪些不应该使用加密通信的地方。为了掩人耳目，有些恶意软件会滥用常见协议，例如，通过 TCP 80 端口发送加密的 HTTP 流量，而 TCP 80 端口通常是不加密的。通信内容和通信协议的不匹配，可以作为一个重要线索。元数据也是一种易被攻击者忽视的常用检测内容。例如，使用相同的用户代理（user agent）字符串或公共的头部信息，就是一种可疑的元数据。

通信频率
  攻击者若不能设法接管某个面向公众开放的服务器，就无法按需与恶意软件建立初

始通信，因为通信链路可能是不通的。因此，大多数恶意软件需要从内网主机向命令和控制服务器发起连接，我们称之为"心跳"（beacon）。这类心跳通信一般按固定间隔发生，通常是每隔几分钟一次（通常由工作中的恶意软件发起），而且长达数月不间断（如果最初的恶意软件被删除，则通常会触发重新感染）。将通信频率作为识别模式来检索往往是可行的。

持续时间

大多数恶意软件没有那么聪明，所发送的消息往往也很无趣。在某些情况下，恶意软件的通信并无实质内容，虽然通信内容是加密的。如果这种情况时常发生，就可以形成检测模式，例如，始终具有相同字节长度的无效数据包。

组合运用

单条特征通常不足以作为高精度的告警条件，但将多条特征组合使用就能达到效果。开发一种检测模式并找到对应的检测方法，需要投入时间，有时也需要一点运气。

很多时候，根据 C2 相关信标（如已知恶意 IP 或域名）发出告警是可行的，但通过深入了解 C2 行为的本质，我们甚至可以在不知道回连地址是否为恶意的前提下，对可疑流量发出告警。想要达到这种层次的理解，通常需要逆向分析恶意软件样本，明确进、出流量对应的通信协议是如何工作的。

滥用共享资源实现 C2。C2 方式往往随趋势而变。例如，在 2000 年左右，大多数恶意软件使用互联网中继聊天（IRC）实现 C2。防御者认识到这一点后，对 TCP 6666-7000 端口（常见的 IRC 端口）发出告警或进行阻断。然后，攻击者又开始让 IRC 使用 TCP 80 端口……道高一尺魔高一丈的猫鼠游戏就这样不断上演。

如今，对手在多数情况下使用与我们相同的服务，曾经简单的检测技术开始变得复杂起来。入侵检测团队或猎杀团队最好可以掌握其组织所使用的服务，清楚哪些资源是正常的，调查那些不应该出现的资源。影子 IT[译注2] 设备的存在会使情况变得复杂，但即使是针对这类设备的攻击也同样需要调查——影子 IT 设备与常规的基础设施一样，一旦被入侵也会带来破坏性（甚至更为严重）。关于网络入侵还有一起知名案例，与俄罗斯有关的威胁行为体 Turla 组织借助社交媒体 Instagram[译注3]，将 Britney Spears 的评论区作为命令和控制服务器（*https://oreil.ly/TgCiT*）。

C2 当前（很可能会持续下去）趋于使用社交媒体和软件即服务（SaaS）网站。因为通信使用了广泛应用的传输层安全性协议（TLS），通常难以检查流量内容，同时，回连

译注2：指员工或最终用户在未经 IT 部门批准，或未在 IT 部门监督下所使用的 IT 设备。
译注3：图片分享应用。

地址本身并非恶意的，这类地址难以检测和做出响应。雪上加霜的是，借助平台即服务（PaaS）类公司提供的能力，共享资源可被用于多种途径，对于非恶意流量及非恶意的用法，很难形成一种通用的描述方法，这使得检测 C2 将更为复杂。

不需要 C2 的恶意软件。在极少数情况下，恶意软件根本不需要 C2。要做到这一点并不容易，这要求恶意软件在投送之前就具备 100% 的功能指令，无须修改和升级就能完成攻击任务。这类恶意软件只在迫不得已时才会被制作出来，比如在物理隔离的网络环境下。通常需要相当多的前期侦察，才能事先了解目标环境的情况。在这种情况下，就只能针对载荷投递和影响这两个阶段进行检测了。

关于影响的告警

与对 C2 的检测类似，检测攻击者对网络产生的影响，重点在于那些数据进出内网的异常流量，以及内网主机之间的异常流量。对于这类异常流量来说，数据进入网络的情况并不常见（尽管随着虚假信息变得越来越普遍，将来可能会看到更多），但数据渗出的情况却时有发生。

许多攻击的目标通常是窃取数据，特别是那些专注于入侵和窃取知识产权的攻击。每个攻击者都会有自己喜欢的窃取数据的方法，但最终他们都必须做同样的事——从受害系统获取大量数据（从几十行到数百 GB 不等），传送到攻击者控制的系统。实现方法不同，但最终目标相似。

防御者可采取多种方法检测数据渗出。首先是关注内容，这就是数据防泄露工具兴起的原因。举个例子，假设你打算预防信用卡信息盗用，可以利用某项检测技术，在流量中搜索四组四个数字（信用卡号），随后是三个数字（信用卡验证码，简称 CVV），然后是一个月/年信息的组合（到期时间）。表面上看起来这很简单，但魔鬼潜伏在细节中。如果攻击者把四组四个数字的信用卡号存放在一个文件，却将日期存放在另一个文件呢？如果攻击者使用字母来代替 CVV 的三个数字（例如以 ABC 代替 123 这类的方式发送 CVV）呢？更复杂的还在后面，比如攻击者采用 TLS 网络协议加密流量，来防止抓包工具检测到卡号。

其次，防御者可以检测网络连接相关的元数据来发现数据渗出。假设攻击者窃取了长度为 5GB 的信用卡数据，无论采用哪种加密方法（不考虑数据压缩的情况），都要发送长度为 5GB 的数据。

根据网络活动定位恶意信标，是掌握网络当前状况和深入了解对手的好方法。但这并不是唯一办法。比如，我们前面讨论过的 ATT&CK 框架就是非常好的选择，可以不依赖 IOC，而是通过攻击者使用的技术来发现恶意活动。接下来，我们将讨论如何从系统的角度定位恶意活动。

5.1.2 系统告警

系统告警是网络告警的补充。网络告警关注杀伤链模型的几个特定阶段，同样，系统告警可以根据 ATT&CK 企业策略，从以下几个方面入手（见表 5-2）。

表 5-2：系统告警的关键方面，按杀伤链模型划分

ATT&CK 企业策略	杀伤链阶段	对手的目标
TA0001	初始访问	对手尝试进入内网
TA0002	执行	对手尝试执行恶意代码
TA0003	持久化	对手尝试维持立足点
TA0004	提权	对手尝试获取更高权限
TA0005	防御绕过	对手尝试规避检测
TA0006	凭证访问	对手尝试窃取用户名和密码
TA0007	侦察发现	对手尝试摸清当前环境
TA0008	横向移动	对手尝试在不同环境间移动
TA0009	收集数据	对手尝试收集感兴趣的数据
TA0011	命令和控制	对手尝试与受害系统建立通信，对其进行控制
TA0010	数据渗出	对手尝试窃取数据
TA0040	影响	对手尝试对系统及数据实现控制、干扰或破坏

系统告警依赖于操作系统及采集系统。除了少数例外情况，大多数 EDR 工具（无论是开源还是商用）都只面向特定操作系统。这是迫不得已的，因为大多数安全警报发生在操作系统的底层，需要与进程管理、内存管理和文件系统权限等系统机制深度结合。

这样一来，你就要慎重考虑情报与系统告警的集成方法，既要考虑目标操作系统，也要考虑所使用的工具。例如，有些字符串类型的信标可跨系统使用，但注册表键值类信标则只能用于 Windows 系统。与此同时，诸如商业反病毒软件之类的工具可能无法直接集成进来，而类似 osquery[译注4] 这样的开源工具，又需要开发自定义检测规则。

关于漏洞利用的告警

安全公司的产品理念都是建立在告警或阻断漏洞利用之上的——事实上整个行业都是如此（如反病毒领域）。漏洞利用是合理的告警条件（并应予以阻断），因为它会将控制权从防御者转移到攻击者。攻击者发起的漏洞利用，会对防御者资源的运作造成影响。

漏洞利用通常表现为以下两种方式之一：

译注 4：osquery 是采用 SQL 语句形式操作的系统分析监控工具，支持 OS X 和 Linux 系统。

- 用户系统中出现由攻击者创建并控制的新进程。例如，利用 PowerShell 执行对手创建的脚本。
- 某个已存在的进程（无论是受系统控制还是受用户控制）被篡改并被指派了新的不同的功能。

虽然漏洞利用的实现方法有区别，但结果是一致的：系统在执行受攻击者控制的代码。对漏洞利用进行告警的主要方法是准实时跟踪这类活动，监控系统各进程的不同时刻状态，发现进程状态的变化。如果出现了预期之外或反常的活动，就表明系统可能被入侵了。异常活动包括：底层二进制文件篡改、应用程序在异常或非法目录下运行，甚至是采用混淆命名的新进程（使用同形或形近字符，如将 rund1l32.exe 伪装成 rundll32.exe，这里使用了数字 1 代替小写字母 l）来迷惑分析人员。利用多种工具发现未知进程或新出现的进程，将其作为系统告警条件，是一个不错的开端。

关于安装植入的告警

对安装植入的告警就像面包和黄油一样，是系统告警不可或缺的一环。在安装植入[译注5]环节，即使攻击者能够在受害主机执行自己的代码，也通常不是攻击过程的终点。通过漏洞利用创建的进程，无论是注入普通用户的进程，还是新创建出来的进程，最终都会结束运行；在此之后，攻击者就会失去立足点。

因此，对于大多数攻击者来说，漏洞利用的下一步是要确保他们持续掌握系统控制权。在单系统的网络钓鱼攻击过程中，通常会安装用于实现持久化的第二阶段恶意代码，同时加入攻击者执行其目标的新功能。该能力通常会打包成模块化工具，一般被称为远程控制木马（Remote-Access Trojan，RAT）或 Rootkit。既然来到"定位"阶段，我们应该已经确定了行为体的常用工具的情况，这些信息可以帮助我们了解在"定位"阶段的检测对象。

关于影响的告警

攻击者可能需要访问特定资源才能达成目标，获得预期成果。在大多数情况下，想要造成影响逃不出以下四类操作（按首字母缩写为 CRUD）：

创建（Create）
　　由自身向磁盘写入新文件。

读取（Read）
　　读取系统当前存在的文件。

译注 5：此处为作者笔误，联系上下文判断，应为"漏洞利用"。

更新（*Update*）
　　改变系统已有文件的内容。

删除（*Delete*）
　　删除系统上的文件，通常还有额外的一步操作，使得文件无法被恢复。

在某些情况下，攻击者可能会一次执行多个操作，从而产生更为复杂的结果。比如，勒索攻击会迅速地顺序执行以下三项操作：

读取
　　勒索软件会读取当前主机的全部个人文件。

创建
　　根据已读取文件建立使用攻击者密钥加密后的新文件。

删除
　　恶意软件会删除用户未加密的原始文件，用户必须交纳赎金才能访问原始文件。

简单，粗暴，但屡屡得逞！

勒索攻击只是一种情况，不同的攻击之间，造成的影响差异巨大。例如，攻击者读取数据可能是为了通过网络传回去，从而窃取知识产权，这是一种最常见的高级持续威胁（APT）模式。有的时候，攻击者可能只是简单地删除所有文件（或重要文件），从而使系统资源无法使用（即所谓的数据擦除攻击）。最后，攻击者可能会创建一个新的应用程序，从而利用受害系统实施二次攻击，例如，作为网络跳板或发起拒绝服务（DoS）攻击。

对这类操作发出告警会有些棘手，因为创建、读取、更新和删除文件是常见操作，从某种意义上讲，这正是我们使用计算机的原因。创建文件有些可疑，但也可能是用户在执行事先设计好的操作。这类告警如何使用，取决于是否掌握攻击者可能采取的行动。如果你在追踪攻击者窃取银行资金的行动，那么关键要监控其对银行账务数据库的访问。如果攻击者打算窃取的是知识产权，你就该监测网络的大文件上传或磁盘的大压缩包创建。这需要将创造力、经验以及像敌人一样思考的能力结合起来。

结合"定位"阶段发现的威胁行为体信息，以及我们在内网中检测到的恶意活动，现在可以着手规划如何在环境中查找攻击者的迹象。

5.1.3 定位走鹃行动

在第 3 章，我们已经为发起走鹃行动的行为体 Grey Spike 构建过杀伤链。现在我们可以据此深入理解在该阶段应该检测哪些攻击工具和攻击活动。我们发现，在走鹃行动期间，Grey Spike 以鱼叉式钓鱼和战略性网络入侵等方式来投送他们的攻击工具，并会另外植入工具以维持对主机的访问权限。这些工具包括 Hikit、Derusbi 和 ZOX 系列工具。我们还知道，攻击者通常瞄准经济、环境和能源政策相关情报，并且经常入侵大量网络主机以获取所需情报。根据这些信息，我们可以着手制订一个计划，明确需要查找哪类攻击活动。

网络活动

以下是我们检测走鹃行动时涉及的网络活动类型：

鱼叉式钓鱼邮件

在邮件日志中查找与走鹃行动相关的发件人、邮件主题或附件文件名。此外，在警告用户时，应该提供这类鱼叉式钓鱼活动的详细情况，鼓励用户把看到的类似邮件告知安全团队，而且，将来也要留意这类邮件。

网站入侵

在 Web 日志中查找成功访问或试图访问已被走鹃行动入侵的网站的记录。在这一阶段，所限定的查找范围很重要。如果某网站在被入侵后很快就被发现并修复，那么只需查找已知该网站遭入侵时的活动即可。

C2

通过检测走鹃行动常用的 C2 工具，可以知道需要查找哪些活动。此时需要深入研究，充分理解行为体的工具及其工作原理。例如，ZOX 家族木马惯于借助 PNG 图片文件与 C2 服务器通信。

系统活动

现在我们已经对网络中的活动基本了解，可以开始在我们的系统中调查可疑活动了，如下：

漏洞利用

已知有些行为体惯于利用特定的某几种漏洞，所以熟悉他们所使用的漏洞，同时清楚你的网络是否存在这些漏洞和漏洞的存在位置，可以帮助你知道去哪里查找攻击者的活动。有人发现走鹃行动曾使用 CVE-2013-3893 漏洞，这是一个 IE 浏览器漏洞，因此需要知道哪些系统存在该漏洞，并根据查找阶段所发现的漏洞利用迹象进行定位。

安装植入

只有了解行为体的常用工具及其工作原理，才能清楚哪些攻击工具对你的网络环境有效。走鹃行动根据受害者的网络结构，同时使用 Hikit 家族的 32 位和 64 位变种。

因此，只有熟知你的网络环境，才能知道在该阶段需要查找什么，确定哪些文件会在安装植入过程中产生，以及它们所在的目录。

影响
　　我们知道走鹃行动瞄准经济、环境和能源政策相关情报，所以如果我们知道哪些系统具有这类信息，就可以查找文件被访问、收集和泄露的迹象。不过，我们还知道该行为体喜欢入侵多台主机寻找文件，并会在全网隐蔽地移动，所以我们可以在网络中查找横向移动的迹象，包括那些我们认为并不典型的系统行为。

对于查找阶段发现的信息，我们现在有了一个不错的抓手，可用于检测我们的网络和系统的入侵事件，继续调查走鹃行动在网络中的活动。下面深入探讨流量分析、内存分析和恶意软件分析等内容。

5.2 入侵调查

告警流程和调查流程只有一线之隔，因为两者经常会使用相同的工具，只是使用方式不同，使用这些工具的团队也不同。如果说告警是一个"精简"的过程（找到最细微、最具体的数据，揭示出恶意活动），那么调查则是一个先"扩张"（尽可能多地收集数据，获取信息上下文）再"精简"的过程，最终使数据形成有说服力的分析依据。这种先"扩张"（收集和处理）再"精简"（分析和传播）的工作流程在安全分析和情报分析中都是常见的。

在本章，我们将探索入侵调查的关键方法和工具。前面说过，这部分内容可以单独出一本书，足够你花几年的时间来学习。如果你是这一领域的新手，推荐阅读由 Jason Luttgens 等人编写的 *Incident Response & Computer Forensics*[注1]。

5.2.1 网络分析

入侵调查一般从网络流量入手。不幸的是，入侵事件多数并非内部发现，而是来自只提供了 C2 服务器 IP 地址的第三方报告。

根据工具和流量规模的不同，网络流量分析的主要方法分为以下几种：

流量分析
　　利用元数据理解攻击者的活动。

注1：Jason T. Luttgens et al., *Incident Response & Computer Forensics*, Third Edition (New York: McGraw-Hill Education, 2014).

特征分析

　　查找已知的恶意模式。

完整内容分析

　　逐个数据包分析，深入理解攻击活动。

下面将逐一深入介绍。让我们先从流量分析开始。

流量分析

流量分析并非只应用于计算机网络。事实上，流量分析主要是从无线电通信分析发展而来的，许多技术可以追溯到第一次世界大战（*https://oreil.ly/wRtjp*）。流量分析主要是根据元数据来识别对手活动，重点在于对手通信的模式，而不是通信内容本身。因此，该技术使用的数据集微乎其微（每条记录多达几兆字节的全部活动内容，可能只产生100字节的元数据），跟踪信息如下：

- 端点（包括 IP 地址和域名）。
- 端口。
- 收、发字节数。
- 连接时长及起止时间。
- 频率和规律性。

我们将这样的一组元数据称为"网络流"（network flow）。即使只有如此少的数据，训练有素的分析人员也可以据此掌握大量信息。在对网络流进行调查时，分析人员应该查找以下活动：

- 与已知恶意 IP 地址建立的连接，据此可发现 C2 活动。
- 频繁的、有规律的、短暂的、接收/发送少量字节的连接，据此可发现恶意软件的心跳和检测控制指令的活动。
- 与从未见过的域名建立长时间连接并发送大量数据，据此可发现数据渗出活动。
- 已知受害主机连接内网的其他主机的 445 端口，据此可以发现数据采集活动（TCP 445 端口是微软 SMB 文件共享使用的端口）。

只需调查有限的网络流量元数据，就可以发现上述活动，甚至可以发现更多恶意活动。

流量分析数据可以通过多种方法采集。网络流数据通常可以从各种网络设备获取（网络流数据即 NetFlow，特指由思科实现的技术，不是常用的名词）。这类数据通常易于采集，因为安全团队和网络团队都会用到它，可共同使用，均摊设备采购成本。另一种采集网络流数据的安全专用方法，是使用网络安全监控工具 Bro，相对于基本的 NetFlow 而言，它可以采集更深层的元数据（包括协议信息和特征检测，我们稍后将介绍）。卡内基梅隆的计算机应急响应小组协调中心（CERT/CC）的 SiLK 和 QoSient 的 Argus 都是开源的传统网络流量信息捕获工具。网络代理和防火墙也可以用来获取基本的流信息。

流量信息分析工具种类繁多，从通用的到专用的应有尽有。日志记录和全文搜索工具（如 Splunk）通常可以产生不凡的效果。有些专用工具为网络流提供了操作符，例如 FlowBat，虽稍显过时但也还适用。使用图形数据库，如 Neo4J（*https://neo4j.com*）、NetworkX 以及 Synapse，自己动手打造分析工具也是可行的，后面还会介绍。

相对于特征分析或完整内容分析，流数据分析还有一个好处，是流的信息密度量优势。由于只保留元数据，每条流数据记录的存储量低，因此存储成本更低，处理速度更快。对于特征信息来说，保存或检索几个月的数据，需要高昂的成本；对于流数据来说，保存更久的数据也没问题。流数据无法像完整内容数据那样全面解答网络安全问题，但具有信息密度和长期存储方面的优势，这是其价值所在。此外，在收集和分析方面也具有一定的便利性。显然，流数据对于流量分析来说是一种高价值数据源。

情报在流量分析中的运用。将情报运用在流量分析中，最常见的是借助流量数据查找与已知恶意资源（例如 IP、域名）的连接，或根据受信系统识别异常活动模式（如扫描、横向移动或心跳）。虽然是一种简单的技术，却往往行之有效，而且易于自动化实现。仅依赖流量分析会有风险，比如，因为对一些问题认识不足而发生误报。这类问题包括，IP 地址可能会被再次分配，恶意域名可能仅在短时间内有效，合法 Web 服务可能被用于存放任意文本和文件。

还有一种在流量分析中使用情报的方法，就是根据流量模式查找恶意活动，例如反复出现的短暂通信、不在工作时间内的通信行为，或者与新出现的域名（只在最近才开始活跃的域名）之间的通信。在域名刚刚创建的几个小时内，通常是不会有用户访问的。这往往是 C2 活动的迹象。将 DNS 的被动监测与网络流分析相结合，就可以实现自动发现这类域名。

从流量分析中采集数据。虽然有些违反直觉，但流量分析通常是线索的重要来源。通过查找最高流量主机（产生、接收流量最多或最频繁的主机）或最低流量主机（产生、接收流量最少的主机，或偶尔才产生或接收流量的主机），通常可以发现重要线索。找出那些不显眼的主机（几乎不产生网络流量的主机）固然重要，因为攻击者通常会使用新的基础设施来逃避对不良信誉主机的检测机制，但也不要低估那些大流量主机。如果某台主机在星期天早上发送数以千兆字节计的流量，就有必要弄清该主机究竟是在进行异地备份，还是在渗出数据。

特征分析

特征分析介于网络流量数据分析与完整内容监测数据分析之间,既不像前者那么简陋,也不像后者那么全面。流量分析注重网络连接的元数据,特征分析注重监测特定内容。流量分析可以使用的源码和工具很多,但特征分析只应用于专用系统——入侵检测系统(IDS)。

入侵检测系统结合了网络抓包、规则引擎和记录日志方法。其中的规则被用于网络流量检测,一旦某条规则被命中,就会产生日志。可使用的入侵检测系统种类繁多,可以选择商用的,也可以选择开源的。另外,还有一个独有的特征类别,即 Snort 规则。以下为一条 Snort IDS 规则示例:

```
alert tcp any any -> any any (msg:"Sundown EK - Landing";
flow:established,to_server;
content:"GET";
http_method;
pcre:"\/[a-zA-Z0-9]{39}\/[a-zA-Z0-9]{6,7}\.(swf|php)$";
http_uri;
reference:http://malware.dontneedcoffee.com/2015/06/\
  fast-look-at-sundown-ek.html;
class-type: trojan-activity;
rev:1;)
```

我们来看几个 Snort 规则关键字和动作(Snort 选项很多,更多内容参见 snort.org,网址为 *https://snort.org*)。该示例特征可拆解为如下几项:

alert

第一个单词指定在特征匹配后执行的动作。Snort 提供了多种动作,不过其他使用 Snort 规则格式的入侵检测系统可能只实现了其中一部分,如表 5-3 所示。

表 5-3:Snort 的几种动作

动作关键字	动作说明
alert	按指定告警方式产生一条警报,并记录数据包
log	记录数据包
pass	忽略该数据包
activate	告警,并跳转到另一条动态规则
dynamic	保持空闲状态,被其他规则激活后,再按记录的规则操作
drop	阻断,并记录该数据包
reject	阻断并记录该数据包,然后对 TCP 发出 TCP 复位(reset)包,对 UDP 发出 ICMP 端口不可达消息
sdrop	阻断该数据包,但并不记录

目前而言，最常用的动作是 alert，其他部分在适当场合也会发挥巨大作用：

```
tcp any any -> any any
```

在上述 Snort IDS 特征示例中，其后的从句用于指定流量分析的特性，并将其作为限制因素。第一个单词用于指定协议（一般是 TCP 或 UDP）。重要的是后面的部分，其一般形式为：

```
SOURCE_LOCATION SOURCE_PORT -> DESTINATION_LOCATION DESTINATION_PORT
```

其中，位置可以表达多种情况。IP 地址、域名都可以作为有效的位置，Snort 还支持多个位置的列表。

规则的大部分内容在括号里面（本例中以 msg 开头）。用于描述网络连接的配置项有很多，篇幅所限，此处不一一列举，需要了解的关键选项为：

```
msg:"Sundown EK - Landing";
```

这里的 msg 是警报的名称，将（同其后的部分一起）被记录下来：

```
content:"GET";
```

这里的 content 域用于指定在数据包查找的 ASCII 字符串内容：

```
pcre:"\/[a-zA-Z0-9]{39}\/[a-zA-Z0-9]{6,7}\.(swf|php)$";
```

Snort 规则支持与 Perl 兼容的正则表达式，即 pcre（Perl Compatable Regular Expression），它是一种使用指定模式代替精确匹配内容的方法：

```
reference:http://malware.dontneedcoffee.com/2015/06/fast-\
    look-at-sundown-ek.html;
```

最后，将提供该特征匹配威胁详情的链接填写在 reference 域里。

能够理解和使用特征，是成功实施和使用特征检测的关键。

情报在特征分析中的运用。 在 IDS 部署后，运用情报时需要注意两个要点。首先是特征的创建。根据外部获得或内部开发的情报创建新的特征，是显而易见的情报运用方法。只有你了解 IDS 能力并具备创建、调优特征的经验，才能更好地运用情报。

其次，除了会创建特征，还要知道如何修改和删除特征，这样才能在特征分析中有效地运用情报。不准确或不具操作性的特征会降低事件响应的速度，迫使团队把时间浪费在无效调查和分析上面。了解特征何时失效、何时应该被修改或删除，是需要经验的。

从特征分析采集数据。特征分析虽然是重要技术，却有一定的局限性，因为特征必须从恶意（或高度可疑的）模式中产生。不要靠空想来为恶意活动写特征，只能在实践中运用一些工程化方法来产生特征。想要做到这一点，构建特征只是一个开始，你还需要大量已知正常的流量（用于测试检出率）和已知有害的流量（用于测试误报）。最好可以先少量部署（有时也称为"金丝雀"部署）用环境中的实际流量来测试新特征的效果。例如，只在一到两个探针上部署特征，而不是一次部署到全部探针。因为可以快速部署和删除特征，分析师和工程师会因此受益，这使他们能够测试新特征，在错误的特征造成影响之前将其删除。既往的攻击模式和情境（包括恶意的源地址和目的地址）是你在特征分析中提取特征的关键。所以当特定端点触发特征时，该端点可能就是不错的调查起点。此时，你可能还需要调查其他数据源，比如流量数据或完整内容数据，为特征分析找到大量信息。

完整内容分析

完整内容分析与流量分析截然相反，它捕获自网络发送的每一比特、每一字节。对此，信息可以通过多种方式搜索、重组以及分析。流量分析或特征分析的对象是元数据，无法用于事后重复分析。与之不同，完整内容的巨大优势在于只要流量被存储下来，就可以反复分析或换不同的方式分析（包括据此重新生成元数据）。完整内容分析的缺点在于对存储的需求。从字面上看，完整内容监控需要为网络流量的每一个比特保存副本，这对于大多数企业来说意味着海量的数据存储。近年来，这已成为一项越来越令人头疼的任务，在 21 世纪 20 年代，大多数数据都是加密的，这意味着它不能很好地压缩（熵太大），而且除了流量和特征分析之外，它无法真正被搜索到。很难证明存储数 TB 的不透明数据是合理的，这些数据可能有用，也可能永远没用，也无法读懂。

最起码，完整内容分析能让你以某种方式看到网络流量的各个部分。借助 Wireshark（*https://www.wireshark.org*）之类的工具，你可以在 OSI 模型的任意层级挖掘每个元素。这通常是创建 IDS 特征的基础。这种原始的网络流量可以让你找到那些其他工具无法检测的特定内容。

如果出现了新的情报，分析人员可以对完整内容重新执行流量分析和特征分析。例如，假设你在某次调查后提取了新的 C2 流量特征，就可以对较早的网络流量完整内容重新扫描这条新特征。按这种思路，完整内容就相当于网络的时间机器，使你能在旧的网络流量上应用新情报。

最后，完整内容是还原全部用户活动的唯一依据。例如，假设某用户触发了通过 FTP 泄露数据的警报，就有必要检查该端点当时正在进行的各种操作。这样可以揭示出其他的重要信息，比如 C2 对数据泄露的控制机制。这类完整内容分析需要借助 NetWitness（*https://www.netwitness.com*）或 Arkime（即以前由 AOL 开发的 Moloch，*https://oreil.ly/*

mdzNY）这类专用工具，为多数网络数据包重建层级结构。

情报在完整内容分析中的运用。如你所料，在进行完整内容分析时运用情报是特别灵活的。流量分析和特征分析所用到的技术都适用于完整内容分析，此外，还有一些专用的方法：

- 数据包级过滤。Wireshark 之类的工具提供了多种特征过滤手段，包括 IP 地址和其他可由情报甚至网络监测工具中获取的特征。
- 使用新情报重新检测旧的网络流量，也是运用情报的方法。
- 在完整内容重建层使用情报，可以捕获二级活动。

从完整内容分析采集数据。这正是完整内容的闪光之处。完整内容分析是收集数据和生产更多情报的最简单的数据源，也是最全面的数据源。真实的数据包可以让你将目光从恶意端点转向恶意数据。

在广泛使用 TLS 加密协议的世界里，对网络流量内容的告警变得越来越复杂。虽然这不是不能做到（比如通过各种方式解密 TLS 会话提取内容，也许有些组织正在采取各种方式做着这样的事），但会带来各种风险。一方面，解密 TLS 需要付出代价，在大多数企业环境中需要采用商业解决方案并进行相应配置；另一方面，解密 TLS 带来了重大的隐私问题，无论是法律意义上的，还是政治意义上的。这是一种侵入式的方法，若配置不当可造成用户医疗、财务等个人数据的泄露。如果你正在考虑 TLS 解密，请务必与政策制定者和法律顾问合作。

了解更多

如果想进一步学习网络分析方面的知识，有很多途径。比如，阅读 Richard Bejtlich 的 *The Practice of Network Security Monitoring*[注2]，或者 Chris Sanders 的 *Practical Packet Analysis*[注3]。如果想动手实践，可以考虑注册学习 SANS 的"深入网络监控与威胁检测"课程（*https://oreil.ly/PNZzn*），或"高级网络取证：威胁猎杀、分析与事件响应"（*https://oreil.ly/211xB*）。

5.2.2 实时响应

所谓实时响应，是指在潜在受害的系统不必离线的前提下，动态收集状态信息，对系统

注2：Richard Bejtlich, *The Practice of Network Security Monitoring* (San Francisco: No Starch Press, 2013).

注3：Chris Sanders, *Practical Packet Analysis: Using Wireshark to Solve Real-World Network Problems*, Third Edition(San Francisco: No Starch Press, 2017).

开展分析工作。取证分析通常需要将系统离线，但这会丢失一些系统状态信息，比如系统当前活跃进程信息，并且会引起攻击者的警觉。系统离线对于用户来说，也会造成影响，引起混乱。

实时响应可以获取以下信息：

- 配置信息。
- 系统状态。
- 重要文件与目录信息。
- 常用持久化机制。
- 已安装应用程序及版本。

尽管实时响应并不总能提供系统调查所需的全部信息，但至少可以掌握足够信息来确定是否需要展开更彻底的分析。

最初，实时响应工具都是由常用脚本开发的，如 Perl、Python 或 PowerShell，所以多数都是开源的。举几个典型的例子（但现在已不再推荐），Yelp 开发的 OSXCollector（https://oreil.ly/HpZer）、Loki（https://oreil.ly/4ojqL），以及 Florian Roth（https://oreil.ly/WZFeE）开发的 Fenrir（https://oreil.ly/YefBC），Dave Hull 开发的 Kansa（https://oreil.ly/WlXHs），Sekoia 实验室的工具 FastIR（https://oreil.ly/sScCt），以及 Nextron System 的 THOR（https://oreil.ly/PEabZ）。

那么你该怎样将情报集成到实时响应呢？为便于快速批量提取证据，实时响应工具一般被设计为不需要任何配置即可工作。所以，情报整合一般在后端进行，并且会依赖工具。

例如，OSXCollector（现在已不推荐使用，但仍是这类工具中很有代表性的一个）会将已采集系统信息输出为 JSON 格式。所以，分析数据需要借助于 Yelp 的另一个项目 osxcollector_output_filters，该项目可与多个情报源集成，包括自定义信标、OpenDNS 之类的情报服务。对于复杂的数据提取，这种事后运用情报的方法很常见，在其他工具中也会见到。例如，Mandiant 的 Redline（兼具实时响应和内存分析功能）。

你可能会问，这些实时响应工具为什么都不更新了？简而言之，这些工具已经被其他工具所取代。大多数实时响应工具高度依赖手工操作，需要分析人员操作键盘。而对于大规模事件的应急响应来说，这是行不通的。工程师很快就尝试将这类工具自动化部署和使用，这些会在 5.2.5 节详细讨论。

5.2.3 内存分析

与实时响应相似，内存分析侧重于采集内存中的系统状态。因为系统中的每个进程都需要在内存中运行,该方法提供了提取信息的极有利位置,特别是用来提取那些系统迹象不明显的试图隐蔽运行的工具。

与实时响应工具相比,内存分析在采集和分析之间有明确分界,因为内存分析首先是要全面采集,然后才会专注于处理结果,并将情报应用在事实之上,这也是内存分析与实时响应的相似之处。Mandiant 的内存分析工具 Redline 就是首先提取系统内存,并在分析时才运用 Open IOC 情报。

Redline 作为一种一体化内存分析工具,其强大之处在于可将采集与分析同步进行。划分采集和分析的最佳角度,就是看采集程序和分析程序是否存在协同合作的机会。比如,Volatility 工具包就是一个很好的例子。

Volatility 是由 Python 开发的开源内存分析框架。Volatility 与 Redline 不同,它本身并不具备内存取证的能力,而是支持读入不同操作系统下多种采集工具的内存格式数据。Volatility 所提供的只是一个框架和若干内存分析脚本,支持内存恶意软件检测、密钥提取——实际上,只要能找到相应插件,Volatility 就可以提取任何信息。

显然,将情报集成到内存分析会受到工具的限制。但对于 Volatility 来说,这并不是问题。这是因为 Volatility 支持利用 Yara 规则检测内存中的特定对象。另外,Volatility 是高度脚本化的,所以适合自动捕获指定进程、内存证据、加密密钥等。Volatility 的解析能力涵盖了从基础的字符串到证书之类的高层信息,所以你可将其他阶段获得的信标应用在内存分析中。那么 Redline 怎么样呢?Redline 支持 OpenIOC 格式的信标,可以直接应用于独立的内存捕获。如需进一步了解内存分析方面的内容,可参考 Michael Ligh 等人编写的 *The Art of Memory Forensics* [注4]。

5.2.4 磁盘分析

传统的磁盘取证也被称为"死磁盘"(dead disk)或"死系统"(dead system)取证,通常是指借助专用工具在原始比特、字节级别提取硬盘文件系统信息。硬盘上的信息乍一看是无法理解的。它包含硬件、文件系统、操作系统和数据格式层次的无穷无尽的嵌套结构,有点像 OSI 模型。从这些层次剥离文件的过程,称为文件雕复(file carving)。

雕复工作从最底层开始,不断构造各种数据结构,直到呈现文件、数据流,以及其他的操作系统程序。这个工作无法手工完成,需要使用 EnCase、FTK 或 Autopsy 之类的专用工具。数据被雕复后,就可以开始分析了。此时,借助这些工具,就可以像系统自身提供的功能一样浏览文件。分析人员可以导出指定文件、查看日志,以及查看操作系统

注4: Michael Ligh et al., *The Art of Memory Forensics: Detecting Malware and Threats in Windows, Linux, and Mac Memory* (Indianapolis: Wiley, 2014).

特定的结构，例如 Windows 系统可选数据流和注册表。取证软件具有非常强大的搜索功能，甚至支持在特定类型文件（如电子邮件）中进行搜索。

有经验的取证分析人员应该有能力找到恶意软件所使用的常见持久性方法，识别出正在运行的各种恶意软件，提取到恶意软件释放的所有文件。同时，分析人员还会提取次要数据，例如在恶意软件植入或活动时间范围内产生的日志。这通常是中间步骤，取证分析人员通常会将收集到的大部分内容交给其他分析人员（例如将恶意软件交给逆向工程师，相关内容将在本章后面提到）。

和网络流量分析一样，磁盘取证分析也会经常遇到加密问题。几年前磁盘加密还是现代操作系统的一项难于配置的附加功能，但现在，强大的端到端磁盘加密已成为默认设置。这就是说，即使磁盘取证是成功的，也可能得不到有意义的数据。取证工程师通常需要先破解用户密码，才能提取出明文的逻辑文件系统。近年来，计算机制造商为了对抗这类磁盘数据获取手段，将加密技术与硬件模块更加紧密地结合起来，这使得即使用户密码被破解也无法直接获取数据。尽管仍有些环境可以继续尝试老的方法，但大多数企业已经改用 EDR 工具获取系统的实时数据，并将数据以加密形式保存在支持文件雕复的磁盘中。

情报在磁盘分析中的运用

将情报用于磁盘分析并不常见。虽然有些工具提供了搜索指定字符串或信标的功能，但在大多数情况下，在日志工具或网络范围系统（如入侵检测系统或端点检测系统）中更容易实现这一点。一般来说，磁盘分析仅用来挖出可供进一步分析的对象。在指定文件（如潜在的恶意软件或网络钓鱼邮件）被提取后，就可以更直接地应用情报。

从磁盘分析采集数据

系统盘可谓是调查人员的宝库，受害主机的系统盘更是如此，其他方式难以揭开的答案，许多情况下都能在这里找到。数据在磁盘上不易丢失，状态信息也更全面。相比之下，无论是内存分析还是实时响应，都是发生于特定时间的分析，难免有重要的对象未被观察到，分析人员会对他们在调查中发现的内容问个不停。

在磁盘分析的过程中，分析人员可以按需获取分析对象（比如某个恶意软件）着手分析。在深入分析之后，他们可能会发现漏掉了某个重要的配置文件。由于磁盘分析在本质上是时间依赖（time-dependent）的[译注6]，这一文件应该还在磁盘上，取证工程师还是可以回去找它。

译注6：译者对"时间依赖"存在疑义，认为磁盘分析是不受时间影响的。经与作者沟通，得知作者所说的"时间依赖"是指离线的磁盘分析对象是磁盘被镜像那一刻的数据，而不是像实时分析那样可以随时获得新产生的数据。

以下是可用于调查和情报的最有用的磁盘信息源：

- 持久化方法。
- 临时文件。
- 隐藏文件和数据流。
- 存在于未分配空间的文件。
- 恶意软件及其配置。
- 产生影响的迹象。

5.2.5 企业检测和响应

你可能会说，为了分析受害主机，用了这么多实时分析、内存分析、磁盘分析之类的工具，甚至还有防病毒工具，如果能把这些工具集成起来，做成一个全能的企业系统，那肯定会容易得多！

如你所愿，已经有人这样做了，而且很可能你的企业已在使用了。企业检测和响应[译注7]（EDR）工具把尽量多的调查工具组合成单一的软件包，用来完成安全团队需要在主机上做的工作，包括：

- 主动威胁检测。
- 主动异常检测。
- 调查行动，包括主机审查、系统状态收集，甚至内存和网络捕获。
- 事后处置，例如恶意软件清除。
- 系统远程管理，例如运行脚本，以及一些其他管理任务。

基本上，EDR 工具可以为分析师提供全部所需功能，包括对受害系统的识别、阻断和修复。对于调查工作的任何环节，这类工具（如 SentinelOne、CrowdStrike Falcon、Carbon Black，只要配置得当，Meta 公司的 osquery 也可以）都可以为分析师提供一站式服务。

听起来不错，但会不会有什么问题？好吧……把多个系统凑在一起，难免会有些功能覆盖不到，什么都要做，就难免会顾此失彼。建立一个复杂的系统，这就是要面对的现实，无所谓对错。其结果就是，每个 EDR 系统都有自己的优势和不足。以 Mandiant 的早期 EDR 解决方案 MIR 为例，该工具依赖设备的内存状态来识别恶意行为，即使某些

译注 7：原文为 Enterprise Detection and Response。业内一般称为"终端检测与响应"（Endpoint Detection and Response，EDR）。

恶意软件使用了积极的反磁盘取证技术也可以被发现。但是，该工具没有像 osquery 那样的对某些系统状态的原生获取能力，其早期版本不具备任何内存分析功能。在某些平台（主要是 Windows）上，EDR 代理较为丰富，但在 macOS 之类用户数量相对较少的平台上，可用的 EDR 代理就不那么多了，而且对于某些 Linux 发行版的支持也是有限的。不同平台的集成方式也各不相同，有些 EDR 会将日志单独存储（适用于更深入的调查），有些则将日志传到 SIEM/日志平台（适用于数据融合）。另外，与各种 SOAR 平台的集成方式，以及自身实现自动化处理的方式，不同的 EDR 也存在差异。

对于网络防御者来说，需要投入大量时间来选择 EDR，以实现自身需求与 EDR 能力之间的平衡。威胁分析厂商都会说自己的解决方案是"一流"的，但选择什么样的 EDR，要看企业自身的网络架构、系统架构以及面临的主要威胁等情况而定。在情报领域，许多问题的答案都是"要看情况"（虽然没错，但有些不尽如人意）。无论选择哪种 EDR，都可能因为数据源、工作流的集成，分析师的培训，以及流程、程序的建立等方面的问题而功亏一篑。只有处理好这些问题，才能将所选择的 EDR 功能特点充分发挥出来。这不会是一劳永逸的过程，初始设置可能需要几个月才能初见成效，并且需要不断打磨。这对构建 EDR 解决方案、人员配置和运营来说，是很重要的。

5.2.6 恶意软件分析

在大多数事件中，技术分析最难的地方就是恶意软件样本分析。有时候只需简单看一遍 shell 脚本，有时候却要用多种逆向工具分析数千行具有全面对抗分析能力的代码。很少有哪个领域像信息安全这样，需要有如此广泛和深入的理解力。在一些先进的或成熟的组织中，威胁情报团队会有专门的逆向工程师负责恶意软件分析。不过，也有许多工作非专业人员也能胜任。

对于恶意软件，有两项基本技术，即静态分析和动态分析。每一名事件响应人员和情报分析人员都应该具备基本的静态分析和动态分析技能。高级的静态分析技能通常仅有恶意软件分析工程师才具备。

基本静态分析

静态分析是恶意软件分析的最简单形式。基本静态分析是一个收集未知二进制文件相关的元数据的过程。所需要收集的信息包括：

文件哈希值
    常用哈希（如 SHA1 和 SHA256）可用来实现文件比较，包括在恶意软件资源（如 VirusTotal）中进行检索。

    模糊哈希（如 SSDeep）支持样本之间的模糊比较。这在跟踪一系列攻击活动中会特别有效，对文件的细微修改会导致 SHA 哈希值的改变，但一般不会改变 SSDeep 特征。

文件类型
文件类型不仅是文件扩展名。文件扩展名存在易被修改、不准确或错误的情况。为了正确识别文件的类型，最简单的方法就是利用 `file` 这类工具，通过调用 libmagic 库，实现对文件分类。也可以通过 MIME 类型来识别，甚至可以直接查看文件内容，找到用于确定其文件格式的唯一特征，即所谓"魔数比特"(magic bit)。

文件长度
文件长度与其他用于识别相似文件的数据同样有效。注意文件长度的单位，不要误将 50KB 看成 50MB。

字符串
有些二进制程序具有明文的重要信息，包括 IP 地址和授权令牌。字符串同样适用于模糊分类，效果与模糊哈希相似。

恶意软件分析的最终目标是取得适合的信息，生成用于检测和响应的广谱特征，从而跟踪不断演进的系列攻击活动。静态分析元数据也适用于文件的比较或初步分类。基本静态分析还有助于从企业外部获取情报，例如厂商报告。

文件匹配器 Yara

Yara 是一种用来描述、跟踪、分类和检测文件信息（不限于此）的最有效方法，被誉为恶意软件研究人员（也包括其他人）的模式匹配"瑞士军刀"。Yara 支持多种文件描述方式，从匹配指定字节到构建高级模式，甚至可以用来识别指定文件的内部特定结构。

基本动态分析

一般来说，基本静态分析之后就是基本动态分析。在动态分析过程中，分析人员会在开启全面监测功能的受控环境中执行恶意软件，观察其行为。动态分析的关键在于安全的恶意软件执行环境，以及有效地收集监测结果。两者同样重要，如果对执行环境的控制不当，你会面临恶意软件脱离控制、自我感染的风险（这正是对手想要的）；如果对结果的收集没有配置好，你将错失动态分析产生的重要数据。

沙盒是动态分析最常用的技术。典型的沙盒可以支持在专门构建的系统（通常是与互联网隔离的虚拟机环境）中执行样本。沙盒将样本导入虚拟机执行，监测系统行为，观察恶意软件行为。该分析过程关注系统的各项变化，例如新出现的进程、新创建的文件、恶意软件为了持久化而给系统带来的改变，以及网络流量。就像在静态分析中一样，动态分析的目标是收集有效的信标，用来在你的环境中识别出恶意软件。

动态分析有一些缺点，特别是在使用沙盒的时候。一方面，建立一套能够有效收集监测结果的安全环境并不容易，并且存在一定风险。另一方面，运行环境需要与你的真实环境一致，包括常用软件。此外，有些恶意软件样本可能采用一些技术手段来检测是否运行于沙盒环境，例如查找虚拟机痕迹或尝试访问网络服务。虽然有些办法可以骗过恶意软件，使其在动态分析环境中顺利执行，但这个问题还是需要指出并引起重视。用 INetSim（*http://www.inetsim.org/*）译注 8 和 FakeNet-NG（*https://oreil.ly/w8I1X*）译注 9 等工具有助于应对该问题。

高级静态分析

最后，正如多数人所认为的那样，分析人员需要采取全面逆向分析的方法来充分理解恶意软件。静态分析（分析恶意软件但并不运行它）的另一种形式是高级静态分析，这种分析方法借助多种工具在代码级别分析恶意软件，最常用的工具是反汇编器（disassembler）。

反汇编器的工作方式是，将编译好的二进制应用程序分解为机器代码指令，而这种指令就是受害主机将要执行的。这是一些非常底层的指令集，需要一定的经验才能理解它们。对于反汇编分析人员来说，这种方法是相当有效的，这是因为全部二进制数据和恶意软件的所有功能都会暴露无遗。通过跟踪每条代码执行分支，可以了解恶意软件的全部功能，甚至包括那些在动态分析过程中不会被触发的功能。IDA Pro（*https://oreil.ly/r3Pko*）是大多数逆向工程师在此过程中使用的黄金标准，但该领域的新手大多会选择 NSA 的 Gihida 软件逆向工程框架（*https://ghidra-sre.org*）。

有些逆向分析工程师会有自己所依赖的定制工具，例如 IDA 脚本、服务器响应模拟器以及其他类似工具。可以肯定地说，开发经验对于逆向分析来说是必不可少的，想要分析软件，就需要了解软件是怎么开发出来的，也要知道如何开发工具。恶意软件作者会绞尽脑汁对抗逆向分析，让这类工具难以分析他们的恶意代码，特别是针对防守方（蓝队）。对于这类对抗逆向分析的手段，通常需要构建定制工具来自动解除或辅助处理。逆向分析工程师还会开发定制工具来加快分析速度，提高分析质量。有人会把这类工具作为开源软件发布来帮助别人！

高级静态分析的缺点在于其工作量。根据大小、复杂程度和对抗分析手段不同，了解样本可能需要数小时甚至数天。因此，对于那些信标尚不充分的新样本，或者数量较大的样本，通常暂不考虑采用全面逆向分析。即便如此，逆向分析工程师仍然很稀缺，因为

译注 8：INetSim 是用于在实验环境中模拟常用互联网服务的软件包，可用于分析未知恶意软件样本的网络行为。

译注 9：FakeNet-NG 是恶意软件动态分析的辅助工具，通过模拟网络环境，让与远程主机交互的恶意软件继续运行。

通常只有非常高端的安全团队才会雇用逆向分析工程师，例如 CrowdStrike 这类的安全供应商，或者微软威胁情报中心这样大平台提供商。而且，你的团队平时未必需要这种级别的分析工程师。所以，你可以与安全厂商建立起固定的合作关系，在必要时获得逆向分析支持。

情报在恶意软件分析中的运用

别人的情报和分析结果往往可以为逆向分析工程师指引调查途径。比如前面的分析透露出 C2 通信使用了加密的 HTTP，那么逆向分析的重点可能就是寻找加密密钥。如果有迹象表明信息遭到窃取，或者本机在向附近主机传送硬盘上并不存在的数据，那么合理的做法就是重点分析那些特殊的信息窃取方法，比如通过麦克风或摄像头窃取信息。

从恶意软件分析采集数据

恶意软件分析可以让团队获得最为丰富的分析数据，但同时这也是最难以充分利用的分析方法。恶意软件分析报告可以提供各种形式的可用数据（包括信标、攻击策略和作业能力），可揭示出攻击者在产生影响的阶段采取的行动，有时甚至可以溯源到攻击者身份。恶意软件分析可以为网络和主机上的检测告警提供有价值信息。同样，正如好的情报可以帮助逆向分析工程师，如果情报分析师能提出具体的逆向分析要求，就可以让逆向分析工程师集中精力，这也是很有帮助的。人们对逆向分析的理解不尽相同，但若没有明确的方向，逆向分析工程师就会陷入兔子洞，无法分辨其分析成果是否有帮助。所以，如果你只对 C2 网络连接或持久化机制有兴趣，请务必尽早提出，这样逆向分析工程师就不必为了研究某个键盘记录行为的工作原理而浪费好几天。

深入了解恶意软件分析

在信息安全领域，恶意软件分析是一项很难学习的技能。它需要深入理解通用计算机编程理论、操作系统原理，以及常见的恶意软件行为。Michael Ligh 等人编写的 *Malware Analyst's Cookbook and DVD*[注5] 讲解了大多数事件响应人员所需的最基本的静态和动态分析技术。

如果想全面掌握逆向分析技能，学会汇编语言，可以学习 Michael Sikorski 和 Andrew Honig 编写的 *Practical Malware Analysis*[注6]。

若有兴趣参加课程，可以考虑 SANS 的恶意软件逆向分析课程（*https://oreil.ly/24C2i*），

注5：Michael Ligh et al., *Malware Analyst's Cookbook and DVD: Tools and Techniques for Fighting Malicious Code* (Indianapolis: Wiley, 2010).

注6：Michael Sikorski and Andrew Honig, *Practical Malware Analysis: The Hands-On Guide to Dissecting Malicious Software* (San Francisco: No Starch Press, 2012).

该课程深入介绍各种静态和动态分析技术。虽然不可能"七天学会"逆向分析,但本课程提供了入门的基础知识。逆向分析的学习没有尽头,需要不断成长,不断探索。

5.3 范围确定

在接到告警和开展调查期间,你最需要的就是事件的影响范围——都有哪些资源(比如,系统、服务、证书、数据、用户)受到影响。这将直接决定后续工作流程,例如评估影响和响应方式。

比如,某台计算机发现了恶意软件。在确定感染范围之后,只有一台计算机发现了恶意软件,或者网络里的几十个系统都被感染,你的反应会是不一样的。

范围确定还有一个重要的部分——确定受影响资源的特点。是否受感染的系统都与某类用户或某类部门相关?这项数据对于深入了解攻击是非常重要的(我们在 F3EAD 循环的"分析"阶段涉及这部分内容)。这需要有完善的资产管理,以及 IT 管理团队的配合。在事件响应的过程中,总会遇到一个很重要但常常令人沮丧的情况,就是要去问别人"这个系统是做什么用的?"。

范围确定可以在网络侧完成,也可以在主机侧完成。不管从哪里入手,都会用到此前证实的数据,并将其加入相应工具中,例如 IOC(不错,有案例证明 IOC 非常有效)或行为模式。比如,某恶意软件利用"永恒之蓝"漏洞在系统间横向移动,此时你应该使用网络工具查找哪些系统在尝试连接 SMB 端口。

5.4 威胁狩猎

到目前为止,我们讨论的事件响应还停留在被动响应:现有安全管控失效后应该如何处置,以及如何调查其失效原因。但威胁狩猎并非如此。所谓威胁狩猎(Hunting),就是我们在没有任何警告、没有任何安全管控失效通知的情况下,主动地查找系统失陷迹象。安全管控的手段可能会在无法觉察的情况下失效,所以威胁检测(特别是特征检测)并不可靠。安全管控手段的失效原因有很多,但无论是哪一种,都可以让攻击悄无声息地进行。

对安全团队的外部人员来说,威胁狩猎看起来像是碰运气胡猜(事实上,威胁狩猎团队常常会受到这样的指责,至少笔者的团队是这样),但这就大错特错了。威胁狩猎需要有计划、有执行、有直觉、有经验,还需要好的情报。这些要素的有机结合,才是威胁狩猎应该有的样子。这是一项用于证实或证伪的科学方法,帮助我们发现对手在企业环境内部的活动迹象。

威胁狩猎很像传统的狩猎,你所使用的工具会成为制约。假设你在网络监测方面的工具储备不足，那么你的网络狩猎能力就会受到限制。威胁狩猎需要兼顾网络和主机监测的深度与广度，最好将两者的能力都发挥到极致，然后再关注那些不太可靠的数据源。如果你有海量的应用程序日志，不妨由此着手，而不是一定要在掌握了线索之后，再结合网络和主机的异常流量发现威胁。威胁狩猎就提出假设和验证（证实或证伪）假设的过程。

5.4.1 提出假设

对于大多数安全团队来说，威胁狩猎最棘手的问题就是不知该从何处着手。就像老派的侦探故事那样，最容易想到的入手点就是提出一些假设。那么这些假设来自哪里呢？答案是情报、直觉和想象力的结合：

- 回顾既往事件，从中发现模式或趋势。过去的那些攻击者惯于将给定的 ISP 作为 C2？有个攻击团伙利用编译好的帮助文件实施攻击？
- 根据不符合企业常规的活动来提出假设。除了那些极其庞大的企业之外，如果出现与某些特定国家的网络连接行为，或在某个特定时段产生网络连接行为，都可能是不正常的。如果这些行为产生的网络流量特别大，那就更不正常了。
- 根据漏洞评估或红队（Red Team）的渗透测试结果提出假设。扮演坏人的一方是否攻击了某台特定主机？花时间看看现实中的坏人是否也做了同样的事情。

这份清单可以不断地追加。提出假设是一种"没有坏点子"式的头脑风暴练习。不管想法多么疯狂，都应予以记录。

5.4.2 验证假设

正如告警一样，威胁狩猎在寻找攻击者的迹象时，也会产生大量的噪声或误报。因此，在全网开展威胁狩猎之前，对各项狩猎线索加以验证是一个好主意。你可以采用多种方式进行验证。一种方法是查询线索对于单台已知正常的主机的反馈结果，确保不会带来大量与正常操作相关的数据。

另一种方法是查询测试样本集（例如一整天的代理日志），确保不会带来大量的结果。大量的结果要么表明你的系统已经大规模地失陷（我们希望情况并非如此），要么说明线索需要被改进或重新评估。为追踪行动开发高质量线索可能需要一段时间，但是在精通这一技能之后，你就可以在没有特定特征的情况下发现潜在的恶意行为。

5.5 本章小结

把情报与告警、调查、威胁狩猎相结合，不断改进流程、部署工具和修改工具，更重要的是培训相关人员，使他们了解各项工作之间是如何相互配合的。对于告警，需要你将所关心的威胁拆分成几个必要的检测条件，以此发现威胁。一旦某条重要告警得到确认，工作重心就转移到更加宽泛地收集上下文信息。对于调查，就是收集各种各样的信息，提炼内容，加深理解。对这些被动响应的方法得心应手之后，还可以进一步地进行威胁狩猎——运用告警和调查的经验与技巧，主动地寻找潜在的恶意行为。

在这一阶段进行分析的目标就是了解事件影响范围，制定应对措施。若应对措施已经制定，就该采取行动消除威胁了。我们将下一个步骤称为"消除"，并在下一章讨论该如何实现。

第 6 章

消除

"谁开局并不重要,重要的是谁完成了比赛。"

——John Wooden

一旦确定了当前威胁,调查过威胁获得权限及内网移动的方式,就该消除这些威胁了。这一阶段称为"消除"(Finish),不仅要清理威胁行为体留在网络中的立足点,还要堵住其最初获得权限的入口。

消除阶段不仅仅是删除系统中的恶意软件,正因如此,我们才会在查找和定位阶段花费大量时间。只有理解威胁行为体的作业过程,才能有效打击攻击者的活动。在此阶段,不仅要清理攻击过程产生的恶意软件及其衍生物,还要封堵信道、清理立足点、取消不必要的授权,以及对定位阶段揭示出的其他异常情况进行处置。要想精准地消除对手,就需要深入了解攻击者,包括他们的动机和行为,只有这样,你才能充满信心地加强系统安全,夺回网络的控制权。

6.1 消除并非反击

"消除"并不是说要"黑"回去。这是因为,除非你是政府部门或取得授权,否则反击(我们在前面讨论过)是一个非常糟糕的想法!有以下几个原因:

攻击溯源很少能准确无误

有时你无法知道实际上反击了哪个系统。攻击者很少会直接利用自身的基础设施发起攻击。他们会将其他受害者主机作为跳板,这就意味着,如果你认为某台主机正在攻击你,于是对其采取行动,但结果很可能证明该主机属于某家医院,或者属于你的祖母,或者是其他什么国家的主机,而你则因触犯了该国或本国的法律,引来新的麻烦。

你无法预见行动会导致什么后果
> 你可能觉得自己只是结束了一个会话，或是删除了几个文件，但鉴于网络的复杂性（不得不承认，我们常常连自己的系统也不够了解），除非你确切地知道目标系统是如何配置的，否则你很难准确预见行动后果。在军事行动中，包括传统 F3EAD 循环在内，如果需要确切了解行动后果以及可能造成的连带损伤情况，需要根据定位阶段产生的信息，在模拟环境中进行演练。在情报驱动的事件响应中，定位活动都是在你自己的网络中进行的，因此无法绘制出攻击者的网络中拓扑结构。要做到这一点，就只有采取进攻行动，而这很可能是违法的。

你并不清楚自己在和谁纠缠
> 就算你已经在自身环境中全面调查了攻击者，认为已经摸透了他们的动机和意图，也知道怎样让他们停手，你的行动很可能会让你的对手恼羞成怒，变本加厉地攻击你。在极特殊的情况下，你可能会发现自己在攻击的对手是一个主权国家，而你的行为可能会危害到国家安全，不仅给自己带来麻烦，还会连累其他无辜的企业或机构。

可能会触犯法律
> 美国法典第 18 章第 1030 条（*https://oreil.ly/XEOmW*）"计算机欺诈及相关活动"相关条款，以及其他许多国家的类似法律[译注1]均规定，未经授权访问受保护系统是违法的。即使这些系统被威胁行为体所使用，它们亦受美国法律保护，甚至访问这些系统也是法律所不允许的

总之，请不要认为我们在教唆进攻行为。消除阶段仅针对你所掌控的资源，无论这些资源是你的用户、终端、服务器，还是云提供商或云服务。

6.2 消除的各阶段

在你的网络中，消除攻击者会包括多个步骤，需要一段较长的时间，涉及较多的利益相关方。赶走攻击者，防止他们卷土重来，取决于定位阶段识别出的攻击性质、企业自身的复杂性和风险承受能力，以及你所拥有的法定权限（还有你依靠的合作伙伴关系）。

消除阶段分三步走：缓解、修复和重构。既然分成了三个阶段，就说明你无法同时全部做到。即使在全面调查之后，可以快速采取某些战术响应行动（如系统和网络加固），但是许多战略响应行动（如重新规划）需要更长时间（可能很久，久到需要再经历几起事件）。下面讨论这三个阶段。

译注1：《中华人民共和国刑法》第二百八十五条、第二百八十六条及第二百八十七条有相关规定。

6.2.1 缓解

在事件发生过程中，防御团队——包括事件响应团队、安全运营团队、威胁情报团队和其他安全团队（如蓝队）——往往必须对问题采取缓解措施。缓解措施都是临时性的，用于在长效改善方案实施的同时，防止入侵造成的后果愈加恶化。

理想情况下，缓解措施应该快速投入使用，并且协调一致地进行，避免在切断对手访问权限之前让对手有反应的机会。在杀伤链的多个阶段中都可以采取缓解措施，包括载荷投递阶段、命令和控制阶段以及目标行动阶段。

> **被对手察觉**
>
> 当事件响应团队从定位阶段过渡到消除阶段时，需要考虑到对手对你的清除行动会有什么反应。调查过程在很大程度上是被动的（收集和分析信息），但响应在必要时可以是主动的。这可能会让对手察觉到，导致他们改变战术或采取新的行动。为了防止对手做出反应，你需要对行动有所计划，然后尽快执行计划，注意不要让对手利用他们的权限在你的环境中驻留。

对载荷投递的缓解措施

设法阻止对手再次进入环境尤为重要。阻断对手的入侵路径，会用到在"查找"阶段收集的信息（这些信息可以告诉你这个对手的惯用作业手法），也会用到"定位"阶段收集的信息（这些信息将告诉你这个对手如何获取你的网络初始访问能力）。对载荷投递的缓解可能包括：阻断被用于投递载荷的电子邮件地址、附件，停用可登录环境的已泄露凭证。对载荷投递的缓解措施通常最不易于被攻击者察觉，因为采取该措施并不会影响当前活动的会话，只会影响他们将来获取或重新获取权限的企图。

对命令和控制的缓解措施

如果对手正在以某种形式进行命令和控制，那么进行修复之前，最重要的就是切断这一通路。缓解措施的总体要点，就是不要让你的对手在你夺回控制权的时候改变环境。对手想做到这一点，最简单的方法就是借助已有连接设置访问系统的替代手段。比如，攻击者除了植入主 RAT 之外，还另外植入了一个具有不同特征的辅助 RAT。辅助 RAT 具有更长的通信间隔，不容易被发现。如果是这样，攻击者可能会放任他们的主 RAT 被清除，因为他们知道以后还能回来。

> **撤销会话**
>
> 不幸的是，即使用户修改了被盗的密码，许多在线系统（如电子邮件）并不会自动撤销已存在的会话。这就会导致你认为已经取消了访问权限，但攻击者仍然处于登

> 录状态。这可能会使缓解和修复工作功亏一篑，事件响应小组以为资源已经得到加固，但攻击者仍可以重新获得全部控制权，并能监视响应人员的后续行动，做出相应调整。被"已修复"的受害主机入侵，对于防御者来说，这是最糟糕的事情了。在修改用户密码时，撤销现有会话是很重要的。
>
> 另外，也不要忘记那些应用程序的专用密码。有些服务商为桌面客户端或第三方服务设置了一次性密码（one-time password）。这类密码很少修改，可能被攻击者长期使用。如果有这种情况存在，即使受害者定期修改自己的密码也没有作用。

对达成目标的缓解措施

利益相关方通常希望立即采取针对达成目标的缓解措施。得知你的环境中存在着某个对手，他可能在访问敏感信息或控制关键系统，这会让每个人（尤其是高管）如坐针毡，尤其是在勒索软件攻击事件已经从捕风捉影变得屡见不鲜的今天。在保证你的网络安全的同时，减轻攻击者的行动造成的后果，降低危害的严重程度，这是一种平衡的艺术，既要保护信息，又不给对手改变策略来达成目标的机会。

针对达成目标的缓解措施主要是：限制对敏感信息和操作系统的访问，减少可用的网络传输方式防止数据泄露，在恶意软件破坏系统之前将其阻止（*https://oreil.ly/vFR9E*），或者彻底关闭受影响的资源。不过，攻击者的目标可不只是窃取信息，他们可能利用你的网络作为跳板去攻击另一个受害者，或者对其他目标发起拒绝服务攻击，或者以其他方式处理数据。对于这些行为，可以采用网络访问控制或按需限制出站连接的方式来应对，也可能需要在终端响应。

对走鹃行动的缓解措施

在前两章，我们重点研究了走鹃行动的作业方式，包括寻找相关活动的外部信息（以及我们猜测的其背后的行为体 Grey Spike），以及他们具体是如何入侵我们系统的，在入侵成功后采取了什么行动。现在我们了解了我们的对手，可以针对他们的活动采取缓解措施，从而展开消除阶段的工作。

我们发现走鹃行动通过鱼叉式钓鱼电子邮件进入我们的网络。在定位阶段，我们已经能够识别电子邮件主题、附件（以支持竞选为主题，针对的目标是将其视为日常邮件的职员和志愿者）以及发件人。为了降低攻击者使用相同或类似手段再次获取访问权限的风险，我们把类似的电子邮件全部转发给沙盒分析，沙盒中有关于走鹃行动和 Grey Spike 常用 IOC 的特征，及其常见 TTP 相关的特征，例如 ATT&CK 的 T1547.015（启动或登录时自动执行：macOS "登录项"）。我们也将与各位竞选工作人员交谈，虽然接收陌生发件人的邮件是他们的日常工作，但要让他们知道可能存在威胁，增强安全意识。我们计划通过岗前培训向志愿者提供更多的威胁信息。我们不是要妨碍他们的工作（这是企业无法接受的），而是让他们可以安全地工作。

为了缓解命令和控制活动，我们需要阻断连接已知命令和控制服务器的流量。对于办公室员工，可利用防火墙来实现；对于远程接入的员工，可利用 EDR 在系统层实现。我们将阻断并监控已知被走鹃行动或 Grey Spike 使用的命令和控制方法，包括 ATT&CK 的 T1102.001（Web 服务：DDR，即将合法网站作为 C2 载体，参见 *https://oreil.ly/EZcHK*）。我们知道，对手在察觉到事情败露后可能会改变战术，所以我们要做好准备，应对他们为保持或夺回立足点所做的任何改变。

最后，我们将强制在整个环境中重置密码（包括服务账户），并撤销在线系统和应用程序的所有会话，因为我们知道攻击者很可能获取了用户和系统的凭证，即 ATT&CK 的 T1078（利用有效账户，参见 *https://oreil.ly/vbSbr*）。我们知道"走鹃行动"会在网络中寻找哪类信息，但评估后发现这类信息在网络中（包括用户系统和电子邮件）广泛分布。我们要加大对数据库文件共享、WiKi 等存储大量信息的系统的监控力度，并要在消除阶段的重构环节注意如何更好地跟踪和保护敏感信息。

一旦采取了缓解措施，制止或限制了对手所造成的破坏，就该进入修复环节，这将对攻击者产生更持久的影响。

6.2.2 修复

修复是这样一个过程：既要夺走对手的全部能力，又要让失陷的系统不再被对手利用。不同于缓解工作，修复工作注重于杀伤链的另外一些阶段，最明显的是漏洞利用、安装植入和达成目标这三个阶段，我们会在本节详述。

对漏洞利用的修复工作

在大多数情况下，对漏洞利用的修复要依靠打补丁实现。漏洞利用总是要依赖某个系统缺陷，因此，防范攻击者利用漏洞攻击系统的首要方法，要么是让被攻击目标无法访问（将系统置于防火墙之后，或者放在其他具有访问控制能力的设备后面），要么就是修补系统缺陷。如果已经有了可用的补丁程序，则优先考虑为系统打补丁，并确认之前为什么没有打补丁，不过，在某些情况下可能没有可用的补丁程序。此时，修复工作就要与软件厂商合作开展，他们可能知道这个问题，也可能并不知道。在彻底解决问题的漫长过程中，可以采取临时的缓解措施，例如将有漏洞的系统隔离，或者加强访问控制并予以监控。

许多企业都有大量的定制代码，所以，在某些情况下你不必联系供应商，只需联系负责开发的团队。如果你的企业在使用定制工具或代码，那么当出现安全问题时，最好与内部应用程序开发团队建立一套合作流程。

> **为社会工程打补丁**
>
> 俗话说"世上没有给人类准备的补丁"。撇开其中的嘲讽意味，用户往往并不了解或无法分辨攻击的迹象。因此，全无技术含量的攻击也会屡屡得手，比如借助仿冒的应用程序发起攻击，或者使用结合了巧妙的社工技巧的文档宏作为诱饵发起攻击。尽管有些技术方法有助于对付这类攻击，但关键的漏洞并不在于技术。从根本上解决这个问题只能依靠培训用户，让他们能够辨别并躲过这类攻击手段，同时，还应该为用户上报可疑活动建立一套流程，让他们不必担心遭到报复，或者当众丢脸。

对安装植入的修复工作

从表面上看，对安装植入的修复工作并不复杂：只需要删除漏洞利用过程所创建及植入的全部内容，再将被恶意软件更改的内容恢复到其原始状态即可。虽然道理没有错，但对已植入恶意软件的系统的修复工作不仅麻烦，而且耗时。

我们已经在书中多次讨论了恶意软件，恶意软件究竟是什么？通常情况下，它是一个或多个可执行程序，可能还包括一些程序库，还需要一套持久化机制来保障最初的可执行文件在系统重新启动或出错的情况下仍能在系统上运行。在进行漏洞利用时，攻击者掌控了系统，采取的行动可能各种各样。想要充分了解恶意软件，就需要对系统进行大量的深入调查。随着越来越多的对手"就地取材"，借助系统内置工具和实用程序实施攻击，问题变得更加复杂。实际上，这种方式并无新意，但一经 LOLBAS（*https://oreil.ly/iEQSR*）、GTFOBins（*https://oreil.ly/a0gEh*）和 WTFBins（*https://wtfbins.wtf*）等网站对这类工具和方法加以介绍，以及 T1053（计划任务，参见 *https://oreil.ly/gAff4*）、T1090（代理服务器，参见 *https://oreil.ly/-t0Ph*）等多项 ATT&CK 技术对此的列举，这种方式开始被攻击者不断采用。

鉴于这种复杂性，怎样才能圆满又彻底地清除已经植入的恶意软件？这并不总是像删除文件那样简单。响应人员会就清除恶意软件还是格式化系统再重装而产生争论。杀毒软件是基于恶意软件可以被成功清除的假设而工作的，但是很多事件响应人员发现事情并非总是如此。在这一点上，不同的事件响应团队会有不同的处理方式。使这一选择变得复杂的原因是，在系统底层建立持久性的恶意软件（如 BIOS Rootkit）虽然罕见，但终归还是有的。这类罕见的恶意软件即使是最老练的行为体也很少使用，但可能出现的概率会影响小组的决定。鉴于这类深度调查的困难性，如果怀疑攻击是底层固件级别的，唯一可行的修复办法就是废弃整个系统，而不仅仅是格式化和重装操作系统。

> **我们的建议：删除恶意软件还是格式化硬盘？**
>
> 通常我们会在这里讲一个有趣的案例，或者建议你自己来决定，但是我们现在要给你标准的建议：格式化硬盘！尽管你会结合具体情况酌情对待，但我们总是建议格

> 式化硬盘。只有这样，才能百分之百地确保恶意软件被消除，攻击者在系统中的行动将得到彻底缓解。译注2 对于一些专用系统（比如控制系统），这样做可能是不现实的，但只要条件允许，这是帮助你确认不留隐患的最好方法。团队需要理解自身的流程，但这对团队来说是一个挑战。IT团队可能会选择简单地重装系统，而不是先对硬盘格式化，这可能会使恶意软件目录被保留下来。有时候，企业在从备份数据恢复业务时，也会把对手的工具一并恢复回来。这就是为什么需要在查找和定位阶段充分了解对手，不仅仅是为了清理恶意软件，还使我们能够在关键系统恢复生产之前，验证修复工作的效果。

对目标行动的修复工作

对于目标行动阶段的修复未必可行，但还是需要考虑这一点。这取决于你的监测能力，以及受攻击者采取了哪种行动。

对于数据窃取行动，除了确定哪些信息被窃，以及评估损失（高度依赖于哪些数据被窃），通常很难再做更多的事情。例如，2013年，安全公司Bit 9译注3遭到针对性攻击，公司的代码签名数字证书可能被攻击者窃取。任何软件只要被这些数字证书签名，就会得到Windows操作系统内在安全机制的信任。因此，对于本次攻击最好的修复方法，就是向证书颁发机构提出撤销证书的请求，作废该证书及使用该证书签名的软件。

然而，并非所有的恶意软件都可以这样处理。过去几年，勒索软件已经成为一个越来越严重的问题。通过回答以下几个关键问题，可以确定针对勒索软件的一般修复措施：

- 该勒索软件属于哪个家族？具有哪些特点？勒索软件的行为不尽相同，所针对的文件类型也未必一样，诸如此类。

- 勒索软件在被发现和修复前，已经运行了多长时间？虽然一般认为勒索软件会立即开始工作，但事实证明并非如此。Splunk SURGe研究小组（*https://oreil.ly/cu0Ki*）在监测某些进程运行时长方面做了出色的工作。尽早发现勒索软件，可以使修复工作变得容易得多。

- 对于受影响的系统，企业是否有可用的备份？这在很大程度上取决于受害系统的性质。有些企业对于域控制器的备份工作可能会做得较好，而有些企业会对图形设计终端严格备份。在其他组织中，也可能完全不做备份。

- 企业是否能接受受影响的系统被破坏？是否允许修复失败？勒索只对那些客户希望赎回的数据才是有效的。

译注2：一些更为高级的攻击手段（比如著名的"方程式"攻击组织所使用的攻击平台），会采用类似硬盘固件改写的方法，实现更为顽固的持久化，即使格式化硬盘也无法消除恶意软件的影响。

译注3：Bit 9已于2016年更名为Carbon Black。

- 企业是否愿意支付赎金？这要咨询法务团队。

这会让人无所适从，需要具体问题具体分析，最好的办法是未雨绸缪事前演练。这种特殊情况本身就是一个话题，如果你就职的企业正在面临勒索软件攻击的风险，不妨花些时间进行研究和准备（*https://oreil.ly/HB3Yp*）。

有关达成目标的修复的其他示例包括：阻断 DDoS 僵尸的出站网络活动，向信用卡发卡机构申请作废被盗的信用卡号码，修改密码或其他被窃凭证，甚至对于被盗软件启动全部源代码审查。在事情真正发生之前，任何预测都是不现实的，但是对达成目标行动的有效修复，通常需要深入调查，找出问题的根本原因，找到攻击者的目标，这不但需要资源受损的一方给予协助，还需要一点创造性。

对走鹃行动进行修复

我们知道走鹃行动背后有一个老练的攻击组织，使用包括 GoldMax 在内的多种恶意软件。该恶意软件的 C2 后门使用 Go 语言编写。修复失陷系统时应尽量考虑为这些主机重新安装系统，不过有时并不能这样做。就算我们打算给所有的主机重新安装系统，有些失陷服务器还是需要以不同的方式来处理。

以域控制器为例，由于被许多系统所依赖，为重建服务器而停机就是不可接受的，因此我们必须采取不同的方法。在这种情况下，我们决定首先采取适当措施削弱对手使用被盗凭证访问系统或者进行命令和控制的能力。我们会建立一个新的系统，使用指定的白名单来保证只能进行正常活动，对任何非正常活动均给予警告。根据报告，走鹃行动会试图再次进入网络，对此我们坚信不疑，虽然不知道攻击者会怎样做，但我们知道要对任何异常活动都保持警惕。新的系统经过合理配置且安全措施就位后，我们将立即一次性替换全部受害系统。

我们还发现走鹃行动曾在我们的一些主机中使用过 CVE-2018-4916 漏洞，所以我们需要与信息安全团队合作，检测全部系统中使用旧版本 Adobe Acrobat Viewer 的情况并修补漏洞。作为一项缓解措施，我们已经强制更改了凭证。不过，我们还决定监控尝试使用几个旧账户的行为，从而发现尝试使用凭证重新获得访问权限的攻击者。

6.2.3 重构

重构是修复的一种高级形式，情报驱动事件响应的数据会在此派上最大用场：事件响应小组根据既往事件趋势，确定攻击的常见模式，再从战略层面延缓这种趋势。这些缓解措施通常不是小幅改善，可能是小到系统配置微调或额外的用户培训，大到防御方法的彻底转变，比如开发新的安全工具，甚至是网络的全面重构。

通常情况下，这类巨变会发生在一次大规模入侵之后，但是，根据轻度甚至失败的入侵发现趋势，并且借助受利用漏洞、弱点的情报，以此驱动改变的能力也不能被低估。

针对走鹃行动进行重构

我们已确定了几个架构和流程相关的问题，正是它们为走鹃行动提供了入侵我们的机会。这些问题包括：多台主机系统太旧，有些志愿者偶尔会自带设备，有些主机存在 2018 年以来未被修补的漏洞。通常补丁程序是用于修补多个漏洞的较大程序包的一部分，随同这个程序包一起安装，所以，我们知道这些系统上还有其他漏洞没有得到修补。我们需要进一步了解为什么补丁修补过程并未奏效，并做出必要调整。

我们还在环境内发现多个认证权限受控的问题。走鹃行动能够利用合法账户在我们的环境中移动，而我们并未使用任何能够识别这些账户可疑活动的技术。因为这需要额外投入资金才能解决，我们无法立即着手。我们所采取的缓解和修复措施令网络得到加固和保护，后续的架构调整可以同步计划和实施。

6.3 采取行动

向对手的活动开展消除行动，需要战略、作战计划以及战术行动。一旦行动计划准备就绪，各责任方都知道行动内容和执行时间，就到了真正行动的时候了。否则，将会面临混乱的局面，比如错失收集数据的机会，遗漏对手的某些基础设施。若对手仍占据着立足点，因漏掉某台受害主机或某个被盗的证书而产生虚假的安全感，可能比什么都不做更糟糕。

在第 3 章中，我们讨论过攻击者在达成目标时的 5 种常见行动（简称 5D）：阻止（Deny）、干扰（Disrupt）、降级（Degrade）、欺骗（Deceive）或销毁（Destroy）。在消除阶段，我们也可以利用同样的 5D 来确定将攻击者从网络中驱除所应采取的行动。再次强调，所能采取的行动仅能在你的网络内部进行，不能指向你所控制的系统之外。

6.3.1 阻止

阻止是一项最基本的响应行动，几乎在任何情况下都是对攻击者活动的首选回应。攻击者打算访问你的网络和信息。他们企图在不同系统之间自由移动，以便找到并偷走所需数据。阻止的目的就是让他们无法做到这一点。

假设攻击者已经以某种方式进入了你的网络，那么他们随后可能会安装后门或者转储用户凭据，以便维持访问权限。理想情况下，你在"查找"阶段就应该发现这些活动，现在你可以专注于以某种方式夺走这类权限，从而彻底阻止攻击者访问你的网络。以下是一些阻止攻击者访问或移动的方法：

使用凭证访问

如果攻击者使用了被窃凭证或默认凭证访问网络，最好的办法就是修改这类凭证或删除原有账户，切断攻击者的访问途径。查找攻击者利用被窃凭证为自己新建的账户也同样重要。

后门及植入

我们在第 2 章中讨论过后门和植入：它们的工作原理，攻击者如何使用它们，以及如何有效地将这些用来访问你的网络的工具彻底清除。阻止访问的前提是你了解后门最初是如何安装的。在删除攻击者的工具的同时，你通常还需要修改证书，因为这两者往往是相辅相成的。攻击者要么通过凭证获取访问权限，然后安装后门程序，要么先获取权限，再转储凭证。

横向移动

阻止访问不仅仅是阻止攻击者从外部进入你的网络，这需要确保他们不具备在网络中横向移动的能力。我们曾提到过，消除不仅是把攻击者踢出你的网络。在此阶段，还要确保你去除了最初让他们进入网络的隐患，这才算是阻止了他们在网络中移动的能力。在查找和定位阶段，你可能已经确定了攻击者在网络中移动的方法（包括常见手法，以及在本事件或你的环境中所使用的专用手段），重要的是要解决掉那些让这类方法大行其道的问题。

你在定位阶段收集的所有信息都可用于制订计划，确保能够彻底阻止攻击者的访问能力。然而，有时阻止访问是不够的，因为访问权限是攻击者会立即尝试夺回的决定性因素。同样重要的是，在攻击者尝试夺回网络权限或取得信息访问能力，以及在他们从网络获取信息时，应采取措施予以干扰。

6.3.2 干扰

在传统操作中，通常无法剥夺对手采取行动的能力。退而求其次，可以迫使攻击者采取无效的行动，进而削弱其作战能力。对于高级攻击者，简单地阻止访问恐怕无法奏效，这时就应该采取干扰和降级的方法。

许多企业遭受过同一批攻击者的反复入侵，这是因为永久性阻止访问难以执行。下定决心入侵网络的攻击者总能找到某种方法，若网络中存在可被某些用户用来规避技术的安全措施，则更是如此。

攻击者能够重新进入网络并不代表他们能够获取想要的信息。因此，要阻止攻击者访问他们想要的信息，就要知道他们在找什么（应在查找和定位阶段确定这些），然后采取措施来限制他们对这些信息的访问。比如，在关键信息周围设置额外的访问控制措施，并在检测到有人试图查找或访问这些信息时发出告警，或者为共享资源的访问加入额外的身份验证。只有知道攻击者要找什么信息，这些信息在网络中的什么位置，才能采取上述操作。

6.3.3 降级

对于阻止和干扰来说，效果只有两种：对手的活动要么停止，要么仍在继续（事前阻止，事中干扰）。但降级的效果难说成功与否，而是要看程度的强弱。例如，如果阻止了一种命令和控制协议，该协议就会完全无法使用。如果只是对其进行干扰，通信可能会被中断。但若是对其降级，就能限制对手访问 C2 的带宽，使对手的通信显著变慢。这并不代表让对手无法通信，而只是使其变得难以使用。

6.3.4 欺骗

欺骗是指通过提供虚假的或有误的信息摆脱攻击者的做法，多数情况下适用于目标行动阶段。例如，对于专门窃取知识产权的攻击者，设法让他们获取到因材质类型有误而可能导致失败的产品方案。思路就是降低攻击者窃取的情报的价值，在理想情况下，会使其将注意力转向其他目标。

另一种常见的欺骗技术是第 2 章介绍过的蜜罐。这是一种看起来像网络环境中的常用系统，却暗地设置了强化的监控手段的系统。比如，配置一台仿冒的数据库服务器，对相应服务端口进行监听——甚至可以通过故意采用 ma-contracts-db（其中，ma 暗指并购）来使用该服务器的主机名称。攻击者在进入网络环境后，可能会查找那些包含有用数据的主机，并尝试访问。假设内部人员都知道这些主机并无实际用处，那么尝试访问这些主机的必然是攻击者。通过检测对这些系统的访问尝试，防御者就可以得到攻击线索。蜜罐技术不仅可以用于系统，也可用于其他环境，如社交网络或用户角色。

上述方法理论上行得通，但在实践中，欺骗技术的作用很难有效发挥。欺骗手段主要依赖诱饵来诱惑攻击者。这一过程如履薄冰。如果诱饵没有足够的诱惑力，攻击者就不会试图访问它；如果诱饵太诱人了，攻击者又可能会察觉到欺骗的味道而躲开诱饵。即使你选择的诱饵近乎完美，欺骗仍然是一个挑战，诱饵的真实程度才是最重要的。假设你现在想使用虚假身份在社交网络上识别网络钓鱼。即使你将用户信息设置得完美，但如果用户照片可以被攻击者从某个来源找到，或者该用户只有很少的联系人，都会导致前功尽弃。

欺骗很难，既要让一切都井然有序，又要让欺骗机制发挥作用，这是一个挑战。同时，欺骗往往会导致高误报率。欺骗可能会产生效果，但仅适用于能够投入时间和精力使之奏效的成熟企业。

6.3.5 销毁

我们讨论的是你该怎样在自己的网络中采取行动,而销毁意味着对系统造成某种物理损害,所以通常不是一种好的响应方式。你可能会发现某个被攻陷的系统已经该淘汰了,将其从网络中撤下来也是不错的办法,你并不需要销毁该系统。

显而易见,我们并不是在说销毁所有属于攻击者或由攻击者运营的系统。前面说过,所有这些行动都发生在你的网络内部。

6.4 事件数据的组织

在事中(但最重要的是事后)记录调查细节和所采取的行动至关重要。这些细节应该体现为以下几个方面:

- 初始线索、来源和产出。
- 攻击者杀伤链细节,包括信标和战术、手法和过程的描述(可用 ATT&CK 表示)。
- 攻陷主机相关信息,包括主机漏洞、配置、所有者及用途。
- 目标行动阶段的细节,入侵对用户产生的影响,以及被窃数据是什么(这些在司法介入时尤其重要)。
- 在哪台主机采取了响应行动,响应人员是谁(这在追查故障时用得到)。
- 用于长期行动的后续线索或思路。

你也可以根据企业自身需求加入额外信息。最终目标是形成一个单一的真实的数据源,让响应人员可以由此共享他们的发现,并保持数据的协调一致。有很多方法可以实现这一点,但关键不在于如何存储数据,而是让大家可以协同工作,有章可循地完成任务。

6.4.1 行动跟踪工具

用来跟踪事件数据以及所采取行动的工具有很多。下面介绍如何使用公开工具和专用工具来组织数据。如果你刚着手事件响应工作,手头缺少用来跟踪信息和记录已采取行动的工具,不妨先从小处入手,不断增加功能,积累能力。如果一开始就使用复杂的跟踪系统,加入大量复杂的字段,很容易让人不堪重负却收效甚微。最坏的结果是,分析人员不愿意使用这个系统,反而让跟踪事件信息变得更加困难。幸运的是,跟踪事件信息可以从几个简单的工具着手。

个人笔记

事件管理几乎总是可以从分析人员的笔记开始。优秀的分析人员会自觉地意识到(也可能是接受了别人的意见），他们需要为正式调查和偶然观察做笔记。因此，许多分析人员习惯于记录在 SOC 轮班或值守时遇到的各种情况。

这种笔记对分析人员非常有价值，经常是他们撰写正式报告时的主要参考依据。但对于安全团队的其他成员来说，这种笔记就没有什么用了。这主要是因为格式，分析人员在记录调查笔记时，通常会形成自己的风格，使用自己的格式。首先表现为记录介质的差异，有人使用纸质的笔记本，也有人使用文本文件。后面的差异不断加剧，包括使用不同的日期格式（有人使用 12-1-16 这种格式，也有人使用 20161201 这样的格式），以及不同的叙述方式、要点，以及绘制图表的方法。

风格迥异的笔记难于利用（不是指黑客利用，而是指情报利用，详见第 7 章）。只要是采用手写方式，就基本上无法被有效利用（因为存在笔迹识别的问题）。如果采用打字的方式，还有一些加以利用的机会，但还是会损失一些上下文信息（从不同分析人员那里把这些笔记汇总起来通常很难）。

结果是，这类个人笔记在多数情况下只适合个人使用，无论是对写个人笔记的分析人员来说，还是对希望使用共享格式来跟踪信息的团队而言。不过也有例外，比如调查结果被作为诉讼证据（此处来自法律界人士的分享，并非法律建议）。陪审团大概会喜欢这些个人笔记，尤其是手写的。关于这一方面，如果有必要，可咨询你的律师。

末日电子表格

在大多数情况下，团队在着手协同跟踪信息时，最先尝试的就是电子表格的形式，分析人员将其戏称为"末日电子表格"（Spreadsheet of Doom，SOD），因为它的内容杂乱无章，通常难以处理。

不过，末日电子表格的优势在于结构简单，通常是由多个电子表格或在单个电子表格里使用的多个标签页组成的，可用于记录以下信息：

- 攻陷信标。
- 被攻陷资源（例如系统、服务、数据）。
- 响应行动（例如已计划或已采取）。

末日电子表格示例见图 6-1。

如何建立 SOD，应该具有哪些字段，保存在哪里以及大家如何通过它协同工作，这些取决于各个企业，SOD 会不断对这些部分加以完善。重要的是不要轻易改变表格格式，而且，对于名称、日期和分类字段应采用统一的、一致认可的格式。保持一致性是很重要的，易于利用是 SOD 相对于个人笔记的最大优点。

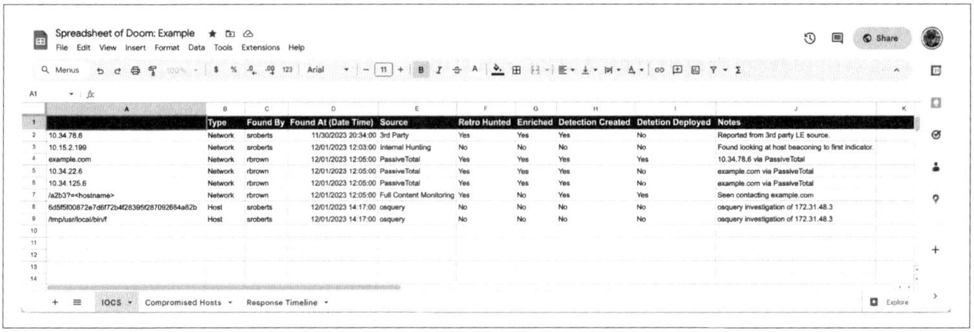

	Type	Found By	Found At (Date Time)	Source	Retro Hunted	Enriched	Detection Created	Detetion Deployed	Notes
10.34.78.6	Network	sroberts	11/30/2023 20:34:00	3rd Party	Yes	Yes	Yes	No	Reported from 3rd party LE source.
10.15.2.199	Network	sroberts	12/01/2023 12:03:00	Internal Hunting	No	No	No	No	Found looking at host beaconing to first indicator.
example.com	Network	rbrown	12/01/2023 12:05:00	PassiveTotal	Yes	Yes	Yes	Yes	10.34.78.6 via PassiveTotal
10.34.22.6	Network	rbrown	12/01/2023 12:05:00	PassiveTotal	Yes	Yes	Yes	No	example.com via PassiveTotal
10.34.125.6	Network	rbrown	12/01/2023 12:05:00	PassiveTotal	Yes	Yes	Yes	No	example.com via PassiveTotal
/a2b3?=<hostname>	Network	rbrown	12/01/2023 12:05:00	Full Content Monitoring	Yes	No	Yes	Yes	Seen contacting example.com
6d5f5f00872e7d6f72b4f28395f287092684a82b	Host	sroberts	12/01/2023 14:17:00	osquery	No	No	No	No	osquery investigation of 172.31.48.3
/tmp/usr/local/bin/f	Host	sroberts	12/01/2023 14:17:00	osquery	No	No	No	No	osquery investigation of 172.31.48.3

图 6-1：使用 Google 电子表格制作末日电子表格

电子表格可以导出为逗号分隔值（CSV）文档。这种格式相比其他文本格式文档更易于被多种工具和脚本语言读写，可以很容易地拿来使用，比如自动解析所有 IP 的反向 DNS，或者借助 VirusTotal 检查哈希值。这种自动化能力是难能可贵的。反过来也是一样，数据可以借助自动化能力写入 SOD，包括将 EDR 中提取的主机详细信息自动填充到 SOD，或者引用其他系统的数据（如 IT 部门的工单）。

SOD 的有效地使用，需要大家遵守规定和惯例。SOD 默认不具备对数据类型进行验证的能力（若是自行构建也会感到棘手），也没有机制来防止不良数据污染到现有的有效信息。一旦出现问题，SOD 将无法使用。

第三方、非专用工具

当然，除了使用免费或商用工具之外，还有其他选择。许多团队都有自己的事件响应管理、事件信息收集工具。是使用临时性方案，还是使用长期方案，需要由团队自己决定。如果打算使用第三方、非专用工具（如看板），或者半结构化的明文文件格式（如 Markdown、WiKi 或通用 IT 工单系统），则应考虑以下需求：

适合分析人员使用

系统能够无须设置，让响应人员上手即用，还要对分析人员友好、易于理解，并且运行速度快。

能够自动化执行

采用结构化数据的优势在于，能够构建工具自动执行常见任务。

融入团队工作流程

培训团队成员使用新工具总是会遇到一些阻力，尤其是那种在高压力场景下使用的工具。

一旦决定采用某种工具，最好马上开始投入使用，调整工作流程以充分发挥工具作用。

若是到了需要事件响应时才开始使用一种新的工具，则会引起疑虑，所以强烈建议事先推演练习，逐步应用新的工作流程和工具。遇到问题是正常的，应该在演练时发现并解决问题，而不是在实战中再做这些。

6.4.2 专用工具

个人笔记和末日电子表格虽然很棒，但就算是最喜欢"跟着感觉走"的事件响应团队和情报团队也都会想有一套专门构建的解决方案。这一转折点的到来，通常始于他们花费大量时间却追查了类型错误、不正确的 IP 地址，或者对于新的检测机制是否投入使用谁也说不清的时候。其结果是，大多数团队最终都会部署或开发一个事件响应平台。

专门构建的事件响应系统可以提供我们之前讨论过的那些开箱即用的重要特性。这些功能通常易于集成，并提供各种集成接口，比如邮件接口（用于通过电子邮件收发信息），以及与其他工具直连的 API。

快速事件响应（Fast Incident Response，FIR）是我们最喜欢的一种专用工具（如图 6-2 所示），该工具由法国第三大银行法国兴业银行（Société Générale）的计算机应急响应小组开发，是一套开源的工单系统，可支持情报驱动事件响应。

FIR 是一个理想的入门工具，适用于希望借助平台支撑事件响应和威胁情报操作的团队。专用系统如何在可定制性和可用性之间取得平衡是一个挑战。定制项太少，系统最终会成为一个普通的工具，就像可以从网上下载的末日电子表格那样；定制项太多，分析人员又会因不确定选择哪个选项而崩溃。FIR 提供了大量的定制选项，但既有推荐的工作流程，也有默认设置，实现了两者间的平衡。

6.5 评估损失

每次事件结束后，都需要评估事件造成的损失。有时，事件造成了直接经济损失（比如对零售运营的影响、硬件物理被破坏带来的有形资产损失，以及对外提供的事件响应服务或内部事件响应所产生的时间成本）。多数情况下，损失需要由受影响业务部门、IT 部门和销售部门共同确定。在与保险公司一起评估损失时需要格外小心，随着网络安全事故保险逐渐成为主流，他们对事件造成的影响和成本特别敏感。

使用具体金额描述事件造成的损失往往是执法的关键。在很多情况下，只有当事件给企业造成的损失达到一定金额时，执法机关才会介入。具体金额标准取决于你所处的司法辖区。

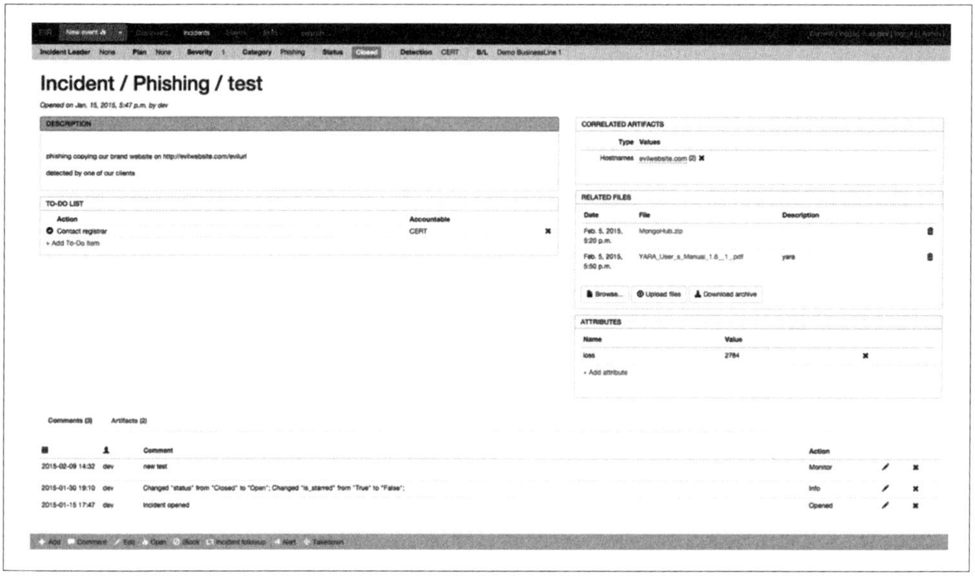

图 6-2：FIR 界面截图

6.6 监控生命周期

消除阶段的最后一部分是对监控生命周期的管理。在某个事件成为热点的时候，很容易产生大量特征。这些特征会经历一个生命周期，而"消除"阶段结束的时候，就是审查它们的合适时机。监控生命周期通常包括以下几个步骤：创建、测试、部署、改进和退役。

6.6.1 创建

第一步是创建特征。若分析人员获知某个可观测对象，据此创建一种方法来监测内部系统是否有该对象存在的迹象，就需要创建特征。这个过程往往简单粗暴，可能过于具体（比如只能查找某个 IP、端口的组合），也可能过于宽泛（比如从二进制程序中提取了一个字符串，后来才发现这个字符串源于 Golang 语言编译的二进制程序模板，而不仅适用于检测对手留在你的环境中的跨平台后门）。无论哪种情况，都会让入侵检测团队对你有意见，所以需要对特征进行测试。

6.6.2 测试

本步骤经常被跳过，但如果跳过这一步骤，必然会在其他步骤付出代价。在前一步（创建）中，针对一个或多个已知恶意对象的特征已经得到检验。所以，测试步骤应偏重于那些已知正常的可观测对象，从而发现是否存在误报。一种方法是将检测机制投入生产环境，但将规则设置为仅监控的模式（比如使用 Snort 的 log 功能，而不是通常的 alert 功能），使其只生成统计数据，而不产生告警事件。这种方法虽然有效且能反映真实情况，但很耗时。

另一种方法是使用已知正常数据进行测试。这种方法尤其适合那些需要优先部署告警机制而不太在意误报的场合。采用这种方法的优点是能够更快地得到结果，但通常测试得不够全面。在许多情况下，理想的解决方案是将两种方法结合起来。

6.6.3 部署

检测机制准备就绪后（最好先进行测试）就可以部署了。有的团队认为到了这一步自己的任务就完成了，但这会让 SOC 分析人员、入侵检测团队成员感到愤怒。在这一阶段，与检测团队合作并获得反馈是至关重要的，因为你会在下一步（改进）用到这些反馈结果。

6.6.4 改进

根据部署后的反馈结果，特征需要"回炉"进行改进。可从以下几个方面改进特征：

- 放宽过度具体的检测特征。在发现了新的相关样本时，这种方法特别有用。
- 收紧过度宽泛的检测特征。大家都有这样的经历：花时间创建的检测特征，因为一个字符串意外地触发了对某个常用网络服务的误报。这通常在部署之后才会被发现。
- 改进有时是出于性能考虑。比如某个特征不仅令监控源（尤其是入侵检测系统）运行缓慢，甚至对整个系统产生重大影响。此时通常需要检查特征，针对系统性能（速度或内存）进行优化。与检测工程团队合作，是确保监控探针和特征发挥最佳性能的关键。

6.6.5 退役

特征最终会变得不再有用，可能是因为威胁已经得到缓解（比如用来检测漏洞的特征在漏洞被修补后会失去价值），也可能是因为相关工具、方法或基础设施已被淘汰。在某些情况下，可将特征设置为"仅记录"的模式，这样就可以持续收集统计数据（前提是对性能的影响可以接受）。

福特汽车公司的 Jeremy Johnson 最初在 2017 年的 SANS CTI 峰会上探讨过一个有趣的话题：如何更有效地使用看似鸡肋（高误报率）的攻陷信标。约翰逊在"Using Intelligence to Heighten Your Defense"（*https://oreil.ly/WOnyL*）的议题中介绍了一种无须修改信标本身，而是通过将其应用于高风险人群的

方法来改善信标的效果。例如，如果检测团队掌握了检测对手 C2 的通用信标，但将该信标应用于整个网络中会引起过多误报，那么该信标仍可用于专供研发或管理人员使用的入侵检测系统。

6.7 本章小结

"消除"作为事件响应的活跃阶段，特别需要受到重视。如果措施得力，事件响应团队可以赶走对手，从对手的行动中吸取教训，确保网络更加安全；反之则会打草惊蛇，让对手站稳脚跟，潜伏下来，使我们无法彻底地将他们从系统中清除。你要花些时间了解缓解、修复方案，明白如何将它们融入你的响应计划，这会使团队效能长期提高。最后，找到方法将全部输出加以管理，你的团队就可以进入利用阶段。这是 F3EAD 情报部分的第一阶段。情报部分将确保我们可以从攻击者的行动中吸取教训，不断增强网络安全。

第 7 章
利用

> "若你眼里只有敌人，就难免会无视威胁。"
>
> ——Colonel Walter Piatt

经过查找、定位、消除阶段之后，一般来说，最终版本的事件响应报告已经发布，响应人员将转向下一起需要注意的事件，但对于本书来说，事件响应并未结束。在整个调查过程中，事件响应团队收集到了与攻击者相关的大量数据，在内部网络找到了额外信息，并对攻击者的行动采取相应措施。现在我们要将所有这些数据聚集在一起，分析情报价值，不但要将其整合到检测、防御方法中，更要配合战略层面的举措，例如，开展风险评估、调整工作次序和追加安全预算。现在，你将进入 F3EAD 循环的情报部分：利用、分析和传播。

多数人实施 F3EAD 循环却功亏一篑的原因并非秘密：生成情报已经困难重重，管理情报又将带来一系列令人头痛的新问题。流程、时间、周期、权限控制以及格式问题，足以让所有人头昏脑涨。这些问题的复杂程度毋庸置疑，但必须有人迎难而上。是有效遏制对手访问你的网络，还是简单地拖延其攻击并得手的时间，这二者的区别在于能否正确提取、捕获事件相关信息，并确保对事件持续跟进。有效利用事件响应过程中产生的情报，才能确保对于事件的识别、理解和修复能够充分发挥作用，进而全面支持你的企业（理想情况下还包括其他企业）的网络防御和响应过程。本章将介绍在 F3EAD 循环的利用阶段应该完成的各项任务，通过本章的介绍，你会感觉该过程并非令人生畏，甚至会有点令人兴奋。

> **关于 F3EAD 的"利用"**
>
> 前面说过军事术语和信息安全术语之间存在微妙差异，而"利用"（exploit）正是其中最微妙的。在信息安全领域，"利用"这个术语几乎仅用来指代对手利用漏洞获取访问权或信息。相比之下，在军事领域，"利用"的含义更广泛，不仅是指利用敌人

的弱点，还适用于其他情境，总之是借助优势抢占先机。在 F3EAD 的背景下，"利用"是指使用作战前期收集到的情报。结合传统情报周期，利用阶段可以被认为是收集（尽管多为收集内部信息）与处理的组合，是为便于分析而将信息转换为可用格式的过程。

7.1 战术与战略 OODA 循环

我们在第 2 章介绍过 OODA 循环模型及其如何应用于事件响应。这里稍作回顾，OODA 即观察（Observe）、定位（Orient）、决策（Decide）、行动（Act）的缩写。根据一般经验，先行完成 OODA 循环，全面掌握信息并采取行动的一方将占据竞争优势。在 F3EAD 的前三个阶段（即查找、定位和消除），我们已经完成了 OODA 循环，使得事件响应团队具备了战术优势。F3EAD 的后半部分（即利用、分析和传播）的目标是获取战略优势。简而言之，我们要深入了解对手，最终使他们的常用技战术对我们不再有效。对手只能偃旗息鼓，重整编制，使出新的手段，而这一切都将花费时间，给他们的工作和生活带来困难。这也让我们有更多的时间更有针对性地增强防御能力，提升系统的健壮性。

实际上，战术、战略这两个 OODA 循环可能会并行推进，这取决于你的团队结构（我们将在第 10 章中讨论）。事件响应团队可能正在战术 OODA 循环中埋头工作，而情报团队同时在收集战略 OODA 循环所需的信息。如果两者发生冲突，应以战术 OODA 循环为先，在开始利用阶段之前，先完成查找、定位、消除这三个阶段。无论是处于哪个循环，重要的是你确实进入了行动的第二阶段，战术优势可能会持续几天或数周，战略优势则会带来长效影响，为你争取时间准备应对攻击者的下一波入侵行动。

利用阶段涵盖了战略 OODA 循环的观察和定位两个步骤，你要筛选事件响应期间收集的大量数据，收集或汇总既往事件和来自外部源的相关信息，从中提炼出对企业过去、现在和未来的情报价值。这似乎是一项艰巨的任务，需要知道从何处入手。

> **一位饥饿的情报分析员的旁白**
>
> 在很多方面，开发情报就像烹饪一样。烹饪方法有很多，做出来的美食也多种多样。可以花生酱配果冻三明治（如单页报告），也可以精心制作多道菜（如多页的大型入侵情报产品）。在"利用"阶段，重要的是如何开始"烹饪"。有些菜肴只需将食材随手丢进锅里就行，有些则需要耐心准备。对于烹饪而言，"利用"即餐前准备阶段，厨师称之为"备料"。在开始烹饪之前，厨师会把蔬菜切成合适的尺寸，将部分食材加热到预期火候，从刀具到餐巾均要确保就位，让一切井然有序。
>
> 厨师所追求的是，一旦开始上菜，每件东西就均已准备就绪，特别是在忙得不可开

> 交的时候。做一道菜不难,但若整个晚上要做几十道菜,其中还有几道菜特别复杂,那么前期准备将必不可少。与之相似,"利用"阶段就是情报分析人员在"备料"。若你已经正确配置好环境,确保所需数据均已就绪,数据格式均符合要求,数据就存放在触手可及的地方,那么即使到了"火烧眉毛"的时候,写出一篇情报报告也并非难事。

7.2 什么可以利用

如果 F3EAD 循环没有被正确执行或尚未全面实施,你可能会发现自己在反复处理相同的入侵事件或同类型的事件,而且很难有进展。这并不仅是浪费时间那么简单,如果入侵事件造成敏感客户的数据丢失,可能会引发额外的审查。2017 年 9 月,信用报告公司 Equifax 遭受入侵,导致 1.47 亿人的高度敏感信息被未经授权者访问。2019 年,美国联邦贸易委员会提起诉讼,指责 Equifax 未能有效解决其 Web 应用系统中的已知漏洞,导致该数据泄露事件。该起诉讼为公司制定安全实践(包括事件响应流程、后续处置工作及事后安全评估)奠定了基础。在利用阶段多下功夫,有助于识别潜在风险,采取必要措施,以求彻底处理该事件。

在此前的查找、定位、消除阶段,我们专注于具体的攻击、对手以及行动,从而解决具体的事件。如果你碰巧发现或缓解了与对手的手段相仿的攻击活动,这只是侥幸,而非有意为之。在消除阶段结束后,我们已经发现大量关于走鹃行动的入侵信息、幕后的行为体以及他们的作业方式。但是,即使这些信息已经按有利于事件响应的方式进行组织,也并不代表它们具有正确的格式,不代表可供后续情报分析时使用。

在利用阶段,我们不仅要处理好事件,还要确保可以从事件中吸取教训。我们应该专注于威胁,而不仅仅是对手。因此,重要的不是简单地提取特定攻击相关技术的信标(比如恶意软件样本及命令与控制 IP 地址),而是要找到导致入侵的主要原因,知道攻击者为什么能够(至少在某一方面)得手。这不但关乎攻击中所使用的漏洞或弱点,也关乎作为目标的信息或系统,以及可能阻止我们更快地识别和采取行动的流程上的缺陷。我们不但要尽量保护网络免受相同的攻击,也要了解致使入侵得逞的各种因素(比如我们的政策、技术漏洞或显著差距),从而开发相应的防护或检测技术。所以,可以相信,完全无法被利用和分析的信息几乎没有,当然,这会使信息管理变得复杂。

为了使这个过程更易于管理,可将信息分为以下几类:

技术信标
    包括 IP 地址、域名、哈希值和证书,以及上下文信息。

战略与技术

对手如何开展行动，最经常使用 VERIS 或 ATT&CK 来描述（本章后面将详细说明）。在该类别中也可以使用 CVE 或 CWE。

支持信息收集

包括入侵的非技术或战术细节：目标是谁？对公司（或全球）的入侵的动机何在？造成了什么影响？

参考链接

事件或对手相关的共享的、公开的信息，在调查过程中用作参考。

采取的内部行动或提出的要求

为响应该事件采取了哪些行动，提出了哪些改进建议，这是非常重要的部分，不应该被忽视。比如，事件响应报告指出，为避免再次受到类似攻击，需要加强对地下论坛的监测，及时发现企业凭据相关内容。这样的建议（或承诺）不能在这次事件响应完毕后被丢弃。

在确定哪些信息可以被利用之后，就要从事件数据中提取这些信息，进行标准化处理，并妥善存储以供将来分析和参考。为此需要建立流程，最好将流程书面记录下来并与其他人共享，以便将来重复执行程序和改进流程。不同团队的流程可以不同，但是面向利用的流程都应该有以下关键动作：信息存储和信息管理。

7.3 信息收集

如果你的企业像多数企业那样，你就会在调查结束时拿到一份"末日电子表格"正式版（再加上五六个非正式版）、十几个笔记文档、几张白板的照片、一个有充满猜想的 Slack 频道、若干外部文档的链接，以及多条"我们以后再讨论这个"的留言。而那些优秀的流程驱动团队不会这样，他们会定期扫清障碍——有哪个团队能在紧张的事件响应之下有条不紊地、有创造性地、有效地推进流程？这样的团队我们未见过、未遇到过，甚至未听说过。如果你面前是一堆杂乱无章的数据，数据结构的样式之多堪比你的团队成员，也不必烦恼。利用流程会帮你得到组织有序的数据，帮助你理解和调整数据，推进流程。

根据事件响应数据管理方式的不同，利用阶段最困难的部分很可能是如何从调查结果中提取重要的情报。进入收集事件响应数据环节，数据将一览无余——从复杂的系统到 Excel 电子表格，再到粘在白板上的 IP 地址贴纸。用什么方法收集数据都没错，但到了提取分析和投入使用的时候，肯定会有更简单的方法。

你在处理既往事件的可利用信息时，有效数据通常有限。确保事件响应过程获取到情报分析所需的信息，正是情报驱动事件响应的一个目标，但是如果你刚开始将运营流程和情报流程整合在一起，可能还无法左右信息的收集工作。利用阶段不妨从梳理已掌握的数据开始。我们发现当前可用的信息无外乎两种：高层次信息和技术细节（如恶意软件分析）。

如果关于事件你只有叙述形式的高层次信息，就应考虑提取战略层面的细节。反之，如果你得到了恶意软件的详细分析，就应该从中提取关于恶意软件功能的战术层面的细节。最初，你也许只会触及信息的某一个层次，但在理想情况下，当你在企业内部实施此流程时，你有机会同时收集事件的技术细节和攻击目标、影响相关的战略层面信息。将两个层次的信息相结合，才能让情报发挥更大的作用。

7.3.1 信息收集的类型

不管来源如何，在收集数据时首要考虑的是数据类型。数据的类型可能有多种，但最常见的是如下几种：

攻陷信标
有人说攻陷信标不再有用了，不过，即使是最厉害的对手也不能总是改变一切。虽然追踪对手有更长效的方法，但若不将位于金字塔底部的 IOC 提取出来加入你的威胁数据中，那将成为一个错误。

特征
虽然特征并不总是有效，但在某些工具的支持下，你有机会根据特征挖出更高级的复合信标。Snort 和 Yara 就是这类工具中最常见的，具体使用哪个要视你的技术栈而定。不过，即使特征是某个工具专用的，也可以将其转换成其他工具的特征。

战术、技术、程序（TTP）
虽然在原子化方面不如 ATT&CK，TTP 形式却也是一种用于描述对手手段的常见方法。

战略数据
这是一种比较模糊的类型，但在很多情况下却是最有趣的非技术数据（尤其是在阅读第三方数据的时候）。攻击归因和对手动机的相关信息可能不容易检测，但通常具有很高的价值。

那么，我们从哪里获取这些数据呢？

7.3.2 挖掘既往事件

如果你希望通过本书了解从何处入手整合运营流程和情报流程，切记不必从下次的事件开始,你可以回顾既往事件,并利用这些信息。事实上,这是帮助企业内部人员熟悉 F3EAD 流程的好办法,在你为威胁画像时,这也会令他们感到欣慰。挖掘分析既往事件的数据,有助于了解企业网络当前面临的威胁类型,发现监测能力和信息方面的差距。只要有可能(理想情况下总是如此),在挖掘既往事件时,务必注明数据日期或日期范围。

7.3.3 收集外部信息(或进行文献综述)

对于既往事件,除了可以收集内部信息,我们也可以从外部源收集与对手相关的大量信息。也许你的企业备受瞩目,但对手未必仅盯上这一家企业,甚至你的企业并非他们的首选目标。很可能你的企业也不是首家披露对手技战术、攻击目标或其他受攻击组织的信息的企业。切记,凭借"看起来像"而得出的攻击归因结果,通常无助于企业制订确切的行动计划和行动禁忌。不过,这类归因结果可用作附加的上下文,或用于态势感知,有助于了解该事件与其他已知事件的异同之处,决定采取什么行动或开展哪些分析工作。

从这个意义上说,收集外部信息类似学术研究中的文献综述。文献综述一般包括研究人员对现有研究、论文或分析的调研结果,归纳其结论,比较其相似点,提出差异点。文献综述的目的有两个:找出你的成果填补哪些研究空白,形成和加深对某个主题的整体理解。对于情报驱动的事件响应来说,我们希望首先建立起自己的威胁相关知识,若内容可供分享,则在此基础上增强集体对威胁的理解,进而帮助整个社区提升威胁防御能力和应对威胁的弹性。先不考虑你想让知识传播多远,重要的是要了解外部报告中的行为体、攻陷信标及其他与企业自身事件相关的信息。与文献综述一样,以此方式收集到的信息切不可与你自己的数据、未注明引用的调查结果混在一起。"文献综述"通常作为单独一节,供 F3EAD 的下一阶段(分析阶段)参考。

7.4 威胁数据的提取与存储

在调查结束后(无论是对刚刚发生的事件的调查,还是对 6 个月前事件的调查),你会掌握大量信息。你在利用阶段的任务,就是收集这些信息(无论它看起来是什么样子),并将其组织成可以分析和使用的格式。虽然企业可以采取多种方法来完成这项工作,但我们发现,基本上就是这两种方法,要么以手工为主,要么借助平台来实现。我们将通过两种专门的工具(电子表格和更吸引人的图形界面的统一情报平台)来分别介绍这两种方法。不过,我们首先要讨论标准问题。

7.4.1 存储威胁数据的标准

没有数据标准,何谈威胁情报?无论是在 Twitter,还是在安全会议的过道,标准之争屡见不鲜：哪些标准是最好的，哪些标准已成明日黄花，哪些标准即将卷土重来？不必理会这些争论，你对标准的选择要基于企业自身的独特需求（这比什么都重要）。你的选择可能和别人的不一样，这也没关系。下面将深入探讨各种数据标准的细节，这可能会令你望而生畏，但是请坚持下去。一旦找到适合自己的数据标准，后面的过程就会变得更加轻松。就如同厨师在为做一份美味佳肴而精心选择运用哪种刀工技法，选择哪类炊具，以便较轻松地提供服务。

7.4.2 信标的数据标准与格式

用于存储和共享威胁数据的标准有多种。没有哪个神奇的标准能一统天下，最好对这些标准都有所了解，从中找到一种适合自己的。例如，如果你的企业是情报共享组织，那么使用 STIX / TAXII 标准共享数据就是一个好主意；如果你的企业已经购买了使用特定格式威胁情报（如 OpenIOC）的安全工具，也可以运作良好。如果你在工作中需要使用多个标准（我们经常看到这种情况），那么只能了解各种标准的基础知识，做好相互映射各种数据字段的准备，因为你将来可能会用到其中某种数据格式来处理信息。

OASIS 套件（又名 STIX/TAXII）

结构化威胁信息表达（STIX）初创于 2010 年，被作为一种网络事件的标准表达方式，帮助不同组织之间自动共享信息。该标准最初由 MITRE 公司代表美国国土安全部维护。OASIS[译注1] 网络威胁情报（Cyber Threat Intelligence，CTI）技术委员会是 OASIS 开放标准组织的组成部分，接管了 MITRE 在支持 CyBox、STIX 和 TAXII 数据格式方面的功能。这套标准之所以变得知名，部分原因是被美国政府所采用。因此，许多威胁情报平台都集成了 STIX（无论是 STIX 1，还是 STIX 2.X 和 TAXII，TAXII 为 STIX 数据的传输机制）。

STIX 1。STIX 1 标准的最初版本是基于 CybOX 构建的，又名网络可观察表达。CybOX 由可观测对象组成，这些可观测对象是具有状态和可测量属性的已定义对象。CybOX 有多种用例——从事件管理到恶意软件分析和信息共享。有许多 CybOX 对象用于捕获可观测的对象，尽管它们并不都与事件响应直接相关。

在 STIX 1 中，CybOX 是基本要素，但标准的 STIX 为 CybOX 对象添加了更为丰富的细节，不但便于进一步分析，而且在共享威胁数据时也具有巨大优势。这些附加的上下文字段包括威胁行为体、攻击活动、受害者目标和 TTP。由此可将通过 CybOX 捕获的单个可观测对象链接起来，并添加更多的上下文信息。此时，威胁数据就开始成为真正的威胁情报。知道特定文件是否为恶意的固然是件好事，但是从分析的角度来看，更有价

译注 1：OASIS（Organization for the Advancement of Structured Information Standards，结构化信息标准促进组织）是一个推进电子商务标准的发展、融合与采纳的非营利性国际化组织。

值的是知道该文件是否被用于针对特定部门受害者的特定活动，以及知道攻击者是否在文件执行之后尝试窃取知识产权。

从系统开发的角度来看，STIX 1 还是很有趣的，但实际上 STIX 1 并不是为人类设计的，而是被用于与一组特定工具紧密集成。为了满足信息交换、共享的需求，STIX 1 不再局限于在一小群志同道合的组织中运用，数据标准也需要不断发展。STIX 1 确实进化了。

STIX 2.X。STIX 2 做出了几处改进，更易于被从业者采用。一个主要的变化是 STIX 2 使用了 JSON 而不是 XML。STIX 2 还将两个数据标准（CybOX 和 STIX）合并为一个，称为 STIX 网络空间可观测对象标准，以此降低复杂性。STIX 2 还引入了两类关系对象，即关系和瞄准，更清楚地定义了不同可观测对象之间的关联。

如果 STIX（或其他标准）得到充分应用，就可以成为一种很棒的分析工具，但是请记住，要获得所有的信息还有一项工作是必须做的！多数网络威胁情报平台都内置了 STIX，相对容易使用，但仍然需要一个可靠的流程来确定有哪些数据需要按此标准捕获，以确保事件信息不会丢失，因为这些信息还停留在个人笔记中，尚未汇入平台。

TAXII。TAXII（Trusted Automated eXchanged of Indicator Information，可信自动化指标信息交换）是一种传输和共享框架，包括四项服务：发现、拉取、推送和订阅管理。TAXII 是 STIX 在实体或企业之间共享情报的一种方式。TAXII 有三种主要的传输和共享模式：

订阅式（*subscriber*）

在这种模式下，中心企业向伙伴共享信息，而无须伙伴反馈信息。这是威胁情报提供商（无论是商业的还是开源的）向客户发送信息时最常用的模式。

辐射式（*hub and spoke*）

某企业或服务商作为信息共享的中心机构，将信息推送给其他企业。当这些企业想要共享时，将信息发送给中心机构，再由中心机构将信息重新分配给企业。

对等式（*peer to peer*）

该模式可被两个及两个以上的组织直接用于共享情报，而无须通过中心机构。部分网格网络（mesh network）也可以使用该模式。

在大多数情况下，TAXII 被用作自上而下的分发（订阅者）模型，例如，由 ISAC 来下发。除以上三种模式之外，目前尚未见到其他在用模式。

MILE 工作组

除了 OASIS 套件之外，MILE（Managed Incident Lightweight Exchange，管理事件轻量级交换）工作组也在积极地维护和更新另一套数据标准，其中包括：

安全事件描述交换格式（IODEF）
: 2007 年首次发布的 RFC 5070（*https://oreil.ly/icwTa*）将 IODEF 定义为"一种信息共享框架的数据表示形式，供计算机安全事件响应小组（CSIRT）在常规交换计算机安全事件时使用"。IODEF 是一种基于 XML 的标准，由反钓鱼工作组和 ArcSite 等组织使用，其中包括敏感度和置信度标签。

IODEF 结构的网络安全信息（IODEF-SCI）
: IODEF 的扩展模式为捕获有关事件数据的额外上下文提供了一个框架。RFC 7203（*https://oreil.ly/D8pkO*）定义了 IODEF-SCI 标准，并于 2014 年首次发表。IODEF-SCI 提供了一种结构，用于将额外上下文信息嵌入 IODEF 文档中，包括 MITRE 的公共攻击模式枚举和分类（Common Attack Pattern Enumeration and Classification，CAPEC）、公共漏洞和暴露（Common Vulnerabilities and Exposures，CVE）、公共漏洞评分系统（Common Vulnerabilities Scoring System，CVSS）以及一些其他标准。

实时内部网络防御（RID）
: 正如 STIX 以 TAXII 作为 STIX 格式信息交换的利器，IODEF 和 IODEF-SCI 使用 RID。RID 旨在支持不同企业以安全、易于管理的方式共享事件数据。RFC 6545（*https://oreil.ly/C96QV*）和 RFC 6546（*https://oreil.ly/JNjv2*）分别定义了 RID 和使用 HTTPS 的 RID。与 TAXII 类似，RID 为信息交换模型提供了多个选项，包括直接对等、网格对等和客户订阅。

OpenIOC

前面说过，Mandiant 让 IOC（Indicator Of Compromise，攻陷信标）这个术语得到普及，并开发了一套 IOC 捕获标准，即 OpenIOC。OpenIOC 是一种 XML 架构（你可能已经看到这一趋势），用于根据受害主机或网络的通信等恶意活动相关信标，捕获取证对象并对其进行分类。Mandiant 已经确定了超过 500 种可能的对象，这些均可使用 OpenIOC 记录。该框架还允许使用 OpenIOC 的企业按需定制和创建新的字段。OpenIOC 可以与 STIX 进行交互，两种标准之间的转换方法已有公开文档（*https://oreil.ly/hF4KO*）。

在共享和接收威胁数据情报时，你可能需要将数据从一个标准转换成另一个标准。了解不同标准的各个字段和组件是很重要的，因为在两者之间进行转换时（例如，从 STIX 转换到 OpenIOC），某些数据字段可能会发生丢失或存在冗余。如果你没有注意到标准之间的区别，可能会导致一些已经捕获的信息在转换后无法被找到。当从一种数据标准转换为另一种时，应确保当前标准的重要字段被转换为新标准中的等效字段。

OpenIOC 项目的想法虽好，但目前基本上已经被弃用了。Mandiant 与 FireEye 的合并，带来了双方技术栈的融合，但在公司分离时又被拆开。除了对 Mandiant 之外，OpenIOC 并未获得足够的吸引力，未能成为行业标准，最终输给了 STIX 2。

7.4.3 战略信息的数据标准与格式

前面说过，采用前述格式捕获的信标只占待获取内容的一半。信标不但适用于检测和响应，还可以用于收集那些可供战略分析的上下文信息。这类信息固然可以采用 STIX 之类的格式来存储，但捕获技术的信息标准往往并不适用。这类信息被捕获后，通常被记录在文档里或用在幻灯片中。战略信息的存储选项不像技术信息的存储选项那么多，但还是有些可供使用的框架，以避免遗漏事件信息的关键部分。我们将探讨存储战略信息的三个主要标准：ATT&CK、VERIS 和 CAPEC。

ATT&CK

书中反复提及 ATT&CK 的原因是它在过去几年席卷了威胁情报社区。自 2018 年开始，将威胁情报从 IOC 转向行为体的技战术（登上了金字塔模型）的呼声越来越高，MITRE 的 ATT&CK 应运而生。

MITRE 于 2013 年提出对手战术、技术和常识（Adversary Tactics, Techniques, and Common Knowledge，ATT&CK，*https://oreil.ly/bCUDO*）标准，旨在对攻击者的攻击生命全周期进行行为分类。该标准最初侧重于从战术（用于描述对手在一起攻击事件中短期的、战术上的目标）和技术（用于描述对手为实现其战术目标所使用的手段）两方面描述针对微软 Windows 平台的攻击。目前，ATT&CK 对于攻击的描述能力已扩展到包括 Linux 和 macOS 在内，并增加了用于描述攻击前准备（PRE-ATT&CK）、移动平台（Mobile ATT&CK）、工业控制系统、云系统，乃至 Docker 和 Kubernetes 等容器的扩展矩阵。

ATT&CK 对象结构包括标签、字段和关系。其中，"标签"是用于筛选或透视的数据点；"字段"是用于描述技战术的文本；"关系"用来定义不同实体之间的关系。

ATT&CK 模型关系如图 7-1 所示。攻击组织、技术、战术和软件都有各自的字段，可以用来描述额外的相关信息，这使得 ATT&CK 成为一个可以同时描述战术信息和战略信息的模型。

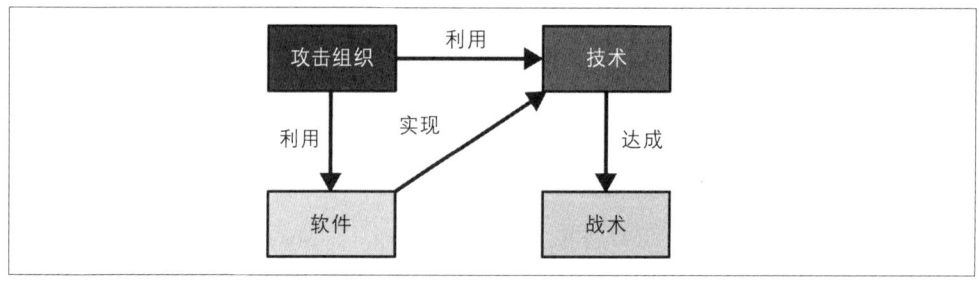

图 7-1：MITRE 的 ATT&CK 模型关系

VERIS

事件记录和事件共享的词汇表（Vocabulary for Event Recording and Incident Sharing，VERIS）是一种基于 JSON 的标准，因支持威瑞森电信（Verizon）的数据泄露事件报告（DBIR）而闻名。VERIS 框架将捕获信息分为四类（简称 4A）——行为体（Actor）、行动（Action）、资产（Asset）和属性（Attribute），用于回答关于事件的相应问题：

行为体

  该字段用于回答"是谁的行动影响着资产"这个问题。该字段描述事件幕后操纵者的高层信息。该数据用于列举行为体属于内部、外部还是合作伙伴，以及行为体的意图。

行动

  该字段用于回答"是什么行动影响着资产"这个问题。攻击者获取权限的方式就是一种"行动"，包括通过恶意代码获取、通过入侵获取、通过社会工程获取，还包括特定因素，比如利用已知的漏洞，或使用钓鱼电子邮件。

资产

  该字段用于回答"哪些资产受到影响"这个问题，这是一个需要从战略角度回答的重要问题。列举的信息包括受影响资产的类型，以及相关资产的可访问性和对资产的管理。

属性

  该字段用于回答"资产如何受到影响"这个问题，采用传统的保密性、完整性、可用性三要素。

VERIS 还可以描述事件时间线和与影响相关的信息。这类字段用于描述事件识别、缓解和修复相关的耗时情况，以及企业所受影响的严重程度。VERIS 的主要用途并非生成规则或产生告警，而是帮助企业了解所面临的风险。因此，信息的详细程度和技术性不及 STIX，也不如我们前面提到的那些格式。但是，它可以更完整地介绍某个特定的事件。

CAPEC

CAPEC（Common Attack Pattern Enumeration and Classification，通用攻击模式枚举和分类）框架最初是为辅助安全软件开发而设计的。CAPEC 的理念是：如果软件开发人员能够理解攻击者瞄准和攻击软件的常见手段，就能够设计和构建出不容易受到这类攻击的软件。CAPEC 不仅可以描述特定的技术细节，还可以将攻击全貌描述为攻击模式，包括攻击先决条件、相关弱点、相关漏洞和攻击者步骤的信息。

只要事件具有清晰、有效的 CAPEC 描述，企业就可以从攻击中学到很多东西。通过长期对攻击模式的不断分析,可以了解攻击者的作业方式和绕过安全措施的手法,从而采取更多的措施来保护企业。

7.4.4 信息提取流程

在确定了待捕获数据的格式、数据存储位置后,还需要开发一套信息提取流程。这也是"利用"阶段的一项工作。不过限于篇幅,此处难以将信息提取的具体步骤逐一尽述,毕竟对于网络空间威胁情报而言,每种方案都有其独特的组成部分,流程只能因人而异。本书将概述如何开发一套长效的流程,如果需求发生变化,也不难对流程进行修改。

第一步:明确目标

目标力求清晰具体。不要只是说"我们的目标就是管理事件产出的数据",虽然这可以算一个初级目标,但还远远不够。清晰具体的目标应该包括"利用"阶段的预期产出、数据为谁提供支持,以及预期的影响。例如,"提取全部信息(包括 IOC、TTP、目标信息和战略信息)并将其保存于电子表格中,电子表格应有事件执行摘要,可供五人规模的情报分析团队深入分析、提出检测和缓解建议"。这样的目标就可以作为你的流程路线图。

第二步:确定工具

用"工具"这个词未必准确。所谓工具,是指用来帮助你实现第一步所述目标的系统、平台。例如,某些组织的威胁情报平台(Threat-Intelligence Platform,TIP,本章稍后将介绍),就可能内置了信标自动提取、分类这样的功能。如果没有 TIP 的支持,也可以借助其他资源来实现,包括脚本、电子表格、数据库或其他协同工具。同样,为了完成这一步骤,需要先确定所需工具。例如,如果需要给五人规模的情报分析团队共享信息,会用到某种或多个协同工具。如果缺少这类用来共享信息的协同工具,想实现这一目标将会困难重重。

第三步:确定系统或流程

相对其他步骤来说,这一步骤最为多样化,这是因为分析人员可以用多种方式将获取的数据送入相应工具,来实现第一步所述的"利用"阶段的目标。为确保目标可以实现,应以一种系统的、有文件记录的方式来处理这项工作,避免损失或忽略任何信息。这一过程可能涉及以下任务:

1. 确认所有待聚合的数据源位置。
2. 创建数据源清单,跟踪哪些数据源已被利用。
3. 根据所用工具做相应的准备工作,如根据模板创建文件,为录入数据设定数据库标签,或者创建新的 WiKi 页面以存放与事件相关的全部信息。

4. 根据清单，从不同数据源聚合数据到所用工具，并在完成后逐项核对。

有了清晰的流程，就可以将杂乱无章的事件数据转换为完整的结构化信息，以便着手分析。你建立的系统可能只适合自己使用，也可能适合多人使用，让大家在系统的支持下各司其职。为了让系统更加稳定可靠，你会希望给系统加上时间表或里程碑，但你会发现不同事件之间差异显著，只要严格按照步骤推进就好了，时间表反而无足轻重。重要的是要将数据提取过程全面记录下来，当目标、工具或需求发生变化时，更新或修订流程就不会遇到麻烦。

第四步：执行流程和反复迭代

这是你需要耗费精力的一步。即使你有合适的工具，建立起可靠的流程，准备逐步走完流程，流程的迭代也可能会是整个流程中最难的部分。先把流程执行起来，看看效果如何，找到有阻碍的地方。不要害怕改变流程，使用新的工具或新的方法，可以让流程执行得更加顺畅。如果找到了某种特别有用的方法或途径，一定要记录下来，以便将来的分析人员（可能就是你自己）使用。

7.5 信息管理

信息管理不是从调查结果中提取各条 IOC 或调查对象那么简单。还有大量附加信息也要记录下来，这样才能知道将来如何维护和处理各类信息。

以下是用于信息管理的一些关键字段：

日期
该数据或信息是什么时候发现的？这一字段不仅在分析时会用到，也用于支持数据的过期或退役，从而在分析过程中确定数据是否有效，以及何时失效。

来源
不知道信息何时取得、从何取得，将会令人极度沮丧。在分析过程中，假设你想回过头来获取更多信息，或者假设你想设定某条信息的置信度，关于信息来源的描述就会派上用场。

数据处理信息
数据通常会因敏感程度和来源而被采用不同的方式处理。我们建议使用美国国土安全部（DHS）发布的交通信号灯协议（Traffic Light Protocol，TLP）标准，其中规定了信息共享方式。TLP 标准于 2022 年 8 月进行了更新。其他信息可参考 *https://www.first.org/tlp*[注1]。

注 1：在第 1 版中，作者 Rebekah Brown 误提供了巧克力蛋糕食谱（*https://oreil.ly/ZXWzq*）链接，而不是 TLP 文档的链接。

- TLP 白色

    公开可用的信息，可以使用任何方式与任何人共享。

- TLP 绿色

    可与同行或合作伙伴共享的信息，但不应使用公开信道（比如发布到博客，或以推文形式分享给记者）。千万不要那样做。

- TLP 黄色

    这类信息可向企业内部人员和客户分享，但不可与外界共享，也不能使用公开信道。在 TLP 第二版中，针对容易对此标准使用条件产生困惑的情况（特别是企业内部客户）加以明确，提出"TLP 黄色 + 严格"形式的附加说明，这一标准要求信息仅在企业内部共享，不可提供给外部人员（包括客户）。无论是 TLP 黄色，还是"TLP 黄色 + 严格"形式，均不应使用公共信道共享。

- TLP 红色

    这类信息极度敏感，通常与进行中的事件或调查有关。未经批准，不应与指定收件人之外的人员（甚至包括收件人所在企业内人员）共享。TLP 红色信息通常会在问题解决后降为黄色或绿色。

重复数据

务必保证数据不会重复，即使是意外地捕获到相同的事件数据，或威胁被报告重复出现。不过，有时你会从不同来源收到相同信息，当这种情况出现时，应对其进行记录。从多处得到相同信标（比如一份来自内部调查，另一份来自 FBI 的威胁报告）本身就暗示了问题的严重性；反之，你若未能收录多个来源的细节，就会阻碍下一阶段的分析过程。

在开始存储和管理数据之前，牢记上述内容，使用和维护数据就会事半功倍。

威胁情报平台

通过前面对标准和众多要求的介绍，你也许可以看出，将调查、捕获和分析过程中所利用的全部信息管理起来并非易事。通常，威胁情报平台（Threat-Intelligence Platform，TIP）可以简化这一过程，使收集信息、存储信息和查找信息变得更容易。

威胁情报平台由数据库和用户界面组成，专门用来处理威胁信息。威胁情报平台有多种不同类型，有的侧重于信息共享，有的侧重于大量 IOC 的存储和管理。大多数威胁情报平台可以按照本章前面介绍的战术格式接收信息，记录管理信息所需的额外信息。使用威胁情报平台将大大减少 F3EAD 循环的"利用"阶段所需完成的工作量。威胁情报平台既有多个流行的开源版本，也有各种商业解决方案。下面将分别进行介绍。

MISP

MISP（Malware Information Sharing Platform，恶意软件信息共享平台）是一种免费的恶意软件威胁数据管理平台，由开发者组织与 NATO NCIRC 共同创建。MISP 提供了具有用户界面的数据库，支持存储与攻击有关的技术信息和非技术信息，便于对威胁信息进行关联和共享。MISP 支持以 OpenIOC、纯文本、CSV、MISP XML 和 JSON 格式导出的信息，可用于入侵检测和入侵防御。MISP 还具有强大的共享功能，支持用户将信息与其他 MISP 用户或组织共享。你可以在 GitHub（*https://oreil.ly/Rxjiy*）上得到更多关于 MISP 的信息。

CRIT

CRIT（Coll aborative Research Into Threat，威胁协作研究）是另一种管理和共享威胁数据的开源工具。CRIT 由 MITRE 开发，因此被设计为可与 STIX 和 TAXII 集成。CRIT 可存储威胁信息，并支持向信标添加信任度和严重性。CRIT 与 TAXII 服务集成，易于共享，因此对那些利用 STIX 和 TAXII 从政府或其他企业接收或交换信息的机构而言是一个很好的选择。CRIT 支持将数据导出为 CSV、STIX 和 JSON 格式。在 GitHub（*https://oreil.ly/s7VX_*）上可以找到 CRIT 的安装信息和使用文档。

YETI

YETI（Your Everyday Threat Intelligence，你的每日威胁情报）平台是一个威胁情报管理工具，于 2017 年 3 月公开发布，旨在为分析人员提供用于管理和分析威胁情报的集成环境，可支持多种类型的威胁情报，如可观测对象、攻陷信标、TTP，以及威胁相关的一般知识。YETI 的一个强大之处在于，除了支持存储已发现的威胁相关信息之外，还支持拓展信标，包括域名解析和 WHOIS 查询，同时也可以通过配置与其他工具集成。YETI 可以接收 MISP、JSON 和 XML 格式的反馈数据，也可以从多种恶意代码沙盒接收数据。YETI 极为灵活并专门为应对威胁情报分析人员近年来遇到的许多挑战而设计——分析人员需要的信息往往是一致的，却要以不同过程或流程来获取。在 GitHub（*https://oreil.ly/O_cAj*）上可以找到 YETI 的安装信息和使用文档。

商业解决方案

各种商业解决方案也可用于威胁情报管理。大多数商业解决方案不仅包含类似于 MISP、CRITS 和 YETI 的功能，还提供系统配置管理，并负责安装和硬件管理，以及提供排除故障或功能需求方面的支持。如果企业开发能力不足又需要易于设置和维护的平台，商业解决方案是非常理想的。

无论是开源的威胁情报平台，还是商业的威胁情报平台，都具有许多相同的功能和特性，但在设计时会考虑特定应用场景，比如侧重于恶意软件的威胁信息、侧重于特定的信息共享，或者侧重于为分析过程提供支持和便利。从开源威胁平台入手的好处在于，可以更好地满足你的企业需求。但如果你的企业在安装和支持这些工具方面遇到问题，那么在为你的企业选定最佳的总体平台类型之后，可以尝试一下商业解决方案。

7.6 本章小结

能够接触到这些调查数据是你的幸运，这些信息在任务完成后也不应被遗忘——无论调查发生在企业内部还是别的地方。需要将这类信息进行分析和传播，让企业从中吸取经验教训，以便应对这些威胁。但是，如果没有事先在关键的利用阶段收集信息，将其加工为可用格式，并为进一步分析将信息存储起来，就不可能进行情报的分析和传播。本章分析了一些处理和存储此类信息的可选方案，从存储格式到实际的数据库，再到用于访问它的接口，下面就需要花时间研究这些方案，从中找到合适的系统或系统组合。"利用"阶段完成之后，进入 F3EAD 循环的下一阶段（分析），就容易多了。

第 8 章
分析

"不知怎样提出正确的问题,就只能一无所获。"

——W. Edward Deming

假设收集到的全部信息均得到利用,在格式化、标准化处理后,保存在数据库或威胁情报平台里。现在该做什么?如果没有经过分析,那么这些信息放在那里没有什么用处。F3EAD 循环的分析阶段最不容易理解,但也是最重要的阶段。在分析阶段,我们需要将数据和信息加工为情报。本章将介绍分析的基本原理、以目标为中心的结构化分析模型,以及分派置信度和解决认知偏见的过程。

8.1 分析的基本原理

为了正确地分析所掌握的信息,你必须经历另一个版本的情报循环(谢天谢地,这个循环比较小)。你需要决定要求是什么,或者换句话说,你要回答什么问题。在开始之前,你需要为回答这些问题而收集信息。大部分内容是在整个调查过程中收集的,并在利用阶段经过了标准化处理,但还有些内容需要借助其他信息来丰富或扩充,然后才能正确地分析数据。因此,在进入分析阶段前,可能还需要继续挑拣数据。F3EAD 的分析阶段所描述的整个情报循环,如图 8-1 所示。

在响应走鹃行动入侵的过程中,我们已经识别出漏洞利用、命令和控制所使用的域名和 IP 地址。这些信息在定位和消除阶段为我们提供了帮助,并将以另一种方式继续帮助我们分析该入侵行动。这一次我们识别攻击技术细节,不仅是为了响应和修复,而是要通过分析这些域名和 IP 提出其攻击模式,从而更好地了解攻击者的策略,对其后续攻击行为做出预判。这一过程涉及收集有关域名和 IP 的更多信息,包括这些域名和 IP 由谁注册,攻击者如何使用它们。这些新的信息随后将进行分析、填补情报缺口(成为分析所需的关键信息),并根据需要收集更多信息。

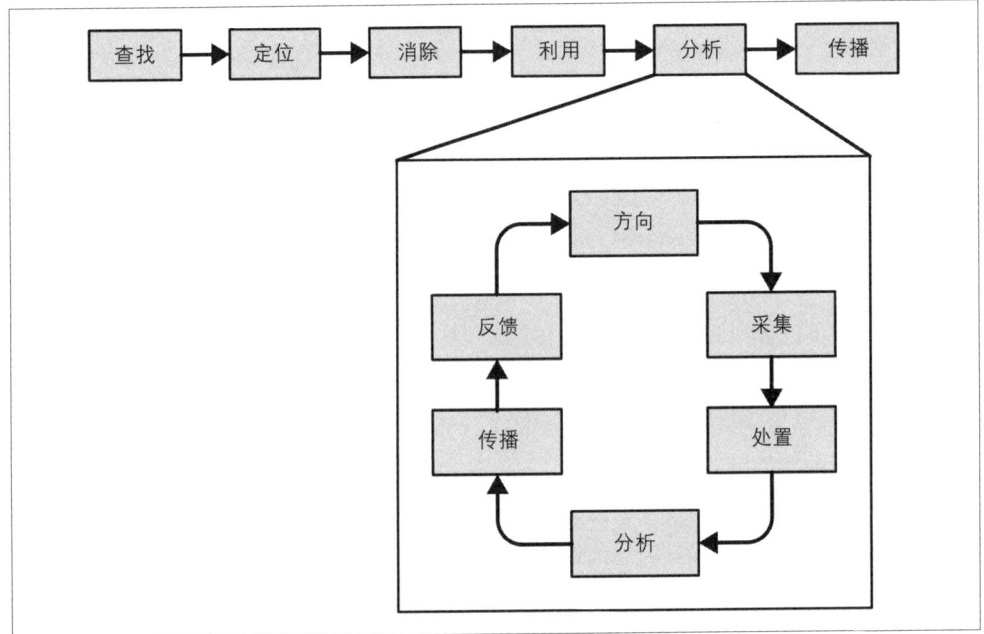

图 8-1：F3EAD 循环的分析阶段

8.1.1 双重过程思维

你可能会注意到，进入 F3EAD 循环的这一阶段，工作节奏有所放缓。这并不是说后续步骤变得无足轻重，而是因为心理活动的参与（尤其是在分析阶段），需要为认知问题付出巨大努力，且要保持足够的严谨，事件响应不能靠"快速思维"来完成。相反，我们需要"慢思考"，尽管我们要面对最后期限的压力（而这个最后期限往往近在眼前）。

思考的快与慢，这个观念的普及得益于 Daniel Kahneman 的著作《思考，快与慢》[注1]。不过，关于思维的双重过程理论已被研究了几十年。这一理论概括地讲就是两种思维模式。第一种是快速思维模式，也称为系统一思维，是一个快速的、无意识的过程，通常基于联想和经验，严重依赖于预先存在的心智模型。这一思维模式可以让我们在紧急关头迅速采取行动，摆脱困境。在这种模式下，大脑会假设，较之行动缓慢而产生的风险而言，直觉判断上的小缺陷是微不足道的。系统一思维相关的缺陷包括：认知偏见和心理模型误用。这类缺陷对于逃离虎口来说并不算严重，但在做出长效影响的决策时，可能会导致很多问题。

第二种模式是慢速思维模式，也称为系统二思维，是一个深思熟虑的推理过程，旨在抗拒系统一思维产生的冲动偏见。借助系统二思维，你不仅需要花时间去克服偏见，还

注 1：Daniel Kahneman, *Thinking, Fast and Slow* (New York: Farrar, Straus and Giroux, 2013).

要确保对于分析内容的不同上下文有准确的理解。你要考虑到二阶、三阶效应,即有些结果可能不会立即出现,但却有可能对未来产生重大影响。理解复杂的网络态势需要时间,不花时间把事情想清楚就很可能做出误判。

本章重点在于系统二思维模式(慢速思维模式),以此获得更为深入的洞察力,并将此洞察力明确表达、反复辨析并与他人分享,让他们可以遵循推理得出相近的分析结论。这不是一件容易的事,不过本章将提出不同的路径、方法和框架来帮助推进这一分析。我们还将介绍一些额外的心智模型,帮助分析人员使用正确的思考框架。比如元认知,这一概念至少自希腊哲学家亚里士多德时代就开始讨论和争论。

8.1.2 演绎推理、归纳推理和溯因推理

在思考问题的时候,我们通常不会去想自身是如何进行思考的。譬如驾车,可以不假思索地选一条"平淡无奇"的路一直向前开。但真的是"不假思索"吗?比如遇到堵车、道路施工,或者需要顺路去商店购物,又或者你只是想欣赏不同的风景。此时,你可能需要换一条路线,但终点不变。对于推理而言,同样也可以殊途同归。

要知道,推理就像我们做的很多事情一样,遵循典型的智力公理。如果问哪种推理方式是最好的,答案是:视情况而定。就像驾车出行,选择哪种推理方式取决于想要达到什么目的。可问题在于,有时你并不明白为何选择了给定的方法(有点像以自动驾驶的方式开车到达某地)。很多时候,情报分析人员和安全分析人员正是这样。所以,让我们退后一步,想想我们是如何解决问题的,为什么我们应该考虑换一种方式。

演绎推理

> 演绎,即通过推理得出结论,特别是,关于细节的结论必然遵循一般或普遍前提的推理。
>
> ——韦氏大学词典,第 11 版(定义 2a)

演绎推理因大家最喜欢的侦探夏洛克·福尔摩斯而出名,但并不总像人们所想的那样。简而言之,演绎必须有普遍接受的前提。换个角度讲,就是从一个想法出发,通过一次或多次对原因的观察,形成预期后果的结论。

演绎往往是非常直接和简单的,而不是像我们在调查中所想的那样。以高中几何知识为例,有一条几何定理是三角形内角和是 180°,若某个三角形有两个角均为 45°,你可以据此定理演绎得出第三个角必为 90°。你还可以更进一步,根据另一条定理(任何 90° 的三角形都是直角三角形)得出该三角形必为直角三角形。

那位住在贝克街的侦探很喜欢提及演绎推理,但一般的侦探并不借助演绎推理来分析案件。在大多数关于演绎的例子中,既有简单的前提,又有近乎完美的线索。演绎对于理

解基本生活常常是有用的，但对于调查却没有用。我们很少有足够完善的信息，也很少能提出放之四海而皆准的定理。

归纳推理

> 归纳，从特殊的实例中推理出一般的结论。
>
> ——韦氏大学词典，第 11 版（定义 2a）

归纳推理是通常会在调查中使用的推理方法。比如，你在分析一堆数据，从中找出某个实例，继而找出几种不同的实例，再据此总结出满足全部数据的规则。你可以进一步简化这一过程——归纳就是根据一组特定的因果关系得出一般规则的过程。

归纳推理往往是一条捷径。例如，假设你有一位新同事，他周一的午餐是花生酱和果冻三明治，周二、周三和周四的午餐同样是花生酱和果冻三明治。那么，周五呢？根据归纳推理，你会说：" 显然，他每天都吃花生酱和果冻三明治，所以，他周五也会吃花生酱和果冻三明治。" 也许他真的这么做了，但也可能你的这位新同事会问其他人周五要不要一起出去吃午餐。

对于归纳推理来说，信息多多益善，因为信息越多，越能增加你的理论成立的可能性。但这些通过归纳得出的理论只对现有的数据适用，而不够充分的数据有可能得出并非 100% 正确的结论。以刚才那位连续四天吃同样午餐的同事为例，我们假设他第五天也是如此。第一周结束后，我们可能会完善我们的理论，并假设他每个周五都要去外面吃午饭。在第二周结束后，若你发现他只是在第一个周五和同事去外面吃，情况则发生改变。所以，你可能需要再次完善理论。这就表明，" 相关性不等于因果关系 "。

数据越多，理论就越完善，但这对安全调查来说是一个挑战。因为我们无法得知我们的数据究竟有多少，我们看到的是 10%，还是 100%。想知道我们的理论是否完善是不可能的，将它想得太好会很危险。借助 Maltego 这类连接分析工具，我们可以看到这种情况经常发生。人们通常会使用力导向图来分析数据，归纳理论。这通常很简单，查看图中的网络流，并假设连接最多的节点必然是最重要的。果真如此吗？有时候是这样，不过，随便找来一位恶意软件分析人员问问，有多少恶意软件会借助 *google.com* 或 *microsoft.com* 验证互联网的连通性？这能说明它们是恶意网站吗？显然不是。

溯因推理

> 溯因，在三段论中，大前提成立，但小前提未必成立，则结论未必成立。
>
> ——韦氏大学词典，第 11 版（" 演绎 "" 归纳 " 与 " 溯因 "）

现在，你可能已经猜到，溯因推理是我们在安全调查中最常使用的。溯因推理在某种程度上是其他两种推理类型的结合（夏洛克·福尔摩斯所使用的推理方式多数就是这种）。

溯因推理是根据既定规则和结果得出一系列看似合理的原因。这与归纳推理不同，在归纳推理中，我们试图得出一些基本规则，而不是依据这些规则来推理；也不同于演绎推理，在演绎推理中，需要一系列原因和规则，然后用它们来预测一个结果。

溯因推理是开展调查最好的推理方法，因为它不同于归纳推理和演绎推理，适合我们这种信息并不充分，也难以根据这些信息提出一般规则的情况。此外，我们在调查中所追求的通常是问题的原因。例如，如果你说"流量过大导致我们的网站宕机"（结果）以及"流量过大是 DDoS 勒索的常见原因"（规则），那么你可以想出一个原因："我们正在受到 DDoS 勒索攻击。"

为什么要讨论推理？

在网络安全领域，我们最常见的问题和挑战来自对问题推理的错误和基本假设的错误。以将恶意软件归因到具体威胁行为体这件事为例。多年以来，Winnti 恶意软件通常被认为只由一个威胁行为体使用，所以会借用恶意软件名称来指代威胁行为体（这就是一个坏规则）。这是归纳推理失误的例子。其结果是，这个糟糕的规则被反复应用，因为对手的行动与最初的威胁行为体 Winnti 不相符，带来谁是攻击某企业的幕后黑手的混乱。在 MITRE ATT&CK 的 Winnti Group 页面（*https://oreil.ly/t9SUL*），这种混乱显而易见。页面指出了该组织与 Axiom、APT17 和 Ke3chang 出现重叠。

简而言之，如果不知道自己在如何处理问题，为什么要这样处理问题，那么很容易出现错误，可能导致混乱，甚至继分析的失败。最先发现恶意软件 Winnti 的分析人员将其关联到某一行为体，这可能没有错，但对后续跟进的安全厂商来说，他们的推理又是如何被接受的，这才是问题。关键假设检查（一种结构化的分析方法）有助于质疑和避免这类错误，不过，最好先想清楚你的思维是如何形成的，在思维方式带来麻烦之前，避免提出假设！

> **案例研究：OPM 泄露事件**
>
> 美国联邦人事管理局（OPM，*https://oreil.ly/_cpzJ*）泄露事件是近年来最严重的泄露事件，曾造成超过 2000 万人员在背景调查中产生的高敏感信息被窃。OPM 泄露事件引人注目不仅因为被窃信息规模之大和敏感度之高，也因为多次受到入侵而未能识别和阻止攻击行为。该入侵是一次历时多年的复杂行动，包括窃取 IT 手册和网络拓扑图、攻陷两个承包商获取 OPM 网络权限，以及最后直接入侵 OPM 网络。虽然其中的一次入侵被识破，却没有人将事件关联起来，察觉到更大的威胁。
>
> 甚至在攻击者发起攻击之前，我们仍有机会将已掌握的攻击者信息及其作业方式应用于防御。我们本应知道，一个有权访问全体美国人高度敏感、极具可操作性的个人信息的政府机构，是具有国家背景的攻击者的高价值目标。

> 该泄露事件的完整时间线就是一堂生动的分析方法课，如果以适当方式、按部就班地学完，就可以防止或减少一场成功的攻击行动所造成的破坏。该事件还告诉我们，如果事件响应人员、管理人员和决策者无法从点到面地审视全局，情况会有多糟糕。尽管当时有那么多可用的信息，失败的分析仍然造成了 OPM 泄露事件，这是一个令人沮丧的典型案例。

8.2 分析过程与方法

在事件响应中，具有与网络入侵相关的经验才能快速、准确地决策，识别恶意活动模式，制定缓解措施。正如我们在"查找""定位""消除"章节中所学到的，杀伤链和钻石模型可以帮助我们围绕事件梳理想法，组织数据。在分析的时候，我们会依赖另外一些情报分析所独有的技能，并要将它们与网络入侵、网络安全方面的知识和经验相结合。这些是一种认知技能，有助于提高任何基于内容的特定领域专业知识。认知技能包括记忆、认知加工、逻辑和推理、注意力和认知灵活性。这些技能在生活的各个方面都很有用，可以通过一套流程和框架应用于给定主题。在情报驱动事件响应中，我们使用结构化分析方法（SAT）和分析框架，如以目标或受害者为中心的分析，来指导我们的分析过程（稍后详细介绍）。

本节介绍的常用分析流程和方法，既可以单独使用，也可以结合使用。在情报分析中，起主要作用的并非我们关于某一分析对象的经验，而是关于情报分析全流程的经验。

8.2.1 结构化分析方法

Randolph H.Pherson 和 Richards J.Heuer, Jr. 合著的 *Structured Analytic Techniques for Intelligence Analysis*[注2] 是一本很好的入门读物。结构化分析方法适用于各类情报分析，其中一些方法对于情报驱动事件响应尤为适用，我们重点介绍这些方法。

使用结构化分析方法的目的是让分析人员可以（或快或慢地）循序渐进地开展工作，使其可重复，并可解释给其他参与分析过程的人，将其复现出来。结构化分析方法的设计初衷，就是用来对抗本章前面讨论过的系统一思维缺陷（认知偏见和心理模型误用）。对于情报分析来说，可以将结构化分析方法分为六类：

整理类方法

在分析流程刚刚启动而分析人员面对一堆数据不知所措的时候，这类方法可以帮助

注 2：Randolph H. Pherson and Richards J. Heuer, Jr., *Structured Analytic Techniques for Intelligence Analysis, 3rd edition* (Thousand Oaks: CQ Press, an imprint of SAGE Publications, Inc., 2020).

他们，包括排序、评分和清单等方法。幸好情报驱动事件响应工作并非从一块空白石板开始，毕竟整个事件响应过程中都在不断收集、分类和组织数据，通常不会没有抓手。当然，若是打算投入时间着手分析那些尚未分析完毕的既往事件数据，也不妨借助这类方法。

探索类方法

这类方法可以帮助分析人员提出新的思路，反思以前的旧观念，或尝试打破那些让我们认为绝无可能的偏见藩篱。探索类方法侧重于头脑风暴和创建思维导图等，通常用于分析不同要素之间的关系。

诊断类方法

这类方法经常用于情报驱动事件响应。实际上，我们最常用的一种方法是其中的竞争性假设分析，这会在下一节介绍。诊断类方法最接近我们年轻时学到的科学方法，但需要指出的是，在情报分析中，我们几乎从来没有完整的画面，通常无法全面测试所生成的假设。在这一类方法中还包括多种假设生成法、诊断推理法和欺骗识别法。

重构类方法

这类方法对于任何分析人员都很重要，其设计初衷是发现那些可能影响分析的认知偏见和心理模型误用。本章后面会讨论许多"质疑分析"[译注1]方法，包括红帽分析法、若则分析法，这些都被看作重构类方法。这类方法最好由团队共同使用，以便于发现个体心智模型缺陷。当然，也可以供分析人员独自使用，此时需要加入结构化的自我批判。

预言类方法

"预言性情报"是安全经理和首席信息安全官都希望团队可以定期生成的内容。不幸的是，完美预测未来并不现实，不过结构化分析方法中有一些预言类方法，有助于发现可能预示未来结果的驱动因素，以便对其进行监测，预测变化。对于情报驱动事件响应特别有用的一类方法是指标生成、验证和评估。我们将在下一节中介绍。

决策支持类方法

有时候（事实上经常如此），分析人员进行分析的目的不是为了推动下一步的工作，而是为了将结果展示给上级领导或决策者，供他们制定决策。幸运的是，有一些方法可以帮助思考和组织信息，从而支持决策。这些重量级的方法在商业情报分析中也常常得以应用（如 SWOT 分析），我们将在第 10 章中介绍。

以下步骤可以帮助你决定使用哪种结构化分析方法，以及确定需参与该过程的人员：

译注1：质疑分析（contrarian）也称"逆向分析"，为避免与二进制逆向分析混淆，本书使用"质疑分析"。

1. 确定你要回答什么问题，最好是领导提出的具体需求。你可以反复使用结构化分析方法来回答那些问题，但最好不要用同样的分析来回答多个问题，就像不可在一项实验中改变多个变量。即使分析过程仅有些许差异，也要尽量分别进行，以免干扰判断或污染结论。如果时间有限，可以优先处理最紧迫的问题或需求，立即着手工作。

2. 通过分析确定你要回答的问题本质是什么。是趋势展望吗？若是这样，你就应该回顾预言类方法。是要总结企业近期入侵事件的总体威胁模式吗？若是这样，就要考虑诊断类方法。不仅要看到问题，更要抓住问题本质，这样才不会偏离主题。

3. 检查已被利用的数据，确定是否已经掌握足够的信息来生成一个或多个假设，从而找到问题的答案。这会涉及调查阶段所收集信息的检查，可能需要额外收集拓线信息，我们将在本章后面讨论这些内容。

4. 前面说过，结构化分析可以由分析人员独自使用，但由团队一同使用会效果更好，所以需要明确由哪些人来组成这个团队。如果你已经工作在一个充满活力的分析团队，这就不难了（而且你很幸运）；否则，就需要考虑分析工作中的一些其他因素，比如事件响应核心人员、恶意软件分析人员、红队……这些人都习惯于分析思考，而且使用结构化分析方法的一个好处就是，这是一个循序渐进的过程，既可以利用独特的经验和想法，又解决了个体经验可能带来的偏见。

对于给定情况，上述各类方法可以帮助我们简化选取结构化分析方法的过程，除此之外，作者 Heuer 和 Pherson 另外提供了几种方法，以适用于其他情况。这是一些情报驱动事件响应的核心方法。下面将介绍的核心方法包括关键假定检查法、竞争性假设分析法以及指标生成、验证和评估。我们还将介绍一些非常有用的"质疑分析"，用来解决可能会严重阻碍分析的偏见。

关键假定检查法

关键假定检查法是一种系统化方法，用来发现那些可以填补关键信息空白的假设，以及确定这些假设是否有效，是否应在分析过程中保留下来。该方法尽量在分析工作开始时采用，在使用结构化分析方法的过程中，我们会看到那些先入为主的假设是多么根深蒂固。

关键假定检查法是结构化分析方法中最有用的一个，这样说是有理由的。前面说过，我们的大脑会尽可能地寻找捷径。这些匆忙得出的假设，无论对错，通常会成为我们后续分析的基础。有时候就该如此，但重要的是，我们要设法搞明白自己对于当前状况的基本信念从何而来。例如，我们对于走鹃行动入侵做出假设，这是因为我们收到了其他竞选活动的威胁情报，随后在我们自己的网络中发现了一些同样的信标，我们的工作也与竞选活动相关。

虽然这是合理的假设，并且在查找、定位和消除阶段确实帮助了我们，但这并不意味着我们不该质疑该假设。可以借助关键假定检查法来质疑。

Heuer 和 Pherson 提出的关键假定检查法的过程大致如下：

1. 召集成立关键假定检查小组。小组成员包括那些熟悉该项目或主题的人员，以及一些受尊敬的分析人员（虽然可能对该问题并不十分熟悉，但却可以提供不同视角）。

2. 开始会议：确定要讨论的具体话题，要求与会人员默默写下他们对该话题的假设。以走鹃行动为例，这类假设可以是"由老练的行为体发起，针对竞选活动""来自情报共享组织的信息表明这是一起常规入侵行为，不是假旗，也非乌龙"。

3. 收集每位参与者的意见，抄写在白板上，若是采用远程会议的形式，可由协作文档或屏幕共享来呈现。

4. 以小组形式，回顾已确定的假设，开始头脑风暴。可以用这样的问题来开场："哪些假设过于简单和基础，以至于我们从来没有想过要质疑？"

5. 待完整清单形成后，仔细考虑各项假设，然后问一些关键的问题。例如："我们为什么认为这项假设成立？"，或者"有多少证据支持这一假设成立？"，又或者"这一假设在过去成立，我们为什么认为它现在仍然成立？"提出否定假设也是有帮助的，未必刚好与假设相反，只要是可以显著改变对某一情况看法的新假设，都会有帮助。

6. 以小组形式评估各项假设是否经得起推敲，无论是得到支持但稍有异议，还是不被支持，或是存疑的。作者 Heuer 和 Pherson 建议使用这三个类别，不过，也有人建议使用 1 分到 5 分来说明置信度，1 分代表该假设完全不被支持，5 分代表该假设有充分证据支持。对于 3 分或以下的假设，应附上进一步收集信息以确定是否将其保留的计划，这些假设称为"关键的不确定性"，而不是"关键假定"。

7. 当出现多个置信度较低的关键假定时，还有一个办法，就是将关键假定填入 2×2 的矩阵，评估其置信度与潜在影响的高与低（见图 8-2）。一旦出现冲突（两个假定需要填入同一个单元格内），则需要基于小组一致意见，此时应优先填入低置信度/高潜在影响的假定。

切记，不要在关键假定检查完成后，认为其永远成立（或永远不成立，这取决于你的分析结果）。关键假定检查法不会让假设成为事实，或成为证据，假设依然是假设，但有时候额外的信息可能会或多或少地改变其有效性。所以要定期重新检查你的关键假定，只要你的关键假定能够影响你的分析结果，就要定期检查这些关键假定。

竞争性假设分析法

竞争性假设分析法（Analysis of Competing Hypotheses，ACH）是由 Heuer 提出的方法，用于评估多个备选假设，根据证据找出最适当的假设。ACH 过程分为 8 个步骤，强制分析人员考虑全部可能性，而不是凭直觉挑出来某一个假设，再找证据支持这一假设。8个步骤如下：

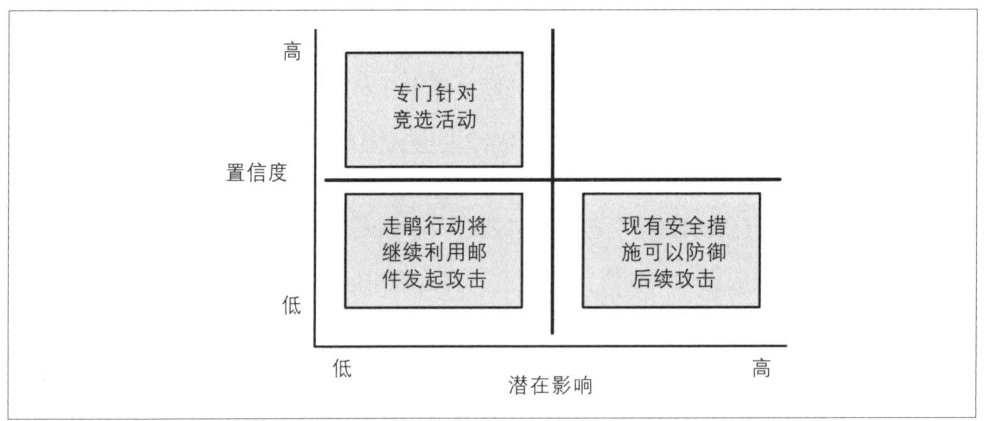

图 8-2：置信度 / 潜在影响评估矩阵

1. 确定需要考虑的可能假设。Heuer 建议由一组拥有不同背景和不同视角的分析人员开展头脑风暴，讨论各个假设的可能性。在这一步中，区分未经证实的假设和已经证伪的假设同样重要。未经证实的假设只是尚无证据证明它是正确的，而已经证伪的假设则是已有证据证明该假设不成立。在 ACH 过程中，可以存在未经证实的假设，无论该假设多么匪夷所思，但已经证伪的假设则不予考虑。

2. 列出支持或反对各个假设的重要证据。如果你已经完成了评估关键假设的过程，那么这一步应该是相对简单的，因为你已经掌握了有利于各种假设的关键证据。

3. 建立以假设为行、证据为列的矩阵，评估各个证据对各项假设是支持还是反对。该矩阵的示例参见表 8-1。填充矩阵的方法有多种。Heuer 建议以 C 代表证据与假设相符，以 I 代表证据与假设不符，以 N/A 代表证据对假设不适用。也有人建议在表格中列出权重，如证据适度支持假设，就使用一个加号，如果证据强烈支持假设，就使用两个加号，以此类推。

表 8-1：已完成的 ACH 矩阵

证据	假设			
	H1	H2	H3	H4
E1	C	I	I	C
E2	C	I	I	C
E3	N/A	N/A	N/A	N/A
E4	C	C	I	I
E5	I	I	I	I
E6	C	C	I	I

在表 8-1 的矩阵中，我们可以看到 H3 不受任何证据的支持，故将其从矩阵中删除。类似地，E3 对任何假设均不适用，E5 对各个假设均不支持，所以分析人员需要重新评估这些证据，以确保两者与分析有关，并且是准确的。有缺陷的或存在偏见的证据也可以通过评估阶段，以便将来确定分析中是否产生遗漏。

4. 进行初步分析，改进矩阵。在步骤 3 完成之后，矩阵应该只显示出少量内容——某些假设可能不被任何证据支持（标记为 I 或一号）。如果某一假设没有任何证据支持，虽然这并不代表假设被驳倒，但它还是应该从矩阵中删除。同样，如果某项证据对各个假设都表现为 N/A，那么分析人员应该将它从矩阵中删除，如果它确实是关键证据，则应该重新评估是否还应考虑另一种假设。

事件响应人员可能会不时遇到这样的情况：仅因为某项证据是与其他证据同时被发现的，而对来自另一毫不相关事件的证据进行无谓的分析。如果某一证据与其他证据均不匹配，最好将它从当前分析中删除，另行分析。

5. 对各个假设的可能性得出初步结论。此时应注重反驳假设，而不是证明它是正确的。在初步改进矩阵之后，你可以根据各个假设的证据支持程度重新评估其可能性。在表 8-1 的例子中，H1 具有最多的支持证据，假设分析人员认为 E5 不是有效信息，那么就没有证据反驳这个假设了。因此，H1 将被认为是最有可能的假设。H2 和 H4 都有支持和反对它们的证据，因此，它们的可能性较小。如果任何一项被标记为反对的证据证明这些假设是不正确的，那么这一项就会被认为是证伪假设。推翻一个假设要比证明一个假设是绝对正确的更为容易。

6. 分析结论对于单项证据的依赖程度。对于那些使你认为某一假设最有可能成立的信息，或者使你认为某一假设应该被证伪的信息，需要重新分析。是否有某项证据的权重过大？如果是这样，你对这一证据有多自信？这有助于确定判断的总体置信度。如果有不同来源的多项证据强烈支持某一假设，那么评估的置信度要高于根据单一来源的一两项关键信息做出的判断。

7. 报告结论，评估全部假设的可能性，而不是仅评估那个最有可能的假设。将所有考虑到的假设及导致最终判断的证据记录下来，形成报告，这是很重要的。在准备使用红队分析方法的时候，这一点很重要，相关内容将在本章后面讨论。一旦出现新的信息，这也有助于确定是否需要重新评估分析（也就是 ACH 过程的最后一个步骤）。

8. 确认是否需要重新评估分析。Heuer 写道，分析是不断探索的过程，总会出现新的证据，总会需要新的分析。如果发现任何情报缺口，或者你知道还缺少什么可能会改变判断的信息，都应记录在案，供今后分析使用。以走鹃行动入侵事件为例，其他组织遭受的类似入侵事件，以及因为采取额外安全措施而发现的攻击者活动，这些信息都应该补充进来。这时，你会用到新的日志。不论哪种情况，你都需要重新讨论原有判断。

我们将讨论的结构化分析法最核心的部分，就是在某个判定结果需要被审查、修改时设定预判标准的概念。

指标生成、验证和评估

在传统网络威胁情报术语中，指标（信标）即为 IOC，本书前半部分已经介绍过。结构化分析方法的指标并非 IOC，尽管有时 IOC 也会用于这种方法。在此情境下，指标是指一组可观测对象，可用于跟踪事件、发现趋势，或者用于警告发生了意想不到的事情，预示意料之外的事情即将发生。关于这些，事实上有一门称为"指标和警告情报"学科，如果发现自己经常在使用结构化分析方法，不妨研究一下这门学科。指标生成、验证和评估是结构化分析方法的一种，主要工作是为当前分析的活动生成指标列表，对其进行验证和评估后，才进入实际分析过程，这在情报驱动事件响应中非常有用。

准备指标清单。该方法首先要求生成一份指标清单，指标被用于识别模式，判断指定活动是否发生。对于走鹃行动来说，我们可以发现下列情况，将这些情况汇总起来，则表明我们的企业正受到定向攻击：

- 我们所从事的竞选活动，曾是多个恶意行为体的攻击目标；
- 已发现有恶意邮件在专门仿冒我们的活动，例如提供捐款或提供志愿者支持；
- 对手依赖有交互的漏洞机制；
- 我们企业中那些公开身份的成员被发现受到更具针对性的攻击；
- 我们所看到的这类攻击手法也被用于攻击其他类似的企业；
- 我们收到了来自政府和其他情报共享组织的关于定向攻击的警告。

这份指标清单描述了我们的作战现状，上述情况中的任何一项变化都可能表明我们面临的威胁发生了变化。例如，如果我们收到的可疑邮件、恶意邮件的类型发生变化，可能表明威胁形势发生了变化，要么是我们的对手准备改变战术，需要我们保持警惕；要么是出现了新的行为体在瞄准我们，需要我们进一步调查。

对于各个可以表明现状改变的迹象，都可以设置一项指标，让我们知道某些事情正在发生变化——无论是自身内部的改变，还是对手的改变。这些都是需要积极寻找的指标。我们的指标清单举例如下：

- 竞选活动结束后，我们所从事的活动不再受到高度定向攻击；

- 恶意邮件被发现使用新的主题；
- 我们看到对手开始利用无交互的漏洞；
- 我们看到针对企业成员的定向攻击范围扩大，其中一些成员的身份并未公开；
- 其他企业、政府或情报共享组织报告发现了新的攻击手法，开始针对我们以前未发现的新目标。

如果需要，该列表可以不断扩充，比如加入攻击者采用的特定策略、攻击者利用的漏洞，只要是有计划进行监测的项目均可加入。生成指标清单还可以为今后的监测工作确定收集需求。无论这些指标是用于监测现状是否保持不变，还是用于直接发现事物的变化，指标在投入使用前，均要得到验证和评估。

验证和评估指标。 无论是指标和警告情报还是 IOC，都需要经过验证。同样地，评价指标好坏的标准也是相对的。指标必须是可以被直接或间接观察的对象，否则，就只能用于事后回顾。指标必须可靠，可用来表明情况保持不变，还是正在发生变化。如果某个指标的存在与否会受到各种不相关因素的影响，它就不是可用于监测的好指标。最后，指标应该指向可监测或可观察的某个具体对象，而不是指向多个互不相关的因素的变化组合。例如，我们将出现模仿指定活动的恶意邮件作为一项指标，利用有交互的漏洞作为另一项指标。虽然这两项指标都用于描述我们收到的钓鱼邮件，但它们是两个不同的因素，可以独立变化，应该分别监测。

与 ACH 类似，指标也可以按以前的标准进行评价，并可分为理想指标（对指定的情况或场景下的活动而言是极有可能的，且对备选的活动而言则极不可能）、非诊断性指标（在许多不相关的场景下也可以观察到）。指标一般介于这两者之间，如有必要，备选场景或可能性也应提出并记录下来，以支持分析。

切记，即使全部指标均已生成并得到验证、评估，工作仍未完成。你需要制定一套流程，定期监测这些指标，时间间隔可以是每周、每月，或是其他的规定周期。你还要预留一些时间，定期评估指标得出的结论，从而确保该方法没有错误并持续有效，这与前面介绍的其他关键方法是一样的。对结论再次进行评估时候，可以借助一些专门用来验证并尝试推翻已得出结论的结构化分析方法。若你对某件事已有成见，则需要一些工具来避免偏见，保持客观。质疑分析为此提供了工具。

质疑分析

质疑分析方法被认为是最后一种结构化分析方法，即试图通过不同视角来质疑现有标准或规范。有时候，也可以将质疑分析方法用于最初的分析。不过，质疑分析方法通常用来质疑现有的判断，以确保分析考虑到所有的可能情况。这种分析方法并非总被需要，但在以下情况下强烈推荐使用：1）错误判断将产生严重的后果；2）预期判断将产生争议。

魔鬼辩护人（Devil's advocate）。魔鬼辩护人分析方法是指采取相反观点挑战一个被广泛接受的针对某一情况的分析结果，评估当前证据是否的确能够反驳其他备选观点。魔鬼辩护人方法并非旨在证明其他观点是正确的，已被接受的分析结果是错误的。相反，该方法暴露出原来的分析结果的种种不足，揭示出未被解释的偏见，帮助原来的分析经受严格的审查。

若则分析。这类分析方法试图为当前状况引入新的变量，分析这将如何改变分析结果。例如："如果这一关键证据是对手故布疑阵，那会怎么样？"或者"如果这项日志数据是被篡改的，那会怎么样？"同样，该分析方法并未试图直接反驳某一假设，事实上，它有助于确定分析结果是否合理（哪怕某个情报已被质疑），进而评估整体判断的置信度。分析人员在 ACH 过程第 6 步判定分析结果对该一两项证据的依赖程度时，也可采用该方法。

红队分析。红队是信息安全行业一个众所周知的概念。该方法试图分析在特定情况下对手是如何思考或行动的。分析人员尽量把自己代入攻击者的角色，提出类似"在这种情况下，什么对我是重要的"和"哪种行动会使我偏离计划"这样的问题。在进行红队分析时，分析人员需要扮演对手的角色。该方法迫使分析人员发现自己与对手的心态差异，有助于对抗镜像效应（镜像偏见）。通过红队分析，可以发现分析人员最初未考虑到的额外因素。重要的是要知道这种分析依赖于对对手的了解程度，根据对手的社会、政治和文化倾向做出判断，而不是像某些红队演练那样，只追求有效。

未来之轮

本书作者的一位教授曾将历史描述为"一件事导致了另一件事"。这一思考方式简洁而优雅。多数时候，某个决定的结果不只有一个，而是会导致多个结果。未来之轮（Futures Wheel）是一种预测方法，其目的不在于去问"发生某件事的可能性有多大"，而是要考虑"如果发生这种情况，下一步会发生什么"。它的工作原理是根据真实或预测的事件形成一个大纲，再根据各项假设的可能性产生分支。重点在于考虑到每种可能性，并以此类推，由一种可能的情况衍生出一系列新的假设。照此展开的结果可以呈现一组决策是如何导致意想不到的可能性的。为了更好地决策，要考虑到第三层、第四层甚至第 N 层的影响！

8.2.2 以目标为中心的分析

结构化分析方法非常有用，可以为分析人员提供详细的、循序渐进的方法来解决不同的分析问题。就像我们在本书中介绍的各种模型一样，这些方法既可以单独使用，也可以与其他分析方法结合使用。下面讨论另一种在情报驱动事件响应中的有效方法：以目标为中心的分析。

在 Intelligence Analysis: A Target-Centric Approach[注3] 一书中，作者 Robert M. Clark 对传统情报周期提出了新的看法，强调应重点关注分析人员－客户和分析人员－收集程序之间的关系。这一流程试图建立和维护关于信息的集体思维模型，使客户更容易提问，分析人员也更容易提供具有可操作的情报。Clark 在书中提到：

"以目标为中心的流程为情报收集人员、分析人员和客户提供了一种协作方法，使他们能够团结一致地对抗日益复杂的对手。我们不能简单地为客户提供更多的情报，他们拥有的信息已经超出他们的处理能力，而信息超载会导致情报失效。"

Clark 进一步阐明，近来的情报失误很少是由信息不正确造成的，而主要是由信息未能正确共享、未得到客观分析，以及客户未能在拿到情报后立即采取行动造成的。大多数分析人员都曾遇到过这三种情况，并给他们留下了深刻的印象。以目标为中心的情报分析就是要打破角色之间的壁垒、压缩传统情报周期各步骤的时间消耗，以此来解决这些问题。

以目标为中心的分析过程示例如图 8-3 所示。

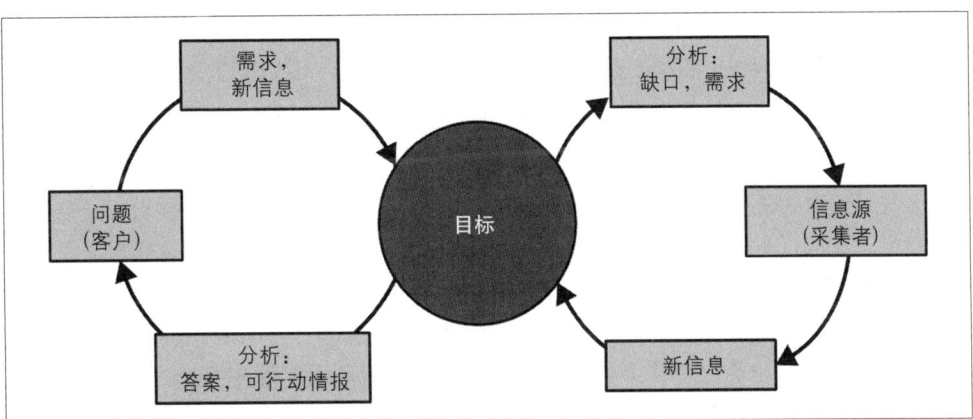

图 8-3：以目标为中心的情报分析流程

与具有详细方法论的结构化分析方法不同，以目标为中心的分析，核心是围绕被分析的实体建立的概念模型。概念模型就是用来帮助人们理解输入和运行机理的系统表示——我们在"查找""定位""消除"阶段讨论的许多模型都是概念模型，包括杀伤链和钻石模型。概念模型的目标是建立一个可接受的模型表示，以便在不同的利益相关者之间进行讨论和支持协作。由于这是以目标为中心的分析的两个主要目标，因此模型成为该过程的关键部分。

注3：Robert M. Clark, *Intelligence Analysis: A Target-Centric Approach, 4th edition* (Thousand Oaks: CQ Press, an imprint of SAGE Publications, Inc., 2012).

开展以目标为中心的分析，可以遵循以下步骤：

1. 获得其他利益相关者的支持，改变做事方式。如果你习惯特立独行，与其他角色几乎没有直接合作，这将是一个重大变化。想要有效地开展以目标为中心的情报分析，需要决策者给予支持，所以要花些时间来概述业务案例，说清楚为何要开始这种新的分析方法，可以给企业带来哪些收益。你可以举一个例子，说明事件响应人员和威胁情报分析人员加强紧密合作能够有效支撑事件响应流程，以及这种新的情报分析方法对此有何帮助。

2. 为你的"目标"建立概念模型。目标基本上就是对手的网络活动，了解它们的目的是确定如何更好地防护、检测和响应可能遇到的恶意活动。对于不同的对手，你可能已经掌握他们是谁、他们从哪里来的特定信息；然而，对于一个好的模型来说，这并不是必需的。即使没有任何识别依据，你仍然可以捕捉、描述威胁行为体反复出现的行为模式，了解其定向攻击行动的关键要素，列举其在攻击你的企业时表现出的特有行为、实体和功能节点。想要对这一威胁形成共同理解，严重依靠目前所"利用"的全部信息。这正是"利用"阶段如此重要的原因之一，尽管有时候它可能会让人感到乏味。为以目标为中心的情报分析建立初始模型，也可以借助一些结构化分析方法，例如头脑风暴法和关键假定检查法。

3. 一旦概念模型建立完毕，就要遵循这一模型，确保严格按照以目标为中心的情报分析方法，有效协作，不断迭代，达到预期效果。虽然这一过程需要其他利益相关者参与（如你的情报客户、取证人员和分析人员），但要掌握主动，在推动这一进程的同时，设法让更多团队参与进来，又不能给他们带来太多负担。只有这样，才能确保协作正常进行。对工作定期复盘，每周同步进展，回顾调查结果，发现新问题。建立内部沟通渠道，用于沟通时间敏感问题，并要为不在办公室或因故无法出席会议的主要利益相关者提供备选的沟通方式。这些看起来可能不是令人兴奋的工作，但它们对这种方法的成功至关重要。

4. 现在开始工作。概念模型建立完毕，运营流程也初步确立，此时就可以开始了解客户对模型的疑问、我们已经掌握的答案，以及我们仍需解决的问题。已经掌握的答案会形成可行动情报（即可以按此行事或解答问题的情报）。该情报由客户或使用者评估——如果需要更多或新的信息，则更新模型，我们也要再次返回收集和分析过程。以目标为中心的分析需要反复迭代，在此过程中，收集信息、分析信息，确定这些信息是否能够回答现有问题，偶尔还会产生新的需求。如果需要更多或新的信息，则再次进入收集和处理阶段，必要信息需要集体可见。该方法要求分析人员与客户保持联系，密切关注情况和需求的变化。分析人员可能会认为不必急于进行分析判断，得出结论。不过，迫于时间压力和快速变化的形势（这些都可能带来情报需求的变化），必须这样做。

5. 按需重复，乐于改变。使用以目标为中心的分析方法的特点在于，流程涉及的多个利益相关者会多次介入。在使用这一分析方法时，你可能会经常联系固定的几个客户，但是，与分析结果的需求方（无论是 CISO 还是 SOC 分析人员）多联系是有益的，这样不但可以确保提供满足他们需求的内容，还能及时了解他们的需求是否发生变化。另外，该方法不仅有助于不断加深各方对分析结果的理解，还有助于在他们中找出关键的利益相关者，并使其更频繁地参与进来。

确定了分析方法后，不妨看一看当前问题的背景，思考工作的现状。正如我们在本章开始处所讨论的，这是从系统一思维转向系统二思维的关键一步。分析人员有一种本能，就是不假思索地提出假设，然后跳到后面的步骤（比如如何表达调查结果）。这是你的系统一思维在"快速"工作。只有停顿下来充分思考，情报驱动事件响应的"分析"阶段所需的"慢思考"才会被激活。

8.3 进行分析

之前我们已经构建了一套分析工具，具有可消除偏见、可重复、可解释的特点。现在可以开始分析了，前提是知道你在分析什么。

8.3.1 分析什么

如果你并不知道自己在分析什么，那么进行分析是非常困难的。通常，提到分析会让人联想起这样的画面：某个人站在贴着乱七八糟的照片、剪报的墙前，等待着那个灵光乍现的时刻。或者你想到的是坐在树下的牛顿被苹果砸到头……总之是一个关于顿悟的天真（甚至有些幼稚）故事。如果你的分析方法就是盯着那些莫名其妙地收集到的数据，想弄明白它们的含义，还不如提出一些具体的问题（比如"我们为什么会成为攻击者的目标？"或者"这类的攻击该怎么阻止？"），这要比你所谓的分析更容易，也更节省时间。你当然可以对有关信息提出多个问题，这些问题可以相辅相成，让你加深对攻击及其影响的理解，但是如果没有一个入手点，大多数分析人员很难过这一阶段。本章开始时提到，分析相当于小型的情报循环，因此第一步就是要识别或重新审视需求（即你需要回答的问题）。

如果你没有收到领导层或其他内部团队的特定分析需求，就可以提出一组有助于分析各个事件的标准问题。但是，对你的企业或事件而言，总会出现一些独特的问题，所以，不要拘泥于下面的示例。你可以从以下问题入手：

我们为什么会成为攻击目标？
　　这个问题将提供大量信息，指出如何识别额外的入侵，以及如何保护你的企业免受将来的攻击。攻击的性质（无论攻击者针对数据的完整性、保密性还是可用性，无

论他们是否通过攻击获取第三方网络连接权限，也无论他们在找到目标后采取哪种行动）为你需要进一步寻找的目标提供了洞察力。战术和手法可能会发生变化，但攻击者的目标不会轻易改变。

谁攻击了我们？

这通常是高管提出的首要问题，但出于特殊原因，这并不是我们要考虑的第一个问题。无论是什么信息使你成为某犯罪组织的目标，你都不会是该组织唯一关注的目标；另一个具有类似目标的组织也会觊觎同样的信息。专注于某一攻击组织，往往会忽略总体威胁。只要你摸清了他们的目标，就能对特定攻击者有深入了解。需要分析的攻击者相关信息包括他们所使用的策略、目标、严谨程度、工作时间、基础设施，他们表现出个体行为还是组织行为，以及其他可以通过分析数据来识别的模式。

如何预防这种攻击？

分析的重要目标是了解发生了什么，并查清原因，以便将来能够预防。为了回答这个问题，你应该关注内网中出现的问题。是否存在被攻击者利用的未修补漏洞？是否 IDS 的告警被触发却无人问津？是否某个用户重新启用了曾在某个不相关的入侵事件中被泄露的密码？这个分析过程不会令人愉快，因为谁也不愿意犯错。可是，如果你的企业只是简单地从系统中删除了某个恶意软件，而并不理解或消除感染恶意软件的原因，那么你很快就会把整个事件响应流程再来一遍，因为问题的根源并未找到，也无法得到处理。

应该如何检测这种攻击？

此时，你收集到的信标会派上用场。经历过有些痛苦的关于防御方法的分析过程，总算在防止或检测将来的攻击方面有了用武之地。你所能做的事情在很大程度上取决于你所使用的安全系统。在回答这个问题时，重要的是要关注该攻击的独特之处，例如恶意软件哈希、命令和控制服务器 IP 地址，以及入侵过程中那些不太短暂的方面（比如成为目标的系统，或者攻击者在内网移动时所使用的战术）。

有没有可以识别的模式或趋势？

在将内部事件与信息共享组织或开源渠道报告的事件相比较时，此类分析尤其重要。为了回答这个问题，你可以尝试在不同级别识别模式——从以目标企业指明攻击行动的模式，到标识重用或共享的攻击基础设施的模式，或者攻击者所使用的社会工程手段的模式。本阶段的分析成果应该是可触发行动的，无论该行动是更新威胁配置文件、修补系统还是创建检测规则。将注意力集中在前面的问题，以及企业的其他特定问题或需求，将有助于确保你在这一阶段的工作能够回到 F3EAD 循环的操作阶段。

8.3.2 拓线数据

通过分析确定了需要回答的问题后，就可以进入小型情报循环的下一步：确定所需收集的额外信息。幸好我们在情报驱动事件响应的过程中已经花了大量时间进行收集，甚至已经对这些数据进行了处理（即梳理、排序，以确保数据可在分析阶段得到充分利用）。不过，此时你可能会发现，对于特定问题来说，还需要在已收集数据的基础上进一步收集信息。这个过程称为拓线（enrichment），无论你需要回答特定恶意软件家族相关的战术性问题，还是需要回答你为何成为目标的偏战略性的问题，都会需要这一过程。

拓线数据是指某一信标或活动模式的额外细节，虽然通常不用于检测，却有助于加深对特定信标及其出现所代表的含义的理解。这类数据包括 WHOIS、自治系统号（Autonomous System Number，ASN）、网站内容、域名的最近和历史解析结果、相关的恶意软件。拓线重在围绕已识别信标收集更多的上下文信息，从而更好地理解信标的意义。在分析阶段，对于拓线数据，你应关注从数据提炼出的模式，而不是过于依赖数据本身。出现大量误报和在阻断列表中加入成千上万个信标的主要原因，正是有人误将拓线数据当作信标。

拓线数据源

拓线数据有哪些类型取决于你所调查的信标和你的分析目标。大部分拓线数据来源能提供适用于多种用例的信息，但也有一些只能提供专用的信息，所以，在花费大量时间挖掘特定的拓线数据源之前，你应该明确自己想找什么。无论是哪种拓线数据源，记录数据被识别的日期都是关键，因为它将来可能会改变。如果对分析至关重要的某条信息发生了改变，但你却无法确认当初是在什么时候或者是以什么方式发现它的，这会令人极为沮丧。

下面详细介绍拓线信息的类型和来源：

WHOIS 信息。获取攻击中使用的域名或 IP 地址附加上下文信息的最基本方法，是查询注册人或拥有者的信息。RFC 3912（*https://oreil.ly/toyDa*）定义 WHOIS 协议的初衷是为了传递互联网雏形（ARPANET）的用户附加信息。以前，你可以通过命令行查询 WHOIS 信息（这种方式目前仍然有效），也可以使用其他资源获取相关信息，包括用于捕获当前数据和历史数据的网站和工具。随着用户基数的增长和互联网的大举扩张，WHOIS 协议经历数次升级。目前，WHOIS 信息包含注册人姓名、电子邮件地址和其他联系信息。WHOIS 信息可以通过以下几种方式充分分析：

跟踪攻击者的基础设施
　　有些攻击者在注册域名时会复用信息。通过识别恶意操纵者使用的名称，可以识别出同一攻击组织的其他恶意域名。

识别被攻陷域名
> 多数情况下，攻击者会攻陷并利用合法域名实施攻击。了解 WHOIS 信息有助于确定某个域名是属于攻击者，还是属于被攻陷的合法域名。

识别研究者使用的基础设施或 Sinkhole
> 有些研究人员在互联网上进行的活动，看起来与攻击者相似，只是这类活动的目的是抢在真正的攻击者之前研究或识别漏洞。多数情况下，这类用于研究的 IP 地址可以通过 WHOIS 记录识别，从而避免分析人员在非恶意的 IP 地址上面花费太多时间。

被动 DNS 信息。最初，互联网主机相互识别和通信，是通过一个包含所有主机的名称和 IP 地址的文本文件实现的，该文件被命名为 *HOSTS.TXT*，通过 FTP 上传到互联网上的全部主机。当网络主机数量有限时，这种方法尚可持续。不过，随着这个文件不断变大，占用的传输带宽越来越多，这种方式变得难以维护。

于是，域名系统（Domain Name System，DNS）应运而生，它是一种更易于维护的方案。本质上它仍然是域名和主机列表，但这个列表不再需要共享给每个人，而是保存在域名服务器上，当需要访问某台主机时，可以通过域名服务器查询。DNS 协议由 RFC 1034（*https://oreil.ly/zSLvD*）和 RFC 1035（*https://oreil.ly/bOFcJ*）定义，2015 年发布的 RFC 7719（*https://oreil.ly/0TwXN*）定义了目前的 DNS 术语。Florian Weimer 在 2004 年发明的被动 DNS（最初称为"被动 DNS 复制"）技术，是一种从全球 DNS 中收集和重构信息的方法。他在 2005 年 FIRST 峰会上发表的论文 "Passive DNS Replication"（*https://oreil.ly/rDGXj*）[注4] 中提出通过僵尸网络通信控制 IP 识别关联域名。Weimer 指出，僵尸网络 C2 经常使用多个域名，而不是使用硬编码的 IP 地址，这些域名可以解析为多个 IP 地址，从而使过滤变得困难。应该随时记录域名解析的 IP 地址（及其反向映射），提前收集信息并存储在数据库中，以便需要时可以查询。

对于调查过程中识别出的 IP 地址和域名，被动 DNS 不仅可以为分析人员提供相关信息，还可以提供攻击活动性质的相关信息。将被动 DNS 信息与 WHOIS 信息结合起来，特别有助于更完整地描述攻陷信标。记住，被动 DNS 信息与 WHOIS 信息一样并非一成不变，所以应该注意对应的时间窗口。

证书。现代加密和代码签名证书都同样是高价值的信息源。相对域名或 IP 地址注册，签名机构签发证书时所需要的信息更多，所以具有更多的可利用因素。证书类型不同（比如代码签名和网络 TLS 证书），提供商不同，所收集的信息也不同。鉴于许多提供商在信息、验证和费用方面都为签发证书设定了很高的标准，对手可能会被迫复用证书，这

注 4：Florian Weimer, "Passive DNS Replication", 17th Annual FIRST Conference, 2005.

会形成对我们有利的局面。

恶意软件信息。恶意软件相关信息对于分析极为有用，与被动 DNS 信息相似，恶意软件的细节也会随着时间而变化，逐渐暴露出更多的信息。例如 VirusTotal 就是这样的实时资源：新出现的样本、新记录的检测结果，以及与样本相关的用户 ID 的更多细节，都在不断发生变化。以下为恶意软件相关的拓线信息示例：

检出率
　　该数字会随着时间而改变，可以作为监测样本检出情况的独特指标。当某个样本初次被发现、分析时，检出数量（或者说标记该样本为恶意的反病毒厂商的数量）是比较低的。随着时间的推移，这个数字将会增加。

文件详细信息
　　该信息包括文件已被识别的相关信息，这些信息将随着分析该样本的个人或企业数量的增多而改变。即使你已经独立分析了特定恶意软件样本，也不妨看看其他人的分析结果，一方面可以查缺补漏，另一方面也可以了解样本的传播范围。该信息还有助于了解样本是专门用于针对你的网络，还是在多个行业的不同网络中均被发现。

恶意软件行为
　　除了识别恶意软件的静态信息（如恶意软件样本的哈希）之外，还可以从恶意软件的行为方面进行识别，包括它的安装位置、对其他文件的调用或依赖，以及它在执行过程中的自动化或脚本化操作。通过这些细节，你可能会在网络中找到其他恶意活动，领略攻击者的复杂性，判断该恶意软件是专门开发的还是常见恶意软件家族的变种。

内部拓线信息

并非所有的拓线信息都来自外部。内部信息可以提供有关受害主机、用户或账号之类的其他细节。以下为需要注意的内部信息：

商业运作
　　了解网络和企业在事件发生时的状况，有助于回答"我们为什么会成为攻击目标"以及"为什么攻击会得手"这类问题。你最近是否宣布了新的伙伴关系？你是否参与了新的并购？这些重要的细节可以帮助你了解攻击的性质，通常只能从企业内部的人员交流中得知。

用户信息
　　如果还不清楚被窃数据是什么，不妨先确定哪类用户成为目标或遭到入侵，这有助于了解攻击者在觊觎哪类信息。这还可以表明攻击者的战术，例如，他们最初以人力资源员工为目标，然后转向掌握更多权限的某个用户（如系统管理员）。

8.3.3 利用信息共享

了解某个信标是否曾被识别，以及曾在何时被识别，有助于洞察某一具体事件。你在查找阶段应该已经识别出其中一些信息，对于这些分析中使用的信标，看看它们发生了什么变化，或者是否识别出关于它们的新信息，都是很有用的。

与其他企业建立共享关系，本质上也是一种良好的非公开信息的及时来源。公开的信息对分析来说固然是有用的，但信息共享组织通常还可以提供一些未公开的细节，包括信标的发现时间、识别方法，以及出现在哪些行业。许多企业不会公开这类细节，但乐于与具有合作关系的企业共享，尤其是在其他企业也同样共享此类敏感信息的时候。信息共享组织既有正式的——例如信息共享和分析中心（Information Sharing and Analysis Center，ISAC）、信息共享和分析组织（Information Sharing and Analysis Organization，ISAO）——也有公开或私有的伙伴关系，以及非正式组织。多数正式组织是围绕行业或其他共同利益组建的。从共享组织获得的信息可用于检测恶意活动，也可以作为拓线数据源，加深你对正在分析的入侵事件的理解。在所有的信息都被判定和关联之后，就可以继续下一个步骤——提出假设。

在收集信息的过程中，你会不自觉地对当前问题形成假设。只有在充分获取信息的基础上综合分析，全面领会，才能查明信息的含义，确定下一步的行动。为了使分析判断全面、准确和可重复，最好遵循结构化的过程进行分析。

8.3.4 提出假设

在这个阶段，我们开始进入实际分析。首先要清楚地陈述你的假设。如前所述，通常你会在收集或拓线过程就开始对问题产生一些不成熟的想法。在提出假设阶段，应该将这些想法记录下来，即使这些想法是牵强附会甚至不可理喻的，剩下的分析过程就是排除明显不合理的想法。在记录这些想法的时候，应该尽可能没有遗漏，如果在此过程中想起什么线索，产生了新的想法，也务必记录下来。这会为后面求证假设提供帮助。如果你无法准确地表达某个想法，或者发现这个想法太模糊，甚至无法回答你的问题，那么它就不是一个好想法，你可以忽略它，继续下一个可能的假设。

以走鹃行动入侵事件为例，我们最需要了解的是这次入侵是否专门针对我们。我们从对手那里看到的一切信息都表明，他们是一个老练的威胁组织，在选择目标时是慎重的，所以我们需要分析数据，证明我们就是他们的目标。根据我们在调查中收集的信息，以及关于企业内部受害者的内部拓线数据提出假设：这实际上是一次旨在获取竞选相关敏感信息的针对性攻击。这个假设虽然明确具体，且有研究工作支撑，但仍然需要通过后续的结构化分析过程来求证。

基于你的从业经历，提出假设并不困难，原因在于以下几个方面。首先，不同事件之间存在相似之处，识别特定行为的迹象比较容易。虽然相信假设可以节省在分析上投入的时间，但务必不要认为这就是正确答案，假设毕竟只是假设，哪怕答案显而易见，也要确保执行完后续的过程，而且要确保在这一过程中不会存在臆断和偏见，这一点我们将在后面讨论。

其次，在经历过多次调查和迭代之后，你的思路往往会变得更有创意，却不太关心答案是否合理。只要知道错误想法会在分析结束后被挑出来并剔除掉这一令人愉悦的事实，分析人员就可以无拘无束地提出前所未有的新想法。

无论提出假设有多么容易，或者多么困难，只要先提出一个有效的假设，后面的过程就是在此基础上评估假设，这样你就可以进入判断和结论阶段，而在这一阶段，需要注意不要带入你的偏见。

8.3.5 评估关键假设

如前所述，关键假设就是假设中依赖于已有的判断或信念的某个部分。在继续分析之前，团队或个人都应该花几分钟或几小时来确定这些关键假设，判定它们是否合理，是否有助于分析。例如，假设一位分析人员提出了某一特定攻击是如何被阻止的假设，而其假设是建立在攻击的方式上，这个假设在查找、定位和消除阶段都可以得到确认。评估这个假设正确与否是相对容易的，但仍应记录在案并进行讨论，确保所有分析人员对这一假设达成共识。

本章前面提到了关键假定检查法的执行过程。除此之外，还有一些方法可以用来评估假设，这些方法是分析过程的一部分，而非独立的结构化分析方法。*CIA's Tradecraft Primer*（https://oreil.ly/m9qQI）一书概述了如何在提出假设后对其进行关键评估，并强调其意义。这些意义包括：有助于对假设的几个关键问题深入理解，有助于找出错误逻辑，并激发分析人员之间的讨论。

在提出假设后，对关键假设进行评估的过程如下：

1. 确定关于某一情况或假设的所有关键假设。
2. 确定某一假设的提出理由。
3. 评估该假设的置信度。
4. 确定该置信度的判断依据。
5. 对每个假设提出疑问，判断其是否成立，并在当前情况下依然成立。
6. 剔除不成立或置信度不高的假设，这些不应在分析中使用。需要注意的是，不必因为某个假设与已剔除的假设有关而将其删除，毕竟还可能有其他证据或更高置信度的假设来支持这一假设。

关于走鹃行动入侵事件是专门针对我们而来的这一假设基于以下几个假设。首先，假设瞄准我们的行为体是 Grey Spike，而我们所说的走鹃行动正是 Grey Spike 尝试针对我们这类企业攻击的多起行动之一。这是一个关键假设，它基于这样的事实：我们在网络中发现的攻击者信息（包括战术、手法、技术信标和目标）与我们获得的攻击者信息相匹配。根据攻击的技术细节和时机，我们坚信这一假设。我们注意到额外的信息（特别是对这部分攻击者的欺骗活动信息）可能会改变这一假设，如果发现了关于攻击性质的新信息，我们将准备对分析做出调整。

评估假设并不总是容易的，诸如认知偏见之类的逻辑谬误或思维缺陷可以很容易地对分析人员的判断产生影响。分析中的偏见是无法完全消除的。然而，只要我们在分析时注意到它们的存在，就可以避免受到它们的影响，不至于得出错误的结论。事实上，为了说明偏见的重要性，本章用一整节内容来介绍。

8.4 使你出错的事情（分析偏见）

关于借助结构化过程循序渐进地开展分析，本书介绍了一些方法，其目的都是让系统二思维起作用，以避免可能导致错误分析的心智捷径。然而，系统一思维和我们的心智捷径过于根深蒂固，即使使用结构化分析方法也无法保证消除可能干扰分析的认知偏见等问题。通过进一步探究偏见背后的机制，了解其在分析过程中的表现形式，可以帮助你及时发现它们。

The Psychology of Intelligence Analysis 的作者 Richard J. Heuer, Jr[注5] 被称为"情报之父"，他将认知偏见（cognitive biase）描述为"为减轻信息处理造成的精神压力而使用各种简化策略和经验法则做出判断和决定"。认知偏见本质上是我们心智发展的捷径，使我们不必进行完整分析就能在日常生活中快速做出决策。最简单的例子就是当孩子说冷的时候，他的父母会立即让他穿上毛衣。许多年之后，孩子已经长大了，但每次感到冷的时候，他也会想到要穿毛衣。而且，他可能也会这样告诉自己的孩子。他不必从提出假设开始（戴帽子会不会更好一些？或者多穿一双袜子？），而是接得到答案，他的心智会告诉他应该如何应对这种情况。

偏见的成因

认知偏见并非一无是处，因为这确实能节省大量时间，但也可能给情报分析造成负面影

注5：Richards J. Heuer, Jr., *The Psychology of Intelligence Analysis* (Eastford: Martino Fine Books, 2019).

响，导致分析人员急于做出假设和错误判断。以旧的恶意软件（例如 Poison Ivy 木马）被重用而产生的认知偏见为例，假设某个分析人员曾听说或亲身经历过几次攻击事件，在那些攻击事件中，老练的行为体都会使用复杂的、全新的恶意软件，那么他可能想当然地认为，这次使用旧的恶意软件的攻击者并不老练。在这个例子中，一种被称为"锚定"的认知偏见使某条证据凌驾于其余证据之上，导致无法合理分析判断。

偏见的类型有许多种，以下为情报分析和事件响应中常见的偏见类型，以及如何利用本章介绍的方法来应对它们。

证实性偏见

受证实性偏见（confirmation bias）的影响，我们会为已经形成的判断或结论寻找证据支持。假如我们认为会找到某一特定类型活动的证据，那么支持这一判断的证据就会得到重视，而那些反驳或质疑这个判断的证据则会被忽视。在走鹃行动场景下，我们也许碰巧接受了某个分析人员的想法，他认为行为体试图窃取证书，因为以前曾见过这类手法。如果钓鱼邮件看起来只是简单的诱饵，分析人员可能会认为没有提供密码就不会有问题，无须进一步调查原始邮件。该分析人员可能还发现了密码暴力破解技术的使用，而这也是不太成熟的行为体才使用的手段，从而进一步证明前面的假设。分析人员忽略了老练的行为体也曾使用密码暴力破解技术的历史案例，至少是降低了这些案例的分量，才会做出这样的判断。在做出最终判断之前对关键假设进行评估的一个非常重要的原因，就是为了避免证实性偏见。

锚定偏见

受锚定偏见（anchoring bias）的影响，分析人员往往过度信赖或重视他们听到的第一条信息，后续信息或证据都要与最初的信息或证据进行比较。在比较两者的时候，分析人员经常会无意识地争论新的证据是支持还是反对最早的证据，从而使最初的信息成为调查的中心。在分析一起入侵事件时，假如告诉分析人员"我们认为是俄罗斯干的"，那么每有新的证据都将让他们考虑"是否来自俄罗斯"这个问题，虽然这并非分析人员面对的主要问题。有专家 [比如 Robert M. Lee（*https://oreil.ly/KiB5D*）] 认为，关于真正的溯源（溯源到特定政府或国家）的要求，会给分析人员带来更多困难，因为溯源会成为影响他们判断的锚点，而锚定偏见就是其中的原因之一[注6]。再次强调，首先要关注需求和实际问题，其次提出假设，最后评估关键假设，执行完这一过程可以帮助分析人员消除锚定偏见。

注 6：Robert M. Lee, 2018. "Attribution is Not Transitive"（*https://oreil.ly/KiB5D*）, (blog post) December 31, 2018.

易得性偏见

受到易得性偏见（availability bias）的影响，人们往往过度重视手边的信息，而不管这些信息是否经过分析。Richard Heuer 称这种偏见为"把生动性当标准"（Vividness Criterion），即人们认为亲身经历过或极为熟悉的事情要比那些不太熟悉的事情更重要。这也称为"我知道有个家伙"偏见，例如"我知道有个家伙每天抽一包香烟，活到了100岁，所以，吸烟对你来说不会有什么坏处"。"我知道有个家伙"偏见的新版本是"我在网上看到的"偏见。

事件响应人员和情报分析人员要警惕这种偏见，因为这会使他们的经验变得弊大于利。对于他们以前见过的证据，他们会因为熟悉而过度重视，而那些不熟悉的部分，则不予重视。

从众效应

若某一假设似乎是成立的，只是因为有更多的人同意它，这就是从众效应（bandwagon effect）。虽然这个判断是在一些人对证据分析之后形成的，但那些来自分析之前的成见，以及有人支持该假设这一事实被作为相信该假设成立的基础，都会让这种偏见发挥作用。从众效应存在一些有趣的心理学成因，很难克服，即便如此，也一定要注意到"每个人都这样说"并不是给某一假设贴上"正确无误"标签的有效理由。如果有证据支持群体的一致意见，不能仅考虑"大家都同意"这一事实，而是应该看看那个证据。

Heuer 还提到"过分注重一致性"，并写道：

"信息的一致性可能只是因为信息之间是高度相关或冗余的，在这种情况下，多份相关的报告可能还不如一份独立的报告所含的信息量大。"

为了克服这一点，Heuer 建议分析人员确保他们熟悉以往分析所依据的证据主体，包括样本范围和可用的信息，并探究相同的结论是否能扩展到更大的样本范围，或者持续适用于更多信息。这个方法尤其适合甄别媒体就某一攻击者的报道。多家媒体的报道可能都是来自同一事件，因此，多篇报道并不意味着出现了多起事件。

镜像效应

如果某个分析人员认为对手的想法和决定与自己相似，就会发生镜像（mirroring）效应，或者说镜像偏见。这会导致分析人员根据自身的个人经验来假设对手做什么或不做什么，而这通常与实际情况完全不同。这一偏见使分析人员主观臆断什么样的步骤合乎逻辑，根据"我会做些什么"来决定一个假设是否正确，而不是根据证据做出判断。使用"照镜子"的方法得出分析思路并没有问题，但在评估阶段，要能识别出哪些判断来自镜像效应（而不是证据），并在分析过程中消除该偏见。

8.5 判断和结论

用来支持某一假设的证据得到评估，关于假设的偏见也被消除，此时分析人员就可以对假设做出判断，得出结论。分析人员有多种方法来解释证据，确定假设是否成立，是否需要提出新的假设，甚至推倒重来。在判断的时候，分析人员需要借助知识、经验和逻辑来填补缺失的信息，回答所面临的问题。结构化分析方法和以目标为中心的分析方法可以帮助你认清证据的意义及局限性，理解假设、猜测及其置信度，确定哪些新出现的信息或哪些信息的变化会对这些假设产生影响。至此，分析人员就可以将信息汇总起来，进行分析判断。

只在确定了正确的假设，回应情报要求的问题时才需要做出判断，这是一种常见的误解。在传播阶段，你会向大多数受众表明你的判断，但在每次分析假设是否正确时，实际上也需要做出判断。如果你用到了 ACH 之类的方法，在整个过程中也要不断做出判断，这是因为 ACH 方法的一些步骤需要形成初步结论，再通过质疑分析来进行进一步评估。即使分析时没有采用 ACH 方法，参考下述步骤仍会对分析有所帮助：

- 根据现有证据评估假设的可能性。重点是要反驳假设，而不是证明假设是正确的。确定是否有某个信息可以推翻假设。
- 评估那些用于评判假设的证据，无论是支持假设还是反驳假设的，是否有某条证据的权重过高？如果是，该证据是否足够可信？这有助于确定对判断的整体信心。
- 记录各个假设的结论，注明导致结论的证据及其置信度。将各结论与其支持证据或反驳证据直接联系在一起，并清楚表达，以便其他分析人员按此逻辑查证。根据经验法则，分析人员不应该为了理解上述调查结果而成为"你"。
- 明确在哪种情况下需要重新评估分析。为了确定是否需要重新评估，你要做哪些改变？这些标准均应纳入指标生成过程。

以下为对于判断的适当表达方式：

> 我 / 我们以 [低、中、高] 的信心做出评估，根据 [某种证据]，做出 [某种判断]。
> 我 / 我们将监控 [某个指标]，来进一步支持或反驳这一判断。

按此方法，即使你最终在"传播"阶段更改了主张，也能知道自己将形成判断、得出结论的完整依据。

8.6 本章小结

如果要将最有效的分析方法概括成一句话，那就是放慢速度。这不仅有助于激发你的系统二思维（强调推理需要经过深思熟虑且清晰明了），还有助于克服偏见，让你明白征求其他专家意见或各种备选意见的时机和方式。实际上，这会让整个分析过程更顺畅，也更有效。放慢速度，才能让别人更容易遵循你的推理，支持你的判断，最终反而会节省时间。

对于事件或调查相关的特定问题，考虑到这类问题的复杂性，所采用的流程既能让分析人员有章可循，又要灵活应变。流程需要因地制宜——有时信息不足，需要对信息拓线，并借助 ACH 方法；有时线索已经够用，可借助红队分析方法评估判断。但不管怎样，都要有明确的流程。虽然在分析时可以灵活应变，但必要的步骤不可跳过。因为这些步骤可以保证分析判断是合理的，是基于正确信息做出的。在完成分析和做出判断后，需要决定如何更好地将成果传递给适当的受众（包括行政领导和安全工程师团队）。至此，我们可以确保投入在分析上的时间是有价值的，是可供决策者采取行动的。

第 9 章 传播

> "对于数据，人们通常有两种喜好——要么囤积，要么甩给别人。"
>
> ——Stanley McChrystal 将军

> "告诉我你知道什么；告诉我你不知道什么；然后……告诉我你的想法……我来追究你的责任。"
>
> ——Colin Powell

调查总有结束的时候，至少暂停一段时间，以便向其他团队、领导层、企业、客户提供有效输出。所谓传播，就是这一梳理、发布和分享情报的过程。与其他技能一样，有效的情报传播需要花时间来培养并要遵循相应的流程。即使情报再出色，也可能毁于糟糕的传播。相对于几个小时的分析工作，写点儿东西似乎没什么了不起，但是，任何情报团队都应该集中精力，培养自己的信息传播能力。

传播是一项重要的能力，对于较大规模的情报团队，可能会向"传播"阶段投入专门的资源。这些以传播为主业的分析人员需要以下方面的能力：

- 深入理解传播的整体流程及所共享信息的重要程度；
- 准确把握接收情报的利益相关方的类型和需求；
- 行文训练有素，文笔流畅（情报写作与典型的叙事写作存在细微差异，我们将在本章的后面部分讨论）；
- 着眼于业务安全，能够保护宝贵的情报产品和材料。

无论你的团队是如何组建的，是靠一个人兼任 CERT 分析人员和情报分析人员，还是有大型专门团队，都需要建立写作、采编流程并定期练习。传播及由此产出的书面成果（称为情报产品）一定不能逊于分析成果。糟糕的情报产品会使出色的分析成果变得毫无价值。

本章将介绍如何创建情报产品,并在你的企业内部分发。我们将讨论如何让你的报告得到受众的重视,让他们付诸行动,以及如何建立有效的写作结构和流程。

9.1 情报客户的目标

想要了解情报客户的需求,就要弄清楚他们的目标。通常情况下,只有设身处地为受众着想,仔细地揣摩他们的想法,才能做到这一点。从情报产品的风格、结构到时间窗口,都要从受众和他们的需求出发。情报产品的目标,就是要让利益相关方从中获得所期望的内容。例如,将新出现的威胁行为体的 TTP 告知 SOC,就是一个常见的目标。这就需要针对具有深度技术背景的受众,提供短小精悍的战术情报产品(也称为"目标清单")。

情报团队需要找出哪种情报产品能满足客户。这就是为什么需要客户明确提出需求或期望。在与团队合作创建情报产品时,这一点特别有用。明确的目标(或者叫"目标宣言")才能带来共同的愿景。

9.2 受众

受众即为客户或消费者,任何情报产品的目标都与受众紧密联系在一起。目标的执行与你正在为其撰写情报产品的利益相关方有着内在的联系。各位情报写手、各个团队都必须深入理解自己的情报客户——唯有这样,才能写出有用的、具有操作性的情报产品。这种理解的形成不是一蹴而就的,因为客户会情报的需求会与时俱进,客户对情报的认识会不断加深,客户会学会更有效地阅读和利用情报。例如,某企业的 CEO 可能具有很好的技术背景,可以理解深度的技术报告,并陶醉于其中的反汇编代码。这可能会彻底改变团队开发情报产品的方法。只有了解受众,才能更有效地预测问题和需求。对于情报产品中的某项内容,管理团队提出的问题会与 SOC 分析人员提出的完全不同。

虽然情况总在变化,客户也各有不同,但总能找到一些共性的规律。客户类型一般包括行政人员或领导、内部技术人员和外部技术人员。接下来我们将更详细地探讨。

9.2.1 行政领导类客户

多数分析人员最怕给行政领导(无论是你的团队负责人、C 级高管还是董事会成员)这类受众展示或提供情报产品。这在很大程度上是由于这类领导的权威,还有,这类写给主要领导的简报说的通常都是坏事,例如重大数据泄露或严重威胁(一切正常的时候,这些领导通常不会向情报团队提要求)。无论对分析人员还是对企业来说,这都是利益攸关的时刻。这种紧张的气氛给大家造成了压力,同时也带来了机会,让我们有条件获得迫切需要的上下文数据。

作为情报客户的行政领导对情报人员来说可能是一种挑战。一方面是因为领导的知识面较广，具有一定的技术直觉；另一方面，组内既有技术底蕴深厚的工程师、技术人员转型而成的领导，也有来自完全不相干的专业（如财务或人力资源）的专家——他们在自己的领域里驾轻就熟，但对计算机和网络却不擅长。如何富有成效地向这些形形色色的受众提供情报，往往会有些棘手。

以下是 C 级高管的共性：

- 在特定领域具有较深的专业知识，兼有广博的知识面（有时也被称为 T 型人才，*https://oreil.ly/29GfO*）[注1]。尽管他们多数都具有一个专长领域，但在其他领域（如人力资源或财务）也会投入足够的时间来深入了解。
- 关注点往往具有过人的战略高度。如果他们在经营企业，那么所有的决定都将集中在如何赚钱或省钱上。如果他们为非营利组织工作，那么他们关注的重点将是如何完成任务。

很容易误将行政领导当成不懂技术的人，许多人也确实在冒着危险这样做。但别忘记，有的领导职位可能是由技术熟练的工程师担任。意外获知某个首席执行官或高级董事对 C 代码有所了解，并懂得恶意软件反汇编代码的关键部分，这并不鲜见——很可能这位领导出于兴趣拿到过电子工程硕士学位（这可是真实的故事）。既不能假设领导具有很强的技术能力，令他们淹没在术语之中，也不要假设他们对技术一无所知。

对情报客户的关注不能仅停留在懂不懂技术。行政领导（特别是 C 级高管）往往专注于特定的领域。首席财务官（CFO）关心公司的潜在财务威胁、事件造成的损失（实际损失或潜在损失），以及针对财务人员的威胁（如利用 W-2 表格的社会工程手段[译注1]）。相反，首席技术官（CTO）可能不那么关心窃取 W-2 表格数据的企图（毕竟那不是其职责所在），却会担心分布式拒绝服务攻击，因为技术部门对此责无旁贷。

设法使一份情报产品满足多个不同的业务需求，就需要倾听客户的声音。一旦客户看到最终产品并给出他们的意见，便形成了我们在第 2 章讨论过的情报循环反馈闭环。这些意见可能是针对情报本身的，也可能是针对格式、流程甚至措辞的，无论是哪种意见，都应给予足够重视。采纳这些意见，不断改进情报产品，团队也会随着新版本的发布而不断进步。

在为领导撰写情报产品时，注意以下要点将会事半功倍：

注1：Katharine Brooks, "Career Success Starts with a 'T'" (*https://oreil.ly/29GfO*), Psychology Today website, April 19, 2012.

译注1：W-2 表格是指雇员从雇主处获得的年度收入证明，其中包含雇员的社会安全号码。

注重商业决策所需情报

管理人员（甚至是技术高超的执行官）很少对战术情报具有极大兴趣。他们主要关注那些有助于更好地做出业务决策的事情。

借助行动情报讲述威胁故事

如果方法得当，给领导讲述行动相关情报会有更好的效果。分享行动（特别是在战役级别）情报的优势在于，大多数人都喜欢听故事。通过行动情报可以更容易地讲故事：好人、坏人、工具和行动（参考我们在第 3 章中讨论过的钻石模型的四个角）。重点仍应放在战略方面，但可以借助一个强大而可信的故事从行动角度来支持它。

简明扼要

在许多情况下，安全问题只是受众所关心的问题之一，而且他们专注于安全问题的时间非常有限。大篇幅的报告看起来全面透彻，令人印象深刻，但大多数情况下会被束之高阁。以下两种方法可以避免出现这种情况：

- 若无把握，力求简明扼要。相比于一份 50 页的报告被阅读 10%，一页精心编写的报告更可能被全文通读。
- 受众的级别越高，能读的内容就越少。你的情报产品，团队主管可能会读上整整三页，但不要指望 CISO 能把第一页读完。因此，每份情报产品都应该从涵盖核心要点的执行摘要开始。这一部分可能是唯一被充分阅读的，所以一定要写好。

上述方法适用于大多数客户，而不仅仅是领导者。简练的语言会让客户更快地用到这些数据，避免数据淹没在报告里。用离题的细节把报告堆砌出一定的规模，可能会让人印象深刻，但对于情报写作来说，两句话能说清的问题，用三句话去讲，从来都不是好主意。

不要以为你的情报团队是客户的唯一情报来源。这种假设是危险的，如果客户是董事会或管理团队，就更加危险。在多数企业中，这类群体都有外部资源和顾问。事实上，企业可能还有其他的情报团队。在创建情报产品时一定要牢记这一点。对于始料未及的严厉批评和寻根究底，你也要有心理准备。

9.2.2 内部技术客户

对于大多数分析人员来说，为其他分析人员写报告是最容易的。这主要是因为我们全面地了解这一角色——这简直就是为我们自己写的。这时，很容易按照我们的个人想法、偏好和需求对受众做出假设，但是，要像对待重要的情报产品客户那样对待分析人员

(哪怕这个人就是你自己),考虑他们自身的需求。不要想当然,而是要研究他们,征求反馈意见,努力改进产品以满足客户的需求,这样做是值得的。

一般而言,内部技术客户(例如 SOC 分析人员、事件响应人员、网络威胁情报分析员等)需要战术和行动级的产品——通常是入侵检测和事件响应——来帮助他们完成工作。在某些情况下,这些情报产品是为开发人员、架构分析师,或者准备构建更具防御能力的产品或网络的工程师准备的。因此,这些内部技术客户总会提出各种各样的需求,以及适用于不同情报客户组织的各类用途。以下是几种你要为内部技术客户创建的产品类型:

- 行动级攻击活动分析,旨在让 SOC 分析人员熟悉当前主要的鱼叉式钓鱼活动。
- 针对系统架构和漏洞管理团队的过去一年主要侵害事件的战略性讨论,旨在尝试改善系统和网络架构。
- 战术 IOC 域名列表,需要事先剔除可能的误报,用于在 Web 代理上阻止访问。

上述产品示例都是为了改进检测和减少误报的。分析人员既想知道威胁是什么样的(普遍的),也想知道如何验证威胁是否发生(具体的)。这是一枚硬币的两面,不要顾此失彼,在为其他分析人员构建情报产品时要注意这一点。

至于如何为分析人员撰写报告,关键是要用数据说话。以下是一些小技巧:

- 你所形成的情报产品,多数来自分析人员的笔记。这使产品贴近了分析人员所渴望的真实情况。
- 这类情报产品可以是(而且也应该是)高度专业性和描述性的,还应该有丰富的参考资料,包括外部的调查结果和内部的监测数据。分析人员通常希望找到数据的原始来源,所以最好提供便于访问的参考资料。
- 最高质量情报产品应提供可机读(如 STIX 格式的 IOC 或 Yara 规则)信息,以便其他分析人员能够更容易地查看技术细节。
- 一定要为内部客户提供反馈和提问的途径。可以是简单地提供一个邮件地址、设置特定主题的聊天室,或者其他可以让读者与作者交流的方法。

9.2.3 外部技术客户

情报共享可以发挥出极大的威力,但为外部技术客户创建情报产品却有一些独特的挑战。就写作风格而言,为外部技术客户写报告,与为内部技术客户写报告有相似之处,其差异主要在于与外部技术客户的互动需要遵循一些规则。

以下是四条主要规则:

取得授权

在企业内部进行情报共享已有些敏感了,对企业外部共享情报,通常会有更大的风险。在许多情况下,威胁和事件相关数据被认为是高度敏感的,在没有签订保密协议的情况下,不应该发送到第三方。

了解情报被共享给谁

在授权范围内,可以与特定类型的机构(比如合作伙伴、执法机构和 ISAC[译注2] 等)、特定个人共享情报,甚至在全网公开。如果向授权范围外的个人共享了情报,将使情报面临向预料之外的第三方(包括合作机构甚至媒体)暴露的风险。

对外提供情报产品应着眼于可转换情报

可转换情报(translatable intelligence)对两类组织都是有价值的信息。这主要体现在信标上(例如,Snort 特征适用于那些部署了入侵检测系统的组织,而 IP 地址几乎对所有组织都有价值),同时也涉及时间线和叙事信息。投入时间了解合作伙伴企业将有助于编写此类情报产品。

提供反馈方式

在内部共享情报时,通常会为客户提供各种各样的反馈方式,但对外部客户来说,可用的反馈渠道就非常有限。在共享情报时,应明确说明反馈方法(包括反馈渠道、格式和期望),这是很重要的。

泄露风险

即使企业核实并信任共享情报的对象(并尽全力保护他们收到的信息),还是会出现情报被泄露的情况。比如情报客户的邮件账户被黑客入侵,或者内部威胁导致情报泄露。作为情报生产方,一定要考虑到你分享的情报可能会泄露。这不是要打击企业对于共享情报的热情,而是提醒你要对情报被泄露的局面有所准备,即使在情报传输过程中使用了强加密方式,也应如此。

情报团队要注意避免使用具有攻击性的、不友好的代号名称,要避免出现无端推测,尽量使用高水准的语言。一旦你的情报产品被人发布到 Twitter,想一想是否会觉得尴尬,是否会引起不良后果。关于这类例子,不妨看看谷歌的"水族馆调查报告"("Peering Into the Aquarium",https://oreil.ly/N45uL)被泄露的那件事。是否打算采取措施予以防范?可以找企业的公关团队合作,倾听他们的反馈意见。

归根结底,按照上述规则,你需要与领导团队、安全团队、法务部门,甚至公关团队合作(建议如此)。投入时间与这些利益相关方开展合作,这样一来,一旦有什么情报值得分享,就不必像以前那样畏首畏尾,可以快速向客户发布最具操作性的情报,无论是

译注2:ISAC 即信息共享和分析中心(Information Sharing and Analysis Center),是美国非营利组织。

私下分享给同行企业，还是发布博客文章，为整个社区提供帮助。

有时会有多方需要你的情报——作为内部技术客户的 SOC 需要某事件相关的数据，与此同时，C 级高管需要该事件的简报。在这种情况下，务必记录你需要传达给不同客户的信息是什么，所以我们建议，无论受众是谁，都要为他们设定一个客户画像。

9.2.4 设定客户画像

给客户画像是理解情报产品受众的一种行之有效的方法，该方法是从常见的营销实践中提炼出来的。客户画像被用于描述假想的典型客户，明确这类客户的特征、问题和需求，这样才能找到最好的方法来满足他们。在传播阶段，应将客户画像放在团队成员都能看到的地方。

首先需要开发客户画像模板。图 9-1 提供了客户画像的示例模板。

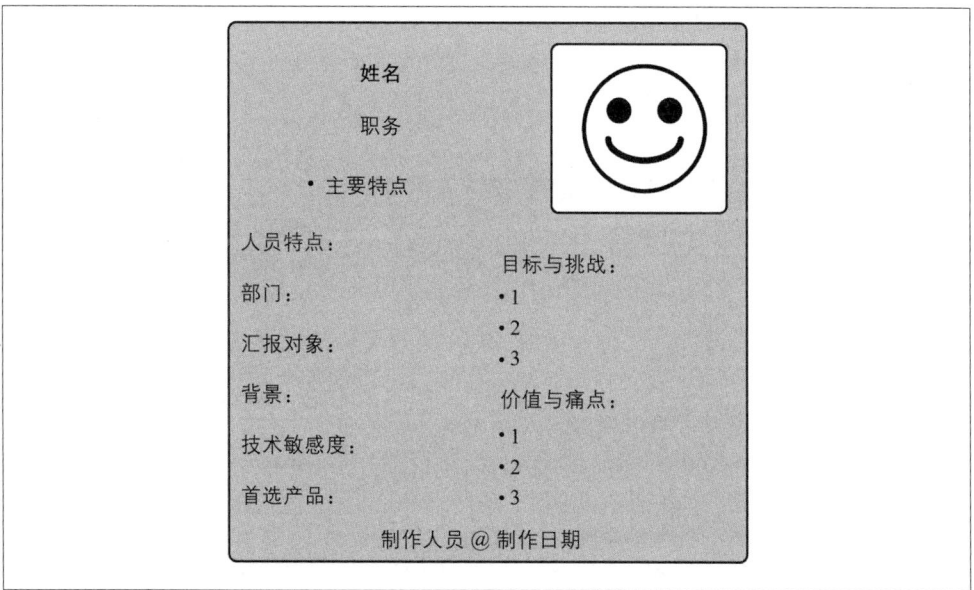

图 9-1：客户画像示例模板

老海军（Old Navy）^{译注3} 以给全体家庭成员设定客户画像而闻名，其主要客户画像 "Jenny"（*https://oreil.ly/YEdzQ*）就是针对 25 到 35 岁的年轻妈妈而设定的^{注2}。对于情报产品而言，受众的规模很重要。情报团队的客户数量虽多，但概括性的客户画像并不多。对

译注 3：老海军是美国的休闲服饰品牌。

注 2：Ryan Flinn, "Old Navy's Target Customers: Working Moms, 25 to 35"（*https://oreil.ly/YEdzQ*），The Seattle Times website, July 12, 2011.

于客户数量更加有限的其他团队来说，应该能够为每位客户设定详细的具体画像。对于大多数团队，有一个折中的办法——为高级客户设定具体画像，为一般客户设定概括画像。

客户画像有助于准确定义那些不曾被注意到的客户和一般性客户。CEO 是否具有良好的技术背景？是否喜欢阅读逆向分析报告？这需要在其画像中注明。你的 SOC 主任是否喜欢简短的单页报告？这需要在其角色中注明。总之，客户画像就是向客户提供最有用、最关乎利益的产品的诀窍。对于客户画像的目标与挑战、价值与痛点这几项，要多花些时间仔细考虑，必要时进行调查和确认。这有助于确保你达到目标，提供最有用的情报产品。

图 9-2 展示了一份真实的情报客户档案。Shawn 是主管安全的副总裁，这会自然地让人对他在爱好和技术方面有某些期望（偏见的一种表现）。这就体现出了这份档案的意义，因为在这个案例里，我们对副总裁的许多假设都是错误的。Shawn 精通技术，对发送给他的每份报告，都要求精确无误并具有深度。有些副总裁对于数据包和持久化手段这样的深度技术细节可能会感到不舒服或被吓到，但 Shawn 对这类细节却充满期待。同时，他的兴趣主要在于典型的战略需求。根据对他的兴趣和技术敏感度的了解，我们可以专门为 Shawn 量身定制情报产品。

图 9-2：真实的情报客户档案

为每个潜在的威胁情报产品客户构建详细档案并无必要，但为关键的利益相关方设定画像是很有必要的。另外，根据利益相关方的共性角色（如 SOC 分析人员）构建一种通用角色画像也是有价值的。在构建情报产品和设置情报职能时，这类通用档案可以作为判断是否满足利益相关方需求的重要衡量标准，提供关键的指导作用。

许多团队在尝试过客户画像方法之后，会将其视为金科玉律。但需要注意的是，所设定的画像是静态的，只满足于它指派给某个人、某个角色时的样子。是否来了新的首席财务官？花时间为这个人设定新的画像吧——与前任相比，可能会截然不同。

9.3 作者

受众决定客户需求，作者决定如何有效表达。任何伟大的产品都要将作者的能力和受众的需求结合起来。

作者需要建立并维护自己的信誉。只有你的产品得到客户（受众）的信赖，才能为他们创造价值，而这种信赖往往来自作者。成也萧何，败也萧何，分析成果中存在的偏见，也会使团队名誉扫地，因此，不要去写那些你不懂的东西。在深入理解的主题上写强有力的、权威性的文章总比过度表达要好。

作者既要对主题有足够的了解，创造具有权威性的内容，还要对受众足够熟悉，以受众喜闻乐见的方式表达内容。没有前者，产品难免出现错误（损害信誉）；没有后者，内容再好也将被束之高阁。

作为报告编写者，你要决定是根据现有的分析人员来写情报产品，还是按照你希望的主题来写。如果打算就某类主题来撰写情报产品，就要按照主题所涉及的各种细节来组织撰写团队。反之，如果团队已经就位，就要将情报产品的主题限定在团队的能力范围内。

情报产品中的自动化报告信息

情报产品作者常会使用自动化工具向情报产品中添加信息，比如，直接从威胁情报平台导出的数据，或者编写脚本从安全信息和事件管理平台（SIEM）提取的数据。这种方式在恶意软件分析中尤为常见，许多作者会在报告中引入沙盒和在线恶意软件分析服务输出的内容。在分析人员和报告作者的经验有限时，这种方式尚可接受，但多数情况下，这只是一种缺少上下文的数据，只能算是浑水摸鱼。恶意软件自动化分析结果有时是无效的，因为有些反逆向分析的手段会导致自动化分析失败。

若要将自动生成的信息引入报告，则需要注意以下几点：

> *全面理解相关信息*
>
> 理解这些信息的重要性不仅体现在撰写报告的时候，还体现在情报产品交付后你对其侃侃而谈的时候。有些分析人员（甚至公司）都曾因为误解自动输出而错误地引入不正确的数据。以 8.8.8.8 和 *windowsupdate.microsoft.com* 为例，甚至经常有些厂商也会认为它们是恶意的。它们之所以在动态分析中出现，是因为恶意代码经常会与其建立连接，从而验证是否可以访问互联网，这是一种反取证的手段。
>
> *为自动生成的信息加入上下文信息*
>
> 在用情报产品讲故事的时候，自动生成的报告应该作为其中的一部分。如果不结合上下文，自动生成的报告只是数据而已。
>
> *提供自动分析结果链接以便引用和查看更新*
>
> 例如，某些样本最初在 VirusTotal 中只有很低的检出率，但厂商加入特征后，检出率就会改变。这部分内容很重要，应该让客户易于核实这类信息。
>
> 做到以上三点，才能让自动化分析结果的引入对情报产品产生积极作用，而不是浑水摸鱼，让你的客户迷惑不解。

9.4 可操作性

情报产品要有可操作性。只有产品以正确的格式，提供正确的信息，客户才能采取行动或制定更好的决策，这时，才能说该产品具有可操作性（actionability）。如果客户无法借助情报中包含的信息改善其网络防御态势，那么再优秀的情报产品也是毫无价值的（Dragos 的首席执行官 Robert Lee 将此称为"自娱自乐"）。在 F3EAD 术语中，如果产品不能提高团队查找、定位或消除对手的能力，报告就缺少关键内容。总之，情报产品的目标就应该是促成有意义的决策或行动。

以下是一些可以提升可操作性的做法：

- 提供对手的 TTP 信息，让客户更易于发现他们可能面临的对手，并做出响应。
- 确保在产品中包含易于使用的 IOC 和特征，让客户更易于针对恶意活动添加检测方法或开展狩猎。由多家厂商所使用的开放格式（如 Snort 和 Yara）就特别适用。
- 回答与客户需求相关的特定问题。

以下是一些需要避免的事情：

- 避免对恶意活动泛泛而谈却不提供有价值的细节，这会让网络防御小组无能为力。例如，提到攻击者的网络钓鱼活动，而不提供相关的电子邮件发件人地址、主题、附件或恶意链接信息。

- 避免利用工具或方法阻止别人复制情报产品的信息。例如，许多厂商将报告中的文本以图片的形式提供，导致客户无法复制和粘贴这些信息。在处理哈希值、域名和 IP 列表时，这种做法尤其令人沮丧。
- 避免在发布情报的时候，使用某厂商或某产品特有的格式；避免向仅具备网络检测工具的客户提供用于主机检测的情报。
- 不要因为信息的加密级别设定得过高，而使信息无法使用。这种情况在政府机密和 TLP 环境中均有发生（请参阅以下"避免使用 TLP 黑色"条目）。

> ### 避免使用 TLP 黑色
>
> 前面讨论过为保护敏感情报而提出的 TLP。除了官方指定的红色、黄色、绿色和白色之外，有些分析人员还会将信息标注为"TLP 黑色"。这种非官方说法是指最高级别的敏感性，因为加密级别过高而无法据此行动，仅供极特殊场合使用。"TLP 黑色"让人有一种间谍那样的偷偷摸摸的感觉，因为"TLP 黑色"的情报在理论上是不具可操作性的，所以几乎没有用处。尽量避免使用"TLP 黑色"。作为情报接收方，如果你收到了标记为"TLP 黑色"的数据，要考虑将数据退回，或联系发送方确认他们打算发送什么内容。在大多数情况下，他们可能指的是"TLP 红色"。如果他们真的坚持使用"TLP 黑色"，你可能需要考虑这份无法使用的情报是否还值得获取。

可操作性是个微妙的问题，在很大程度上取决于客户及其情报程序的成熟度，以及客户关注的焦点是战术、行动还是战略。在某些情况下，如果客户已经对威胁高度重视，即使是很出色的情报产品，其可操作性也会大打折扣。相反，若将这份情报产品分享给刚刚发现这一威胁的团队，对他们来说却具有很强的可操作性。TTP 相关的信息可供分析人员发现威胁，但对战略导向的 CISO 来说却可能是无用的。同样，CISO 想要的高级别的、面向业务的战略情报可能并不适用于 SOC 分析人员。

为了提高可操作性，需要听取利益相关方的意见，并了解客户的以下特点：

需求

他们遇到的麻烦是什么？他们需要解决的问题是什么？

技术

他们目前在使用哪种工具？

成熟度

他们的团队处于哪种技术水平？他们有效行动的能力如何？

做事方法

他们如何推进团队任务?

了解了上述特点之后,我们就可以定制产品来帮助客户高效地采取行动了。

9.5 写作步骤

多数人认为只有好作家才能写出好作品。尽管从某种意义上说,成为伟大的作家离不开天赋,但对大多数人来说,写作是一种需要慢慢学习和耐心练习的技能。为数字取证与事件响应(DFIR)情报或任何严谨的分析需求写作,不仅需要风格感,也需要专门的流程。本节介绍了开发情报产品的一般过程[注3]。情报写作包括三个主要阶段:规划、起草和编辑。现在让我们深入探讨。

9.5.1 规划

情报写作总是始于规划。虽然匆忙落笔(或敲键盘)更为容易,但这样无法带来最好的产出。情报产品需要经过深思熟虑、合理安排、精心组织,才能为利益相关方提供尽可能多的价值。为此,在规划阶段要注意以下几个情报产品的关键问题:

受众

你要写给谁?他们的目标和需求是什么?情报只有得到理解,才能被有效使用。

作者

谁来主笔?他擅长什么?情报依赖对上下文有深刻的理解,所以作者需要知情。

可操作性

情报接收方在阅读该情报产品后,可以采取什么行动?情报应该能推动决策(并带来改变)。

以上三个问题有助于规划产品所需内容以及所应采取的格式。在创建情报产品的各个阶段(从起草到交付给客户)都要考虑这些。

9.5.2 起草

起草情报产品的过程因人而异。几乎每个人都有自己的方法和流程。不论采取哪种方法,多数人都认为动笔是最困难的。比如,作为谦卑的作者,我花了大约 45 分钟才写出本节的第一个句子,而这个句子显然算不上精彩。大多数人都认为,打草稿就是先

注 3:专业情报机构应制定自己的详细指南,可参考 Mercyhurst 学院情报中心编写的 *The Analyst's Style Manual* (*https://oreil.ly/uKaYY*)。

随便写些东西，然后一直写下去。如果你还没有自己的开篇之法，这里有几种方法可供选用。

开宗明义

所谓开宗明义，就是用一句话总结全文，这是一个不错的开篇之法。先把结论讲出来，让情报产品易于满足最初的利益相关方的需求。把结论陈述置于开篇位置，然后给出符合这一结论的证据，摆出事实，提出假设。在某些情况下，可以将结论陈述作为产品的一个独特要素，但也不必强求。这只不过是一个起点而已。

在情报写作中采用讲故事的方式

人类擅长讲故事，也喜欢听故事。这是一种我们习惯的形式，令人觉得很舒服。我们喜欢故事里的角色，关心他们的喜好，希望知道他们做了什么，怎么做的，为什么做，以及不同角色之间的关系。对于情报生产者和客户而言，这种叙事形式是很自然的。接受这种形式，而不要企图对抗人类的天性。相比于枯燥之味的陈述，故事更易于被记住，也更具影响力。人类离不开故事，还是采用讲故事的方式吧。

从事实入手

另一种开篇方法是从调查确定的事实清单开始（即 What/So What 格式中的 What 部分）。如果产品创建者掌握完整的笔记，那么这种方式尤为适用。不必在意格式和表达，尽量在纸面上给出全部事实：时间、信标，以及所有具体信息。当事实准备就绪，就可以在此基础上谋篇布局，润色词句。

从观点、要点入手

拟定提纲是把你的构思谋篇落实到纸面的好方法。此时，在提纲各个部分填写什么内容并不重要，只需列出报告所涉及的几个主题即可。在此过程中，如果尚未清楚如何组织调查结果的结构或顺序，不妨先从写下各个要点开始。这些要点可以涵盖各种各样的主题，包括事实（后面会详细介绍）、分析过程、考虑因素以及轶闻趣事。只要将这些写下来，最合理的材料组织方式自然会水到渠成。当出现疑问时，可以遵循"三的法则"（rule of threes）——人们在审美上倾向于三个一组的事物。这是一个很容易遵循的规则，但要从三个要点或三个子要点开始。这几乎是创建任何作品的好方法。

9.5.3 编辑

草稿无法成为最终产品。创造一部真正伟大的作品，即使草稿已经很优秀，仍然需要卓越的编辑工作。对于篇幅较短的作品，编辑工作可能需要形成草稿那么长的时间。

编辑工作很难一个人独立完成，并且是艰苦的，一个人往往因考虑不周而在编辑过程中产生诸多瑕疵。受限于人类的心智，边读边改、查缺补漏（简而言之，就是用你想说的话替换页面上的文字）往往会导致最糟糕的情况。你对内容越熟悉，就越可能犯这些错误。可以使用以下方法来避免这些错误：

不要相信自己
　　最容易想到的一种方法是由另一名分析人员（在规模更大的企业，甚至会安排专门的编辑）来审阅你的作品。另一双眼睛往往可以发现原作者不曾留意的事情。与一名编辑按一套规范流程协作会是非常有效的方法。

走开一会儿
　　暂时离开一会儿是一种让文稿（即使是你亲手写出来的）变得陌生的方法。离开你的办公桌，拿一杯咖啡（或者你喜欢的饮料），花 15 分钟先不去想它。理论上讲，当你回来重读这段文字时，会有新的想法、新的视角。

大声读出来
　　在你默读的时候，你的大脑会使你跳过一些不起眼、不重要的词。这在快速阅读的时候很有用，但在校对文字时就有问题了。大声朗读是一种解决办法。这可能会让你觉得有点别扭，但这会让你惊奇地发现平时在一些被忽视的词语中存在多少错误。

自动化处理
　　有许多工具可以为作者提供帮助。拼写检查工具和语法检查工具比较常见的，在大多数文字处理系统中都有它们的身影。实际上，你可以使用的工具远非这些。类似 write-good（*https://oreil.ly/CEslt*）这样的工具可以用来从语法角度找出那些虽然正确但并不恰当或适得其反的句式，包括一些模棱两可的词，或者一些短语的用法。自动化编辑工具可以帮助团队情报生产者形成规范化的情报产品。

编辑工作不应仅限于找到拼写错误的单词和缺少句号的语句，而是要增强文章的条理性，确保内容的准确性，使主题更容易理解，并找出前后矛盾的地方，督促原作者着眼于最终客户的需求。

以下是情报写作中的一些常见陷阱，想绕开这些陷阱，也许需要有一位职业编辑出手：

被动语态（*https://oreil.ly/XkdlQ*）
　　使用直接宾语 + 动词 + 主语的句式被称为被动语态（比如这句话就是）。被动语态使得句子显得复杂，往往会令人困惑，并使行为弱化。情报产品应该使用更直接的主语 + 动词 + 直接宾语的句式来表达动作，这样更易于让读者理解。例如，应该说"孩子喜欢球"，而不是说"球被孩子喜欢"。

不常用的术语和缩写词
　　必须考虑受众的技术背景。使用不常用的术语会让客户失去兴趣。如果不确定情报

产品适合哪种专业级别怎么办？看看客户画像吧。如果有什么地方拿不准，就为术语添加定义或说明。对于简短的文档，可以加在行内；对于较长的文档，可以考虑添加一个附录。

具有倾向性或不客观的语言
注意不要误导客户。关键在于找出那些隐藏在主观用语中的偏见，确保它们经得起推敲。否则，客户可能会将客观事实和主观判断混为一谈，从而做出糟糕的决定。

模糊已知内容与可疑内容
在创建情报产品时，最危险的一种错误就是混淆已知内容与可疑内容。尽管客户需要分析人员的猜测（本质上是经验或偏见），但模糊了怀疑与事实的区别可能会造成破坏性后果，导致利益相关方做出错误决策。

在编辑过程中，要注意检查内容的准确性和完整性。这对于 IOC 等可能被客户直接拿来使用的数据来说尤其重要。多数情况下，与录入错误的 IP 地址相比，悬垂分词（dangling participle）之类的语法错误对安全运营团队来说并不算什么问题。一名优秀的编辑不仅能找出错误，还能发现缺失的信息、混乱的描述，并能够将内容放在最适当的位置。

相对纯文本而言，加入可视化数据或图表也是值得考虑的。这就是所谓的"一图胜千言"。只要有可能，就使用图表或图片，这会使数据更具吸引力，更容易消化，也更为难忘。在没有平面设计师的情况下，设计图形会是一种挑战，幸好现成的图片或剪贴画通常也能让文章增色不少。

最后，编辑的伟大之处不在于给产品添加了什么内容，而在于删减了什么内容。情报产品胜在简洁，所以优秀的编辑应该特别留意那些冗余的内容，力求让情报产品变得简洁。

9.6 情报产品

在规划完成后，我们所讨论的一些特性（目标、作者、受众和可操作性）可以帮助你设定文档结构。所谓结构，即情报产品的实际版式和布局，包括标题、篇幅，甚至数据格式。对于受众和可操作性两个方面而言，尤其需要与具体产品相适配。

打算匆忙赶制出情报产品是要冒风险的——要么忽视了受众的需求，要么忽略了关键的可行动信息。成熟的情报程序会为分析人员提供可选的情报产品模板库，以及如何选择模板的指导手册。

开发产品模板是企业的一项特定任务，该任务依赖于对预期受众、需求和组织风格的理解。这种定制模板需要根据客户和分析人员的反馈不断改进。在大多数情况下，产品（无论是单页的提示类文档，还是多页报告）都可以采用以下简单情报写作结构（参见犹他州立大学的预测性情报中心网址 https://www.usu.edu/cai）：

- What：描述问题，陈列事实。
- So What：描述为什么这些问题和事实对利益相关者很重要。

你也可以将其扩展为更具策略风格的规定结构：

- What：描述问题，陈列事实。
- So What：描述为什么这些问题和事实对利益相关者很重要。
- Now What：描述客户可以或应该采取的行动。

最佳结构将取决于客户的期望。情报风格只是简单地列出事实，并假设客户会使用这些数据来制订计划，以及避免分析人员的偏见。在政策风格的写作中，我们假设客户不是专家，不仅希望知道正在发生的事情，也想知道该事情为何很重要，以及该怎么办。

按照我们的示例报告模板练习几次，是了解这类产品的最好方法。这些模板列举出团队可为各种利益相关方生产的几类产品。我们共享出来，便于你为自己的利益相关方构建产品。本章介绍的示例产品模板都可以在 GitHub（https://oreil.ly/igP5Z）上找到。

9.6.1 短篇幅情报产品

短篇幅情报产品通常只有一到两页，用于满足特定的战术或作战情报需求。一般来说，这类情报产品可以快速形成，几乎可以立即投入使用。简短的产品通常因信息请求（RFI）而撰写，或在企业内部提醒其他人注意对手的行动。这类产品侧重于及时、快速地采取行动。短篇幅情报产品目的明确，通常不会面面俱到，而是提供特定角度的调查细节，或根据特定需要提供给定事件或行为体的详细信息。

事件命名与行为体命名

在撰写短篇幅或长篇幅情报产品时，分析人员通常会以代号来指代当前或既往事件，以及事件背后的行为体。较之"从去年开始发电子邮件的团伙"或者"那些使用某某工具的坏家伙"，这样做会更省事。为行为体指定代号，为攻击事件指定易于记忆的名称，更符合人类喜欢听有人物、有情节的故事的天性。

这类代号虽然重要，但在选择代号时却要多加小心。代号可能会被公开，所以它们不能让人反感。在使用代号命名时，还应避免使人们联想到某种产品品牌，否则就成了市场营销。

> 微软威胁情报中心（Microsoft Threat Intelligence Center，MSTIC）就是具有优良命名传统的典范，其命名取自元素周期表中的元素，以此为恶意活动分组。这些命名独特又令人难忘，选择余地也很大。

下面从事件简报开始介绍几种短篇幅情报产品。

事件简报

事件简报（示例 9-1）是一类常见情报产品，也是事件响应和威胁情报之间的纽带。这种短篇幅情报产品可以简要说明当前事件的事态进展，对事件响应人员、SOC 分析人员和管理层均有用处。该产品应具有严格的最后期限，并仅针对特定行动。

示例 9-1：事件简报格式样例

```
# 事件名称

## 摘要

> 大多数产品始于综述。这可使客户快速
> 确定相关性，而且多数情况下，客户
> 只会阅读摘要部分。

## 时间线

- 2000-01-01 事件一的描述
- 2000-01-02 事件二的描述
- 2000-01-03 事件三的描述

## 影响

> 描述哪类资源受到影响，对生产运营造成什么后果。

## 意见建议

- 建议采取 1 号缓解行动
- 建议采取 2 号缓解行动
- 建议采取 1 号补救行动
- 建议采取 2 号补救行动

## 正在采取的行动
- 1 号行动进展
- 2 号行动进展

## 参考资料
```

- [www.example.com/1] (http://www.example.com/1)
- [www.example.com/2] (http://www.example.com/2)
- www.example.com/3 (http://www.example.com/3)

目标清单

事件简报用于描述近期发生的事件，这类事件通常尚未溯源到攻击者，而目标清单则用于描述行为体，无论该行为体发起的攻击事件是否被观察到。目标清单（示例9-2）通常用于总结从厂商报告中提取的信息，是一种非常通用的情报产品，因而受到各类客户的广泛关注。优秀的目标清单不宜过度涉及溯源，它需要以事实为依据，而不应过度掺杂主观猜想。

示例9-2：目标清单格式样例

```
# 目标名称
## 摘要
> 大多数产品始于综述。这可使客户快速
> 确定相关性，而且多数情况下，客户
> 只会阅读摘要部分。


| 备选命名       | 来源      |
|:--------------|:---------|
| 备选命名1      | 公司1     |
| 备选命名2      | 公司2     |
| 备选命名3      | 公司3     |

## TTP

- TTP1
- TTP2
- TTP3

## 工具

|工具名称|工具描述      |备注   |
|:------|:------------|:------|
|工具1   |             |       |
|工具2   |             |       |
|工具3   |             |       |

## 受害者画像

- 受害者类型1
- 受害者类型2
- 受害者类型3

用于演示的推测内容

## 相关行为体
```

名称	类型	备注
行为体名称1	组织	
行为体名称2	个人	

参考资料

- www.example.com/1 (http://www.example.com/1)
- www.example.com/2 (http://www.example.com/2)
- www.example.com/ (http://www.example.com/)

攻陷信标（IOC）报告

IOC报告是高度战术性的产品，通常供SOC和响应人员分享信标的上下文时使用。IOC报告（示例9-3）在结合新的检测或告警（如近期加入黑名单的信标）使用时更能发挥作用。鉴于缺少上下文信息时信标难以作为情报，IOC报告通常要提供必要的上下文信息。

记住，IOC报告的参考资料可能来自外部，也可能来自内部，而那些来自内部的参考资料往往更有价值。例如，参考资料指向某个关联行为体的相关目标清单，或者指向信标被发现时的某份报告，都是有意义的。追踪不同的情报产品，往往可以得到分析人员所需的上下文信息，有助于理解复杂的事件。

示例9-3：IOC报告格式样例

```
# IOC 括号

## 摘要

> 大多数产品始于综述。这可使客户快速
> 确定相关性，而且多数情况下，客户
> 只会阅读摘要部分。

## 信标
```

信标	上下文	备注
IOC1		
IOC2		
IOC3		

```
## 相关 TTP

- TTP1
- TTP2

## 参考资料

- [www.example.com/1](http://www.example.com/1)
- [www.example.com/2](http://www.example.com/2)
- [www.example.com/3](http://www.example.com/3)
```

传播 | 203

9.6.2 长篇幅情报产品

长篇幅情报产品可以满足广泛的需求，往往是多页的，通常需要由多名分析人员完成。短篇幅情报产品往往有苛刻的时间限制，需要及时完成，而长篇幅情报产品通常没有时间限制（虽然可能会有最后期限，但相对而言会宽松一些）。短篇幅情报产品可能在24小时内发布，长篇幅情报产品则可能需要数周或数月才能交付。这既有篇幅的因素（长篇幅情报产品往往超出5页且上不封顶），也有自身能力和内容预期的因素。短篇幅情报产品通常是由小团队甚至分析人员独自完成的；长篇幅情报产品通常是由大型团队开发的，涵盖了从逆向分析工程师到平面设计师的各种技能和能力。

长篇幅情报产品应该能够全面阐述某个特定主题。因为需要更专业的技术，从撰写、编辑和整体效果方面考虑，成熟度更高的情报团队才有能力形成长篇幅情报产品。即便如此，也要有所节制。长篇幅情报产品往往是长期的、定制化的产品，侧重于战略客户（往往是领导，切记），这类战略客户可能只会去读与他们相关的只言片语。因此，开始部分的简介应该涵盖主要观点和综合索引，让利益相关方可以直接阅读对他们有用的部分，这一点很重要。

以下为三种常见的长篇幅情报产品模板（分别是战术模板、运营模板和战略模板）。

恶意软件报告

下面以恶意软件报告（示例9-4）为例介绍战术型长篇幅情报产品。通常来说，恶意软件报告作为逆向分析的产物，可为不同团队提供广泛帮助——从SOC分析师和事件响应人员（据此识别新攻击或正在进行的攻击），直至系统架构师（据此构建未来防御体系）。

在战术型长篇幅情报产品中，应包含沙盒等自动化工具的输出结果。长篇幅情报产品的确适合讲故事，但从报告中提炼可用的攻陷信标，却会拖慢响应行动。

示例9-4：恶意软件报告格式样例

```
# 恶意软件报告：样例
```

```
## 摘要

> 大多数产品始于综述。这可使客户快速
> 确定相关性，而且多数情况下，客户
```

> 只会阅读摘要部分。

基本静态分析：

- 文件名：
- 文件类型：PE 可执行程序
- 文件长度：0

哈希值：

> 用于关联的静态文件哈希值。

哈希算法	哈希值
MD5	ddce269a1e3d054cae349621c198dd52
SHA1	7893883873a705aec69e2942901f20d7b1e28dec
SHA256	13550350a8681c84c861aac2e5b440161c2b33a3\ e4f302ac680ca5b686de48de
SHA512	952de772210118f043a4e2225da5f5943609c653\ a6736940e0fad4e9c7cd3cfd...f41
Ssdeep	<FOO>

现有反病毒软件检测能力

> 由 VirusTotal 采集，用于了解检测到的企业范围

厂商	样例
厂商 1	Signature.xyz (http://signature.xyz/)

值得关注的字符串

> 文件中的静态独特字符串，用于构建检测特征（如 Yara 规则）。

- foo
- bar
- baz

其他相关文件或数据

- c:/example.dll
- sysfile.exe

基本动态分析

> 由自动化沙盒导入

行为特征

> 根据杀伤链方法，描述恶意软件是如何实现其主要目标的。

传递机制

> 描述该恶意软件是如何进入受害系统的。
持久化机制
> 描述该恶意软件是如何实现开机启动的，以及是如何实现长期运行的。
传播机制
> 描述该恶意软件是如何在系统之间移动的。
数据渗出机制
> 描述该恶意软件是如何把数据传出受害系统的。
通信控制机制
> 描述该恶意软件是如何接受攻击者控制的。
依赖关系
> 描述该恶意软件执行所需系统级条件
受支持的操作系统
- 操作系统 1
所需文件
- c:/example.dll

第二阶段下载
- c:/example.dll

注册表键值
- /HKEY/Example

检测

> 从样本中提取的原始数据，用于检测感染。
网络侧攻陷信标
> 流量中出现的字符串、域名、URL、SSL 证书、IPv4 地址、IPv6 地址，等等。
- 10.10.10.10
- [example.com] (http://example.com/)
文件系统攻陷信标
> 文件中出现的字符串、文件路径、签名证书、注册表键值、互斥量名称，等等。
- abc
处置建议
> 以事件响应为中心的中止和清除恶意软件的步骤。
缓解步骤
- 通过修复漏洞利用，阻止初始安装。
- 更新反恶意软件规则，阻止安装植入行为。
根除步骤
- 更新防病毒软件，删除被植入的恶意软件。
相关文件
> 重在明确漏洞利用、植入工具和远程控制工具之间的关系。
- C:/example.dll

攻击活动报告

攻击活动报告（示例 9-5）是最常见的长篇幅情报产品，用于端到端地解析入侵活动全过程。报告有助于发现、分析存在的差距（你的团队在哪些方面没有完全掌握对手的行动)，并将产生进一步的情报请求。这类报告还有助于发现响应措施中存在的不足，进而补充新的响应人员、情报分析人员，以及促进各方加快长期调查的进度。对于多数团队而言，攻击活动报告是分析团队能够定期输出的最长篇幅的产品。

示例 9-5：攻击活动报告样例

攻击活动报告：样例

项目	内容
主要分析人员	分析人员姓名
分析团队名单	分析人员姓名 1，分析人员姓名 2，分析人员姓名 3
分析日期	2017
需求方	
相关入侵事件	

摘要

> 一段话描述该攻击活动及其影响。
描述
> 整个事件的综合性多段摘要，包括恶意活动、攻击者，以及
> 事件响应团队所采取的响应措施。
杀伤链
> 借助杀伤链绘制攻击活动路线图，并将各步骤按钻石模型展开。
侦察跟踪
> 描述攻击者在攻击前如何获取信息。
钻石模型
- __对手：__ 攻击者或攻击者扮演的角色
- __能力：__
  - 能力/TTP 1
  - 能力/TTP 2
- __基础设施：__
  - 基础设施资源 1
  - 基础设施资源 2
- __受害者：__ 该阶段攻击目标为个人/系统
武器构建

> 描述攻击装备的设置与配置。
钻石模型
- __对手：__ 攻击者或攻击者扮演的角色
- __能力：__
  - 能力/TTP 1
  - 能力/TTP 2
- __基础设施：__
  - 基础设施资源 1
  - 基础设施资源 2
- __受害者：__ 该阶段攻击目标为个人/系统

载荷投递

> 描述将漏洞利用投送到目标、受害者环境所使用的方法。

钻石模型

- __对手：__ 攻击者或攻击者扮演的角色
- __能力：__
  - 能力 /TTP 1
  - 能力 /TTP 2
- __基础设施：__
  - 基础设施资源 1
  - 基础设施资源 2
- __受害者：__ 该阶段攻击目标为个人 / 系统

漏洞利用
> 介绍漏洞利用的方法，以及对手如何获取目标系统的控制权。

钻石模型

- __对手：__ 攻击者或攻击者扮演的角色
- __能力：__
  - 能力 /TTP 1
  - 能力 /TTP 2
- __基础设施：__
  - 基础设施资源 1
  - 基础设施资源 2
- __受害者：__ 该阶段攻击目标为个人 / 系统

C2

> 描述攻击者如何与其攻陷的资源通信。
钻石模型
- __对手：__ 攻击者或攻击者扮演的角色
- __能力：__
  - 能力 /TTP 1
  - 能力 /TTP 2
- __基础设施：__
  - 基础设施资源 1
  - 基础设施资源 2
- __受害者：__ 该阶段攻击目标为个人 / 系统

达成目标
> 描述攻击者的最终目标，以及使用哪种工具和手法达成该目标。

钻石模型
- __对手：__ 攻击者或攻击者扮演的角色
- __能力：__
  - 能力 /TTP 1
  - 能力 /TTP 2
- __基础设施：__
  - 基础设施资源 1
  - 基础设施资源 2
- __受害者：__ 该阶段攻击目标为个人 / 系统

时间线[译注4]

序号	日期时间	行为体	行为	备注
1	20170101 12:00+00	行为体1	行为1	
2	20170102 12:00+00	行为体2	行为2	
3	20170103 12:00+00	行为体3	行为3	

攻陷信标
> 一批已识别 IOC，包括拓线数据和关联数据，以及有效特征。

网络侧信标
> 独立网络 IOC
- 10.10.10.10
- example.com (http://example.com/)
- www.example.com/path (http://www.example.com/path)

主机侧信标
> 独立主机 IOC

- /HKEY/foobar
- example.exe
- foobar

网络特征
> 独立网络检测特征（Snort 规则等）
__ 10.10.10.10 的特征：__
alert ip any any -> 10.10.10.10 any (msg: "Bad IP detected";)

主机特征
> 独立主机检测特征（Yara 规则等）

foobar 演示规则
rule example: example
{
 meta:
 description = "This is just an example"
 threat_level = 3
 in_the_wild = true

 strings:
 $a = "foobar"

 condition:
 $a
}

观测结果
> 哪怕是偶然观测到的结果和分析人员笔记，记录下来也是有必要的。

日期时间	分析人员	观测结果
20170101 12:00+00	分析人员1	观测结果1
20170102 12:00+00	分析人员2	观测结果2
20170103 12:00+00	分析人员3	观测结果3

译注4：该表原文格式错误，采用第1版的表格。

```
## 相关产品
> 其他相关情报，包括短篇幅产品和长篇幅产品
### 内部产品
> 内部产生的相关情报产品。
- 产品 1
- 产品 2
- 产品 3
### 外部产品
> 多数情况下，外部的厂商情报产品是需要长期关注的。
- www.example.com/product.pdf
```

情报评估

情报评估是一种全面探讨重大战略问题的长篇幅情报产品。这种产品起源于美国国务院下设的国家评估办公室（Office of National Estimate，ONE），是美国中央情报局的前身。该机构起草的《国家情报评估报告》（National Intelligence Estimate）是美国的年度情报产品，旨在识别和探索美国面临的重大战略威胁。

典型的情报评估类产品是范围广泛的、主要针对最高级利益相关方的战略产品，为制定全年战略决策提供必要的背景。虽然情报评估存在各种不足（全年都在不断完善），但作为情报评估的基础，情报评估为利益相关方提供了解各种问题的起点。

这是一种高度定制的文档，所以本书没有提供情报评估示例，建议参考美国中央情报局的解密文档（*https://oreil.ly/MWc63*）。

9.6.3 信息请求流程

我们在本章前面（及第 4 章）曾讨论过信息请求（Request For Intelligence，RFI），这是一类用于回答某个具体问题（通常是为了满足响应态势感知的需求）的专门产品。需求方向情报团队提出一个非常简短的问题。此时，情报团队可以根据已经收集到的信息直接回答该问题（如果可能的话），或者将该问题视为收集需求，启动新一轮情报循环。为保持流程的有序性和一致性，对于应答产品或初始需求都应提供相应模板，并应遵循信息请求流程（见图 9-3）。信息请求可满足战术、行动和战略三种不同要求。

通过电子邮件发出请求是一种启动 RFI 流程的简单方法。客户使用团队提供的模板，将请求发送到公用邮箱（如 *rfi@company.com*），情报团队再从该邮箱中获取请求。由于 RFI 分为请求和应答两部分，因此需要分别提供两个模板。

RFI 请求

客户的 RFI 请求应遵循严格受限的结构，如示例 9-6 所示。

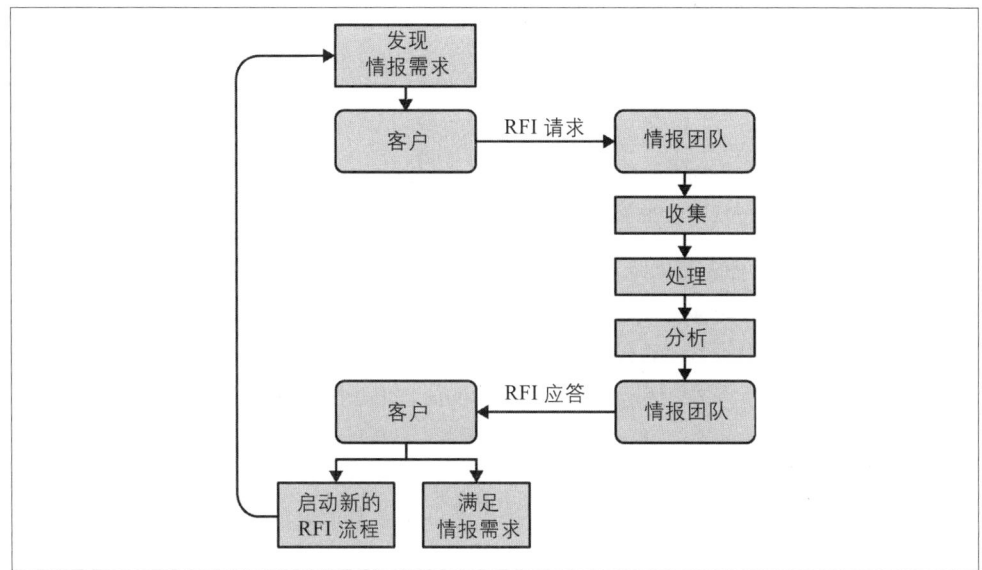

图 9-3：信息请求流程图（包含情报流程）

示例 9-6：RFI 请求模板

```
# RFI-1
- _发件人：_ 需求方
- _收件人：_ 情报团队
- _应答期限：_ 2016-11-12
## 请求
> RFI 请求应为直截了当的问题，并附带对于所需答案形式的具体描述。
## _请求参考：_
- www.example.com/request_source_1 (http://www.example.com/request_source_1)
- www.example.com/request_source_2 (http://www.example.com/request_source_2)
```

"收件人"字段和"发件人"字段分别指向情报团队和客户。"应答期限"字段表明客户需要情报的紧迫程度（也可以使用高、中、低表明严重程度）。其后是请求内容，应为有针对性的问题，并说明具体应答形式。最后，需求方可针对该问题附上请求参考或其他背景资料，以便情报团队开展工作。

RFI 应答

RFI 应答也需要遵循严格受限的结构，如示例 9-7 所示。

示例 9-7：RFI 应答模板

```
# RFI 应答
- _发件人：_ 情报团队
- _收件人：_ 需求方
```

- _TLP：_ 红色 / 黄色 / 绿色 / 白色
- _ 应答日期：_ 2016-11-13

_ 应答：_

> 响应需要完整而简洁，直接回答请求中的问题。

_ 应答参考：_
- www.example.com/response_source_1 (http://www.example.com/response_source_1)
- www.example.com/response_source_2 (http://www.example.com/response_source_2)

"发件人"字段和"收件人"字段分别指向情报团队和原始需求方。TLP 字段指定应答接收方应遵循的共享规范。应答日期（应答被发送给客户的日期）也是重要的参考指标。RFI 流程能否成功，取决于需求方是否得到了有效应答。应答需要应针对需求方提出的具体问题，不要节外生枝。最后，将情报团队为 RFI 所使用的信息来源作为应答参考是有必要的。

RFI 流程示例

以下为典型情报请求工作流程示例。我们将从客户的请求开始。

RFI 请求。有效的 RFI 请求形式如下：

- 发件人：安全运营中心
- 收件人：情报团队
- 应答日期：2017-02-20

请求：

用于检测恶意软件 X-Agent 的有效网络 IOC 有哪些？

请求参考：

https://attack.mitre.org/software/S0161/

RFI 应答。以下为应答（完成情报循环后提供）：

- 发件人：情报团队
- 收件人：安全运营中心
- 应答日期：2017-02-22

根据公开来源，我们建议使用以下网络信标检测 APT28 组织的 X-Agent 恶意软件：

- ```
  Snort  alert  tcp  $HOME_NET  any  ->  $EXTERNAL_NET  $HTTP_PORTS
  (msg:"Downrage_HTTP_C2"; flow:established,to_server; content:"POST";
  http_method;  content:"="; content:"=|20|HTTP/1.1"; fast_pattern;
  distance:19; within:10; pcre:"/^\/(?:[a-zA-Z0-9]{2,6}\/){2,5}[a-zA-
  Z0-9]{1,7}\.[A-Za-z0- 9]+\-\_\.]+\/\?[a-zA-Z0-9]{1,3}=[a-zA-Z0-9+\/]
  {19}=$/I";)
  ```
  ```

- *hxxp://23.227.196[.]215/*

- *hxxp://apple-iclods[.]org/*

- *hxxp://apple-checker[.]org/*

- *hxxp://apple-uptoday[.]org/*

- *hxxp://apple-search[.]info*

若有后续需求，可提供进一步情报。

应答参考：

- *https://oreil.ly/tWK6m*

- *https://oreil.ly/tKDvC*

> **日期时间格式**
>
> 对于安全运营团队而言，几乎没有什么问题会比日期时间表示不一致带来更大的惊慌和混乱。虽然大家很熟悉美国常用的 MM/DD/YYYY 日期格式，但通常很难在全球范围内使用。与之相比，欧洲常用的 DD/MM/YYYY 日期格式则更为直观。不幸的是，这两种格式都不适用于情报产品，因为不容易排序，也不便于在线阅读。可以考虑用 YYYYMMDD 格式取而代之，这种格式易于阅读（尤其是被用于表现时间线时），也易于排序。为便于对时间排序，建议使用 24 小时制，并使用一致的时区（最好是 UTC 形式），例如 20170219 22:02 +00。在使用脚本和工具提取数据的时候，这种格式也更易于使用。

9.6.4 自动使用型情报产品

自动使用型情报产品是指供检测、告警或分析系统所使用的分组 IOC。这类产品不同于给人类分析员阅读的 IOC 报告。与书面产品（可以提供有用的上下文信息）结合使用，自动使用型情报产品可以让威胁数据得到更高效、更准确的运用。自动使用型情报产品分为以下四类：

- 非结构化 / 半结构化 IOC。

- 使用 Snort 规则描述的网络特征。

- 使用 Yara 规则描述的文件特征。

- 自动化 IOC 格式。

下面我们会展开介绍各类自动使用型情报产品。

非结构化 / 半结构化 IOC

广义的 IOC 是由基本的文本列表所表示的一组信标（一段数据及其上下文信息），这一特点使其易于集成到工具中，或转换为其他格式。在共享可被脚本、工具自动使用的信息时，首要考虑因素是该产品适用于哪类脚本和工具。OpenIOC（*https://oreil.ly/pC_fN*）和 STIX（*https:// oreil.ly/7T6wv*）这类复杂标准具有超乎想象的表达能力，但仅供支持这类标准的工具使用。如果你的客户无法使用这些格式标准，则会给他们带来更多麻烦。我们将在本节末尾讨论这类标准。

在这些以安全为中心的标准出现之后，多数 IOC 共享仍旧沿用文本文件列表或半结构化的 CSV 文件。尽管这种格式缺少上下文信息，但易于使用，易于人类（以及计算机）读取，也易于编写脚本。

非结构化 IOC。广义的 IOC 可以非常简单。以下为走鹃行动的哈希值为例：

```
Family, sha256
ZoxFamily,0375b4216334c85a4b29441a3d37e61d7797c2e1cb94b14cf6292449fb25c7b2
ZoxFamily,48f0bbc3b679aac6b1a71c06f19bb182123e74df8bb0b6b04ebe99100c57a41e
...
Plugx,fb38fd028b82525033dec578477d8d5d2fd05ad2880e4a83c6b376fa2471085c
Plugx,ff8dbdb962595ba179a7664e70e30e9b607f8d460be73583af59f39b4bb8a36e
...
Gh0st,ff19d0e8de66c63bcf695269c12abd99426cc7688c88ec3c8450a39360a98caa
PoisonIvy,ffc3aa870bca2da9f9946cf162cb6b1f77ba9db1b46092580bd151d5ed72075f
...
ZxshellModule,6dc352693e9d4c51fccd499ede49b55d0a9d01719a15b27502ed757347121747
...
```

这种格式非常简单，易于以脚本形式提供给各类工具使用。这类 IOC 列表通常以纯文本、Markdown 或 Excel/CSV 方式共享。

使用 Snort 规则描述的网络特征

一般来说，我们所说网络特征就是指 Snort 规则。我们在本书前面讨论过，Snort 是最早的一种入侵检测系统，其特征是使用开放的文本格式。Snort 所提供的特征描述语言冗长但却有效，已被许多厂商采用，并被多种工具所支持，因此成为描述网络流量的标准。

Snort 规则可以采用文本格式文件分享，这一特点使其易于在多种工具中应用，且易于使用脚本管理（示例 9-8）。

示例 9-8：Snort 规则样例

```
alert tcp any any → 10.10.10.10 any (msg:"Sample Snort Rule"; sid:1000001;\
rev:1;)
```

走鹃行动的网络特征。以下为走鹃行动的网络特征。值得一提的是,该规则由 Snort 社区(*https://oreil.ly/68Jtv*)提供,用于检测走鹃行动所使用的 Hikit 恶意软件:

```
alert tcp $HOME_NET any → $EXTERNAL_NET any (msg:"MALWARE-BACKDOOR
Win.Backdoor.Hikit outbound banner response";
flow:to_client,established;
content:"|5D 00 20 00|h|00|i|00|k|00|i|00|t|00|>|00|";
fast_pattern:only; metadata:impact_flag red, policy balanced-ips
drop, policy security-ips drop, ruleset community, service http,
service ssl; reference:url,www.virustotal.com/en/file/aa4b2b448a5e24\

(http://www.virustotal.com/en/file/aa4b2b448a5e24/)
6888304be51ef9a65a11a53bab7899bc1b56e4fc20e1b1fd9f/analysis/;
classtype:trojan-activity; sid:30948; rev:2;)
```

如需了解 Snort 规则的工作原理,请参阅第 5 章。以下为关键片段:

```
alert tcp $HOME_NET any → $EXTERNAL_NET any
```

走鹃行动所使用的 Hikit 恶意软件会被安装在受害网络的非军事区(DMZ)中的服务器上,再由攻击者从外部连接到该服务器(这种架构并不常见,大多数远程控制木马都是从受害者网络内部回连到通信控制节点)。为描述检测模式,Hikit 的 Snort 规则用到了 $variables,以便于在不同的网络位置设定网络范围:$HOME_NET 通常指企业所处范围,而 $EXTERNAL_NET 指企业以外的网络。因此,Hikit 的特征仅应在服务器($HOME_NET 范围内,通常位于受害者的 DMZ)向客户端(位于 $EXTERNAL_NET 范围内的攻击者的系统)发送消息时生效。

该从句约束了检测条件,却并未限定端口。如果端口是硬编码的,攻击者只需要对不同的恶意软件设置不同的服务器端口即可。由于客户端的端口几乎都是随机分配的临时端口(在高端口范围内随机产生,*https://oreil.ly/cpkYI*),指定固定端口很难恰好正确。假如攻击者采用猜测端口的方式,就很容易躲避检测了。鉴于该恶意代码的内容比特串和方向性均具有特殊性,使用通配符表示端口不会导致太多的误报。对于那些涉及特定服务的特征,例如针对 SMB(对于家庭用户,SMB 使用的是 TCP 的 445 端口)的攻击,务必指定端口。

```
flow:to_client,established;
```

上面 flow 从句对方向的描述,与 alert 从句所描述的去向/来源效果相似。关键是该从句后面的 established,这表明该特征对于建立连接时产生的前几个包无效。这可以提高特征的准确性,防止有人故意使用以下 Hikit 比特字符串生成数据包:

```
content:"|5D 00 20 00|h|00|i|00|k|00|i|00|t|00|>|00|";
```

该特征的第二个关键部分是通信字节特征（这段字节特征正是该恶意软件得此命名的原因）。在 Hikit 恶意软件的命令和控制活动中（至少所述 VirusTotal 样本是这样），通常会观察到这样的字节组合。

将以上三个特征（方向性、流量和内容）结合起来，就形成了 Hikit 恶意软件的完整特征。

使用 Yara 规则描述的文件特征

在描述文件内容时，情报分析人员会依赖 Yara 规则。Yara 规则堪称模式匹配的"瑞士军刀"，对于恶意软件研究者如此，对其他人来说也是这样。Yara 规则可以很容易地描述各类恶意软件识别模式，不仅适用于描述一组文件（比如使用多个哈希值），也适用于描述整个恶意代码家族。有多种基于开源 Yara 检测库的工具都可以支持 Yara 规则，使得 Yara 规则成为共享这类数据的理想方式。客户可以将 Yara 规则与各类命令行工具、自动化工具、主机和网络检测工具配合使用，甚至在 VirusTotal 平台上捕获样本。

Yara 规则（示例 9-9）可以采用文本格式文件分享（类似 Snort 规则），这一特点使其易于在多种工具中应用，且易于使用脚本管理。

示例 9-9：Yara 规则样例

```
rule sample_signature: banker
{
 meta:
 description = "This is just an example"


 strings:
 $a = "foo"
 $b = "bar"
 $c = {62 61 7a}

 condition:
 $a or $b or $c
}
```

自动化 IOC 格式

像 STIX 2（*https://oreil.ly/TtOVr*）这类全自动且易于理解的格式，仅适用于那些使用量身定制的工具（或具备开发满足该标准工具的能力）的团队。若将这类格式作为一般情报消费品，则需要转换成更易于访问的格式。过去，因为 OpenIOC 和 STIX 第 1 版都是基于可扩展标记语言（XML）实现的，这使其在厂商之外的应用受到限制。多年以来，XML 曾一直用于描述数据格式，但随着 REST 接口取代 SOAP，JavaScript 对象表示法（JSON）已经超越了 XML。

为跟上技术潮流，STIX 2 格式正在被升级为 JSON。示例 9-10 所示的 C2 信标来自 OASIS 的 GitHub（*https://oreil.ly/vAE2L*）。

示例 9-10：使用 STIX 2 描述的命令和控制 IOC[注4]

```
{
 "type": "bundle",
 "id": "bundle-93f38795-4dc7-46ea-8ce1-f30cc78d0a6b",
 "spec_version": "2.0",
 "objects": [
    {
        "type": "indicator",
        "id": "indicator-36b94be3-659f-4b8a-9a4d-90c2b69d9c4d",
        "created": "2017-01-28T00:00:00.000000Z",
        "modified": "2017-01-28T00:00:00.000000Z",
        "name": "IP Address for known Grizzley Step c2",
        "labels": [
            "malicious-activity"
        ],
        "pattern": "[ipv4-addr:value = '146.185.161.126']",
        "valid_from": "2013-09-05T00:00:00.000000Z"
    }
 ]
}
```

在与不同类型的客户分享信标，而作者又不了解客户在使用哪种工具或格式的时候，STIX 2 格式会显得特别有价值。这种格式尤其适用于公开报告，例如 US-CERT 发布的 GRIZZLY STEPPE 报告（*https://oreil.ly/b17hL*）。在这个例子中，为了使信标广泛有效，US-CERT 随同书面报告（与我们的攻击活动报告格式类似）发布了以多种格式（包括 STIX 1）描述的信标。这样使用 STIX 格式是恰当的，因为作为以"TLP 白色"方式共享的公开报告，作者无法获知客户需要哪种格式的信标。STIX 格式为威胁情报团队提供了一种折衷方案，可以让一些团队快速使用。

9.7 节奏安排

情报团队必须按自己的节奏发布情报产品。有些产品（例如态势感知报告和情报评估产品）适合定期发布，有些产品（如 RFI 或威胁预警）则应根据当前事件进展情况决定发布时机。定期发布情报产品也有利于获得利益相关方的持续关注，也有利于建立和保持对安全态势的感知，以及巩固沟通渠道。因此，定期发布的情报产品在频率、篇幅和内容各方面应与利益相关方共同磨合。如果情报产品发布得过于频繁，分析团队就要冒着"巧妇难为无米之炊"的风险，给客户提供价值不高的信息，浪费客户的时间，最终导致他们失去兴趣。反之，如果长时间不发布情报产品，就会缺少前进的动力，在每次发

注 4：源自 CISA 的"Enhanced Analysis of GRIZZLY STEPPE Activity"报告（*https://oreil.ly/tu9rr*）。

布新产品时都需要花费过多时间重新定位客户。这一点尤其重要，对于客户来说，有效地阅读情报本身就是一种技能，就像写作一样，需要多加练习。

9.7.1 分发

情报产品经撰写和编辑后，就可以分发给客户了。与传播过程的其他环节一样，传播方式必须能够被目标受众所接受，同时必须能够有效体现情报产品的内容。

情报产品在分发时需要兼顾方便性与保密性。政府制定的密级制度，就是对于情报产品保密性的一种示范。煞费苦心地建立一套制度，看似有用却往往弊大于利。在分析团队内部，可以通过门户网站有效地分发情报产品。WiKi 或客户关系管理系统（即 CRM，如 Microsoft SharePoint）可以作为创建、更新和共享信息的中心。这类平台通常支持搜索功能，这对于获得信标的上下文信息很有用。情报团队可以不把 CRM 暴露在互联网上，比如把 CRM 放在情报团队的内网，或隔离的非公司 SOC 中。

对于面向领导的情报产品，可以根据其敏感性通过多个不同渠道分发。诸如电子邮件之类的公用渠道适合分发不太敏感的产品，尤其是那类定期分发的产品。大多数领导不会投入太多时间查看情报产品，所以电子邮件和打印稿是最有效的分发方式。另外，还要考虑许多高管会在移动设备上阅读情报产品的情况，他们往往使用着小屏幕且不具备访问 VPN 的条件，所以，临时情报分发平台上需要使用公司 VPN 才能访问的情报产品很可能无法读取。

9.7.2 反馈

让我们回到情报写作流程。最常被忽视的阶段就是反馈阶段，而这正是控制情报产品发布节奏的核心部分。在反馈阶段，情报客户会提出如何改进未来的产品。反馈形式基本上分成两种：

技术反馈
客户首要反馈的是，情报产品是否偏离了方向，以及利益相关方是否得到了所需的信息。在很多情况下，对这类问题的答案并不是简单的肯定或否定，而是需要情报团队启动新一轮的情报循环。技术反馈的成功之法在于，细化需求，提供新方向。

格式反馈
另一类反馈是产品的格式是否适合利益相关方。多数情况下，无论对于老客户还是新客户，情报内容都是有用的，但是产品格式还有改进空间。例如，某攻击活动报告对于 SOC 团队来说非常有用，但是 SOC 团队的领导还会要求另外提供一份精简版给高管。

通过建立开放的沟通渠道，定期获得客户的反馈，情报团队将受益匪浅。定期反馈有利于改善流程、优化格式和改变惯例，以及调整情报团队的人员配备。

不过，征求反馈可能会遇到麻烦。有没有简单的方法？那就是主动联系情报客户征求意见。想要更上一层楼？那就把收集情报产品的反馈信息与改进客户角色相结合。通过拜访客户，可以为各类情报产品带来改善，而一旦反馈的闸门打开，就很容易得到各方面的意见，其中就包括如何改进情报产品。

9.7.3 定期发布产品

安排情报产品节奏的关键在于定期输出情报产品。许多成功的情报程序通过常规产品取得了良好的效果。以下是常规产品产生影响的几点原因：

- 定期的情报产品使客户了解到重要话题，如即将发生的威胁，包括安全新闻在内的态势感知项目，以及情报团队和事件响应团队的动态。
- 定期的情报产品使客户总会想到情报团队，提醒他们提出请求（无论是 RFI 还是正式的），留意后续的情报产品。
- 通过定期生产情报产品，可以让情报团队始终把客户放在首位，即使在事件响应之外也是如此。

如何为情报产品安排节奏，在很大程度上取决于事件响应团队的运行节奏、情报团队创建定期情报产品的能力，以及客户的需求。

不妨从发布威胁周报入手。这种基本的单页产品应以安全新闻的形式发布，侧重于正在进行的调查、事件和态势感知。这种产品对从 SOC 分析人员到 C 级高管的各类客户都是有价值的，可以让他们持续知悉最新情况，得知紧急事件（无论是内部还是外部）的状态，具有情报和事件响应方面的谈资。

9.8 本章小结

分析人员需要打造出伟大的产品来成功地分享情报。投入时间打磨产品，关注假定的客户，了解他们要如何使用这类情报，并给出相应的规划，才能创造出准确的、针对受众的、具有可操作性的情报产品，形成有效的传播。

此外，为了让情报产品受到欢迎，满足客户的需求，分析人员在写作过程中需要回答以下五个问题：

- 目标是什么？

- 受众是谁？
- 产品的适当篇幅是多大？
- 是哪种层次的情报？（战术、运营，还是战略？）
- 可以使用哪种语言风格？（技术还是非技术？）

对于上述问题的回答会影响最终的产品。如何让产品的目标适应产品的受众，并无一定之规。唯有投入时间反复打磨，才能明白这个道理。为规划、起草和内容编辑建立相应流程，将大大加速整个过程。

最后，整个传播过程依赖于在分析人员、作者、编辑和客户之间建立起一套持续的反馈循环。只有通过这个循环，流程才能得到发展，产品才能不断完善，情报程序才能逐渐成熟起来。

第三部分
未来之路

情报驱动的事件响应（IDIR）不会随着事件报告的最终交付而结束，它将成为整体安全流程的一部分。第三部分涵盖了 IDIR 的大视角，不再局限于个别的事件响应调查。这些功能包括不断学习和改进流程的战略情报，以及组建情报团队以支持整个安全运营。

第 10 章
战略情报

> "我们的情报产品变得如此注重细节，如此偏向战术，以至于我们的思维也变得战术化了。我们正在失去战略优势，因为我们过于关注眼前的热点事件。"
>
> ——John G. Heidenrich

在你完成了 F3EAD 流程（从查找到传播）后，你可能想知道接下来会发生什么。在多数情况下，你几乎没有足够的时间来完成整个情报驱动的事件响应过程，然后你就需要重新开始处理另一个入侵或其他重要的任务。虽然看起来转移到其他事情上似乎很紧急，但你还没有真正完成事件响应，花一点时间来了解最近的事件是否以及如何融入战略威胁环境中，是一项会在未来给你带来回报的任务。这也是确保你的企业从事件中吸取教训并以更有弹性、更明智的方式向前发展的最佳方法之一。

事件响应者往往会以同样的方式处理同样的情况——相同的漏洞，相同的横向渗透，甚至可能是完全相同的被盗账号或重复使用的密码。面对这种情况，许多人发现自己仿佛在天空中挥舞着拳头，询问这是如何发生的。我们不是从上次事件中吸取教训了吗？我们不是解决了这个问题吗？不幸的是，答案往往是否定的。当上次事件得到解决的时候，往往还有其他事情需要考虑，从 IT 经理到公司 CIO，仍有很多其他问题需要解决，既然问题已经"解决了"，也就没有花更多的时间去思考并总结经验教训。尽管在事件的处理过程可能做了一些小的优化，但这对企业的安全并没有持续的影响，因为有新的紧急问题得优先处理。投资于战略情报，既理解"大局"，也评估个别事件如何验证或改变这种理解，将有助于防止事件重演，不仅可以保护你的组织，还可以帮助你的安全团队专注于新兴威胁，而不是一次又一次关注相同的威胁。在本章中，我们将介绍什么是战略情报，它如何融入情报驱动的事件响应过程，以及你如何利用它——无论你的团队有 1 个人还是 100 个人。

10.1 什么是战略情报

任何事情都不可能凭空发生,尤其是网络入侵。所有事情都发生在特定的环境——战略环境中,这个环境在整个 F3EAD 流程中都很重要。战略环境远远超出了你自己的网络、数据以及入侵的战术和操作影响。它包括地缘政治、经济、社会和技术问题,以及许多其他问题。战略情报为规划未来的行动和政策提供了必要的信息,并帮助决策者处理长期的项目和计划。

战略情报的名称不仅来自其涵盖的主题(通常是对信息具有长期影响的高层次分析),还来自其受众。战略情报面向具有行动能力和决策权的决策者,因为这种情报应该形成向前推进的政策和策略。但是,这并不意味着领导层是唯一可以从这些见解中获益的群体。战略情报对各级人员极为有用,因为它可以帮助他们了解在处理各级问题时的周围情况。理想情况下,战略情报可以帮助个人理解为什么把要制定某些政策,或者为什么把重点放在某个特定的领域有助于更有效地发挥个人角色的作用。

在 John G. Heidenrich 的论文"The State of Strategic Intelligence"中写道:"战略并不是一个真正的计划,而是一个推动计划的逻辑"[注1]。当这个逻辑出现并被明确地传达时,分析人员可以通过支持战略性努力背后的总体目标的方式处理问题,而不是把每个个体的情况视为自己的实体。然而,当这个逻辑不存在时,遵循任何计划都可能变得相当困难,更不用说知道何时应该修改计划了。

战略情报支持情报驱动的响应流程,帮助分析师优先处理响应、识别入侵对企业的特殊重要性,以及确保从每个事件中汲取的经验教训能获得充分的分析和执行。没有战略情报,情报驱动的事件响应仍然可以为事件响应过程提供见解和支持,但凭借战略情报,它可以大大提高企业在预防、识别和应对后续入侵的理解能力和应对姿势。但是,如何获取战略情报呢?当有这么多其他需要抢占你注意力的需求时,你如何识别有助于制定所要遵循的计划的逻辑呢?

> ### Sherman Kent:美国情报分析之父
>
> Sherman Kent 被称为美国情报分析之父,他写了这本关于情报分析的书——*Strategic Intelligence for American World Policy*[注2](60 年后仍是一本好书)。他对情报原则做出了巨大贡献,以至于美国中情局将培训新情报分析员的机构命名为 Sherman Kent 情报分析中心。

注 1:John G. Heidenrich, "The State of Strategic Intelligence" (*https://oreil.ly/Ccggp*), Studies in Intelligence 51(2), 2007.

注 2:Sherman Kent, *Strategic Intelligence for American World Policy* (*https://oreil.ly/7GjYj*) (New Jersey: Princeton University Press, 1966).

> Kent 获得了耶鲁大学历史学博士学位并留校任教，直至第二次世界大战，他加入了美国战略服务办公室（OSS）的一个新部门——研究和分析（R&A）部门。在那里，Kent 利用他作为历史学家的经验，结合领导能力，组织经济学家、科学家和军事人员对战争进行了一些颇有影响力的分析。Kent 和 R&A 分析师并没有在计划行动或战术冲突，而是在分析对手的基础和作战环境。他们分析了文化和可用资源（食品、财政和运输），以帮助美国确定哪些行动将对国家战略产生最重大的影响。他们生成的战略情报不仅有助于完成一次任务，而且推动了整个战争。

在很多情况下，战略情报和战术情报之间最大的不同就是建模过程。在战术情报中，分析师会使用已有的模型，通过黑客组织档案或内部网络图来解决当前的问题。而在战略分析中，这些模型往往正在被更新或首次开发。实际上，当战略分析师开始仅仅依赖已有的模型——无论是思维模型还是实物模型时，他们就有可能错过世界运行方式的重大变化，使他们的分析效率降低，有时甚至可能完全错误。

虽然在现代情报驱动的事件响应中应用这些原则时，能参考过去的经验是有好处的，但我们同样需要明白，自第二次世界大战以来，世界发生了怎样的改变，这可能会影响情报分析师依赖的一些理念。

10.2 战略情报在情报驱动的事件响应中的角色

在 Sherman Kent 时代，战略情报是为了告诉战略层面的决策者需要知道什么，以便做出正确的决策。分析师经常能够接触到其他人无法接触到的信息，并能够提供政策制定者可能忽略的视角。但是从那时到现在，情况变了很多，领导者往往面对的是信息过多，而不是信息不足。

就像我们之前所提到的，战略情报可以被看作计划背后的逻辑，所以它在情报驱动的事件响应中，无论是在事前还是事后，都起着重要作用，而不是在事件发生期间起作用。当然也有一些例外，在事件发生前，战略情报可以塑造我们的响应过程，帮助我们明白响应过程对于企业有多重要，以及有没有什么特别的因素需要考虑——例如，法规要求我们什么时候以及要怎样报告事件，以及什么类型的数据暴露需要报告。它还能基于我们对战略威胁环境的理解，以及任何可能影响安全的重大世界事件帮助我们安排防御措施。事件发生后，通过情报驱动的事件响应过程得到的新信息会被融入我们对战略威胁环境的理解中。这时，领导者和高管经常会问的关键问题包括：

- 谁在针对我们的企业？
- 他们想要得到什么？
- 我们防止攻击的能力有多强？

- 一次成功的入侵会产生什么影响？

这些问题的答案应该基于企业发生的事件信息，也应该基于你通过威胁情报或媒体报道了解到的其他地方发生的入侵。然而，如果你是基于媒体报道来更新战略情报的，那么在对你的组织如何看待威胁做出重大改变之前，确保你对发生的事情有足够的了解，并且信任报道的有效性是非常重要的。当然，总是有例外。虽然战略情报通常在事件发生前后应用，但有时也可以在事件响应过程中直接应用。在这些情况下，分析师通常不是在产生战略情报——毕竟，事件响应的直接重点往往是战术性的，这需要一种不同的思维方式——转向战略情报，以帮助理解可能阻碍甚至停止分析进展的潜在矛盾。就像 Richard Rohr 写的："字典中将矛盾定义为两个不能同时为真的事情。我会说矛盾是两个在你现有的逻辑框架下不能同时为真的事情。"

作为分析师，我们总是通过一个特定的框架来看待正在分析的信息，当某些信息看起来不合理或者似乎不可能发生时，通常意味着分析师需要一个新的框架。当深陷于细节中（许多事件响应者更喜欢待在这个层面）时，改变思维框架的过程可能会非常困难。改变框架，或者说改变你现有的逻辑状态，通常需要你退一步，看看更大的图景，这就是战略情报提供的。当使用像关键假设检查这样的结构化分析技术时，转向战略情报有助于对抗偏见并识别可能使假设不成立的信息。

10.3 事件响应之外的情报

现在是提出威胁情报界仍在逐步理解的一个关键概念的好时机。情报的作用远不止支持检测工程、入侵检测和事件响应活动。在本章中，我们讨论的是战略情报以及威胁情报如何支持组织领导层做出更好的决策，但其实许多其他安全决策也能从这种支持中受益。

10.3.1 红队

情报的使用不仅限于战术/操作性的防御，还可以用来指导对抗性的操作。在攻防演练中，一个内部团队扮演攻击者的角色（红队），挑战入侵检测和事件响应团队（或者在这种情境下的蓝队）。在许多企业中，红队会根据红队工程师的能力来塑造自己的角色。如果红队工程师知道如何构建零日漏洞，那么模拟的攻击者就会利用零日漏洞。如果红队工程师通常使用 Metasploit 框架，那么模拟的攻击者就会使用 Metasploit。更复杂的是，如果红队工程师懂得 Python 这样的编程语言，那么攻击者的工具最终就会用 Python 编写。

你可能已经注意到，到目前为止，我们谈到的攻击者都是模拟的。这就是问题所在。让你的蓝队去追踪和应对一个模拟的攻击者，会教会他们如何追踪和应对这个模拟的攻击者。但是，如果模拟的攻击者与企业面临的真实攻击者不够相似，那么蓝队就学不到有用的经验。比如，如果红队使用 HTTP 信标通过 80/TCP（因为构建或下载使用像 HTTP 这样易懂的协议的样本远程访问木马比较容易），但企业的主要攻击者使用 DNS 隧道的 C2，那么蓝队制定的 TTP（没错，防御也有 TTP）可能就不会很有效。有什么更好的方式吗？显然，让红队成员更像真正的攻击者是最直接的方法。不幸的是，大部分红队成员都不知道真正的攻击者是怎么攻击的。这在某种程度上是意料之中的。大多数红队成员都是从以下三个角色之一转变过来的，这就解释了为什么他们缺乏全面视角（抱歉，红队成员们！）：

应用程序安全分析师
> 他们专注于在代码中寻找漏洞。有些人会写修复程序，有些人会写漏洞利用程序。不管怎样，他们的方法总是会更关注漏洞或者漏洞利用本身，而不是它在现实世界中的利用方式。

安全服务分析师
> 这些人大多数会使用像扫描器这样的工具来了解网络漏洞在哪里。他们知道如何解读这些工具的输出，但不了解攻击者的目标是什么，或者在初次漏洞利用后的阶段是什么样的。

前攻防分析师
> 虽然很少见，但还是有一小部分人是"真正的"攻击工程师。他们知道攻击者的行为方式是怎样的，至少在过去某个时期是这样，但往往不能透露。他们可能会下意识地模仿，但并非所有的国家级攻击者都以相同的方式操作，而且你的新红队成员的前雇主可能并不是你公司现在面对的攻击者（如果他们是，你可能会有更大的麻烦）。

事实上，大多数红队成员都希望自己变得更有用、更有影响力。他们的目标是帮助防御变得尽可能有效。通过花时间分享和审查你的企业所面临的敌方概况，红队可以调整他们的 TTP，以便更好地模仿你的防御系统实际会面临的威胁，例如，进行更有效的测试，使用更真实的工具，甚至建立类似的基础设施。所有这些都可以帮助你的防御体系更好地为对抗真正的攻击者做准备。

10.3.2 漏洞管理

和攻防演练（主要是红队）密切相关的是漏洞管理。漏洞管理的目标是通过识别、减轻和修复漏洞来减少被攻击的可能性，这是在对手能够利用这些漏洞之前完成的，负责这项工作的人可能是和漏洞修复团队一起工作的外包人员，也可能是企业漏洞修复团队中的一员。

大部分的安全运营都建立在数据指标上，但漏洞管理尤其如此。无论是公共漏洞评分系统（CVSS）、补丁发布的时间、系统的重要性，还是其他各种可能造成影响的因素，所有这些都应被纳入考虑范围。虽然 CVSS 评分会考虑到是否有公开的攻击方法，已知的攻击者是否在使用这些方法等因素，但如何使用这个漏洞，以及哪种恶意软件正在利用这个漏洞，都会对如何优先修复这个漏洞产生影响。

举个例子，想想针对 CVE-2021-44228、CVE-2021-45046 和 CVE-2021-44832（*https://oreil.ly/lyDIz*）的 Log4Shell 攻击。最初的报告主要来自 GreyNoise 和 CISA，指出 Log4J 的主要攻击途径是针对像 Tomcat 这样的 Java 网络服务和像 Minecraft 这样的游戏。虽然这些报告百分百真实，但情报团队很快就开始听到其他可能的攻击方式，比如把 Log4Shell 的攻击代码放在通过像网络安全网关这样的内容代理的文档中。这个新的知识导致漏洞管理团队需要关注的系统发生了根本性的变化。突然之间，他们更多地关注的是各种内部系统，而不再只是面向外部的系统。直到这个分析完成后，CVSS 评分才更新，把这个因素考虑进去。

10.3.3 架构和工程

最后这两个概念相当直接，但是威胁情报能够在许多方面更好地指导更为复杂的事物，比如网络，甚至应用程序的工程和架构。在很多方面，这是我们对漏洞分析讨论的延伸：通过理解对手是如何攻击系统的，我们可以通过最有意义的方式来提高这些系统的韧性。归根结底，系统工程和架构是一系列关于权衡的决策，更好的信息意味着更好的决策，而情报可以支持更好的决策。

对韧性的概述

韧性是指一个系统在抵抗外部威胁的同时恢复其有效运作的能力，这是一个越来越受到关注的话题。根据犹他州立大学预测情报中心的研究，一个系统的韧性取决于四个特性：

抵抗性
　　你如何有效阻止威胁？

保留性
　　在系统遭到干扰期间，你如何保持系统的核心功能处于运行状态？

恢复性
　　你如何快速使系统的核心功能恢复正常？

复兴性
　　在系统受到干扰后，你如何使系统变得更强大、更智能？

> 在四个特性中，只有抵抗性是在威胁发生之前起作用，其余的则是在对手开始控制系统后才起作用。通过情报，我们可以利用过去事件的知识来预见对手将采取何种行动，并做好应对准备。

10.3.4 隐私、安全和物理安全性

在网络空间中需要防御威胁的并不只有网络。个人、企业内的团队也面临着脆弱性和威胁，同样需要韧性。这些脆弱性和威胁有很多都被技术放大，尽管技术无法解决这些问题，但我们有责任构建不会加剧这些问题的系统。构建有韧性的组织体系最终成为一项非常特定于系统的任务，这超出了本书的范围，但绝对值得我们牢记。这是一种不同的系统，但它仍然可以从战略情报带来的同样类型的决策支持中受益。

现在我们已经更深入地理解了战略情报在情报驱动的事件响应以及更广泛领域中的作用，接下来可以转向更困难的部分：进行并利用战略分析。

10.4 利用战略情报构建框架

Daniel Kahneman 和 Amos Tversky 在框架和决策制定方面的开创性研究（*https://oreil.ly/aFNum*）对心理学和经济学等领域产生了深远影响，他们主张建立广阔框架（broad frame）进行决策[注3]。在 CFA 研究所的一次会议上，Kahneman 敦促听众"将一个决策视为你可能需要做出的一系列决策中的一员"，而不是一个单独的、孤立的决策。

在情报分析中，传统的"框架"被视为墙上的画框。你看到的所有内容都包含在框架内，而观察者在外面，向里看。框架化是定义你正在看的内容，并将问题分解成其组成部分以便进行更细致的研究的一种方式。从这个意义上说，我们可以将第 4 章和第 8 章中介绍的许多模型视为分析框架。然而，对于战略情报，让我们的框架基于分析和综合是至关重要的。

除了战略分析——或者将大规模概念分解成可以理解的各个部分之外，我们还需要对战略综合进行批判性思考，即理解在复杂系统中不同部分是如何协同工作的。正如 Josh Kerbel 在他的论文 "The US Intelligence Community's Creativity Challenge"（*https://oreil.ly/MMGKg*）中解释的，复杂环境的定义不仅取决于其组成部分，更在于这些部分往往以不可预测或始料未及的方式相互作用[注4]。在复杂情况下，仅靠分析是无法帮助我

注 3：Amos Tversky and Daniel Kahneman, "The Framing of Decisions and the Psychology of Choice" (*https://oreil.ly/aFNum*), *Science 211* (1981): 453–457.

注 4：Josh Kerbel, "The US Intelligence Community's Creativity Challenge" (*https://oreil.ly/MMGKg*), The National Interest website, October 13, 2014.

们理解复杂系统的。对于真正的复杂系统，除了将问题分解成各个部分之外，框架化还必须包含有关不同部分如何相互作用以及在什么情况下各部分会对其他部分产生影响的信息。这个过程称为战略综合，是为日益复杂的世界构建战略情报框架的关键部分。事实上，综合分析是将情报驱动的事件响应结果转换成战略情报的重要手段之一——这种综合有助于识别系统部分之间的关系，并突出组织或企业运营的环境性质的变化。

框架可以是解决问题的思维框架（以一种描述性的方式来向他人展示问题），或者如前所述，是系统或情况的视觉表示。考虑到战略情报被许多不同角色的人使用，从分析师到CEO，一个文档化的框架是保持所有必要参与者保持一致的最好方式。在接下来的内容中，我们将介绍一些可以帮助构建战略情报框架的模型。

战略情报的模型

在 Psychology of Intelligence Analysis 一书中，Richards J. Heuer Jr. 指出，模型是克服分析师面临的几个挑战的关键方法，包括工作记忆的局限性，以及清晰回忆在任何给定时间点的多个细节、它们的关联性和它们周围通常复杂的环境信息的挑战。我们在这本书中以多种不同的方式使用模型，正是因为它们是支持分析的良好工具。在战略情报中，我们主要使用模型来创建一个问题的详细视觉表示，以协助进行框架化、分析和综合。

目标模型。在某些方面，目标模型是框架化的终极模型。如果我们继续采用前面的比喻，那么目标模型就像是一个注重细节的艺术家以写实的方式绘制的风景画。作为一个整体，这幅画讲述了某一时刻的故事，其中有足够多的有趣细节和组成部分，帮助观众越看越理解情境。抛开艺术比喻，目标模型就是对所关注领域的系统性表示。它们可以描述广泛的问题领域（食品安全问题）、特定实体（一家公司或一个国家），甚至是一个过程（勒索软件分发生命周期）。在战略分析中使用目标模型时，目标应该是展示组成部分以及不同部分之间的关系。

开发这些模型可能会耗费时间，目标越大或越复杂，模型也就越复杂。但是，不要让这阻碍你——一旦开发出来，目标模型就可以成为理解特定问题的最有用的工具，并且可以在发现新信息（例如，从情报驱动的事件响应过程中获得的信息）时轻松进行更新。开发目标模型的第一步是确定你希望通过创建它来解释或理解什么。如果你希望了解组织网络中被成功入侵或尝试入侵最频繁的区域，那么你可以从绘制网络基础设施地图开始，然后将最近的入侵信息覆盖在上面。如果你正在关注更广泛的内容，比如网络安全问题可能如何影响新兴的跨国市场，那么你的目标地图可能会更广泛地关注跨国市场的组成部分，然后用每个组成部分的网络安全影响的例子进行覆盖。

在这两种情况下，从你设想的手绘地图开始都是完全可以接受的。在许多情况下，开始通常是整个过程中最困难的部分。一旦你开发出一个有效的目标模型，最困难的部分就完成了。然而，模型很少是静态的，它们必须定期更新才能保持适用和有效。例如，就组织的网络基础设施地图而言，必须频繁更新以确保其时效性。对于组织结构图，可能需要在每次重组或者关键领导变动或离职时进行更新，这几乎和网络变化一样频繁。开发模型是一项投资，但会为未来的分析提供坚实的框架，无论是用于你支持的下一次入侵，还是用于提议增加你的安全预算或者扩充事件响应或威胁情报团队的人员。除了可以代表几乎任何主题的目标模型外，可能还有一些特殊类型的目标模型在特定情况下发挥作用。

分层模型。一些信息，比如组织结构，最适合套用分层模型。这些模型使用亲子关系来说明目标的指挥链或领导结构。这可以帮助分析人员识别需要进一步分析的对象的所有组件，还可以帮助识别可能很重要的瓶颈。这些信息可以从许多来源收集，并且需要随着人员或组织结构的变化而定期进行更新。对于一个不太可能受外部变量影响而变化的封闭系统，分层模型（如图 10-1 所示）是最好的展示方式。

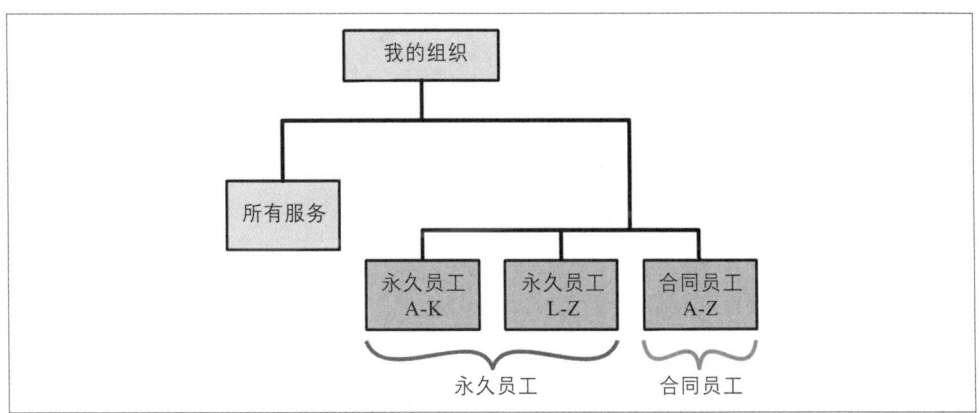

图 10-1：分层模型

分层模型传统上用于展示人员或角色，但这种模型的一个独特应用是识别对组织重要的数据和负责这些数据的部门。数据的分层模型包括广泛的数据类别，如财务信息、客户信息和敏感的公司信息。任何对组织有价值且攻击者可能试图以某种方式访问或影响的信息都应被识别。在采取这种方法时，尽可能具体地描述数据类型是有帮助的。财务信息可能进一步细分为信用卡信息、员工薪资信息和公司的未来预测。所有这些数据可能分布在组织的不同位置，由不同的团队负责维护和保护。每种数据类型的所有者信息也应纳入模型中。这种类型的模型将帮助组织理解他们正在保护的数据及其所在位置，并可以用来识别哪种数据类型随着时间的推移被最多地针对。就像我们在本章中讨论的所有模型一样，建立一个准确的模型可能需要一些时间，并且不应在事件正在发生的过程中进行。

网络模型。网络模型在表示个体或以非层级方式相互连接的群体之间的关系或交互时非常有用。网络模型通常用于开发计算机网络图，包括组织自己的网络和攻击者的基础设施。在 2023 年 SANS 网络威胁情报峰会的主题演讲（*https://oreil.ly/KcphK*）中，Chris Sanders 博士谈到了"友方情报"和"威胁情报"的重要性。"友方情报"包括我们试图保护的事物的情报，而在情报驱动的事件响应中，我们通常试图保护我们的网络。拥有一个定义明确、最新且准确的网络模型对于防御者来说是无价的，应该成为战略情报工作的一部分。除了构建网络的物理和逻辑连接的模型外，纳入与你的组织运营相关的细节信息也很有帮助，包括网络任何部分的法规合规要求，以及如果你的组织在全球范围内运营，还要包括国际要求。

战略级的威胁情报网络模型也被用来显示攻击者群体之间以及入侵的受害者之间的关系。随着越来越多高级伺机性攻击的发生，理解受害者之间的关系有助于更好地理解威胁自身的性质。网络模型必须比我们讨论的其他任何类型的模型更新得更频繁，因为它们有许多快速且经常变化的部分。

图 10-2 显示了一个网络模型示例。

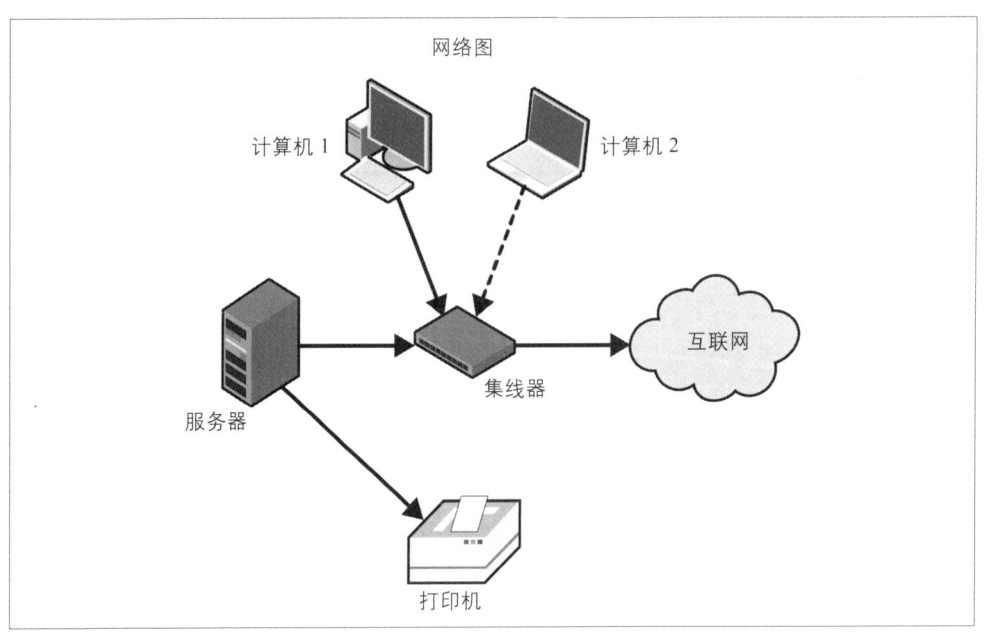

图 10-2：网络模型示例

流程模型。流程模型说明构成结构化流程的各种行动和决策点。当作为团队的一部分进行分析时，流程模型尤其重要，因为这有助于人们在分析过程中保持步调一致。网络入侵杀伤链是另一种流程模型。在前面的章节中，它被用来捕获特定事件的指标，但杀伤链也可以用来记录攻击者在更具战略性的层面上采取的步骤，以协助开发目标模型。

设计支持战略分析的流程模型时，可以采取两种方法。你可以查看通常未被记录的流程或标准操作程序（SOP），并将它们构建成一个流程；或者你可以浏览在不同类型的分析中使用的流程模型示例，选择最适合你的操作方式的一个。两种方式都可以——流程模型的目的是要有用，而不是要规定你的工作方式，所以不要觉得你需要改变一个好的流程来适应别人推荐的模型。然而，我们发现，浏览其他人开发的模型确实提供了一个反思和优化现有方法的好机会。

除了杀伤链，还有其他的模型可以用作开发战略情报流程模型的指南。2020 年，在审查了从犯罪心理学到气象学等领域的几个流程模型后，Nicole Hoffman 提出了她的模型：分析的认知阶梯。Hoffman 在她的博客文章（*https://oreil.ly/qHteR*）中描述了她发表模型的动机："每个人都在谈论分析，但没有人详细说明如何进行分析。"认知阶梯模型（见图 10-3）包括分析师按照一定模式执行的"步骤"，然而，这种模式可以根据你正在进行的特定任务进行调整。在她的头脑风暴示例中，这是分析的关键组成部分，包括以下步骤：

头脑风暴/生成假设/思考步骤
1. 这一步将帮助你确定你的分析将关注什么，类似于你的情报需求（虽然并不总是那么具体）。

确定范围
2. 确定你的分析将关注的框架，你将通过哪种上下文进行分析。

关键假设检查（KAC）
3. 你将带着什么假设进行分析？在开始之前，确保假设是有效的，否则它们将被抛弃。

编译数据/信息质量（QoI）检查
4. 收集与你关注的主题相关的数据，同时评估数据的来源和完整性。

清洗数据/省略无用数据
5. 为了在分析中正确使用数据，需要以一种格式并使用一种分类法来处理数据，这将使你在分析中既可以利用也可以引用数据。

探索性数据分析（EDA）/可视化和回归
6. 你收集的数据告诉你关于这个主题的什么信息？尽量不要过于关注你在第一步中开发的一般假设或思考步骤。那一步的目标是让你明确正确的方向，但现在你必须查看数据，如果有帮助的话，可以使用可视化和回归来理解数据所指示的内容。这

一步的发现可能需要你跳回第四步再次收集更多的数据,这是完全可以的。

确认性

7. 在这一步中,你要对照最初的思考步骤或假设来检验你的分析和发现,从而得出分析性的判断。

传播

8. 这是你结束分析并分享你的发现的步骤,理想情况下,根据新的发现更新任何可能因新的发现而改变的预先存在的目标模型。

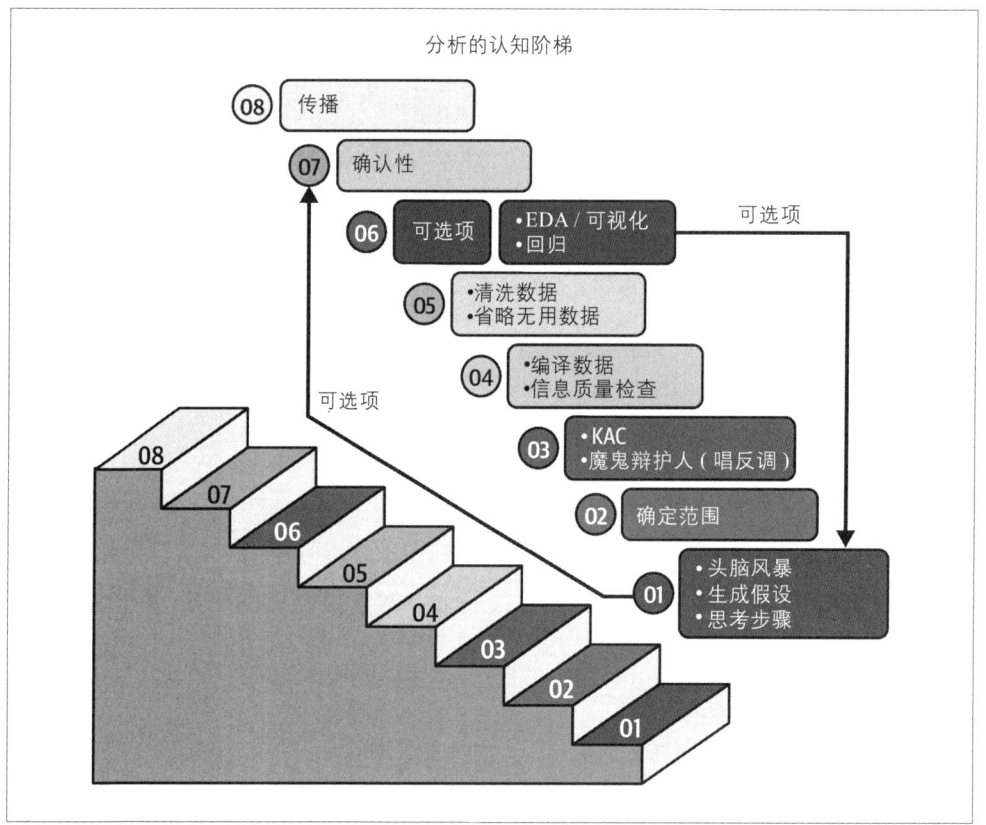

图 10-3:分析的认知阶梯模型(来源:Nicole Hoffman)

流程模型的形式不拘一格。最重要的是要适合自己,并要有文档记录,以供大家使用。

时间线。 时间线是显示活动间基于时间的关系的线性模型。事件响应者最熟悉的是攻击时间线,它显示了在事件发生时所采取的具体行动,但在事件响应情况下,还有许多其他时间线可能很有帮助。理解从漏洞发现到修复的时间线有助于网络防御者了解他们将在多长时间内容易受到特定攻击，也可以帮助决策者确定他们需要何时采取行动。一个显示不同行动者群体何时被发现使用特定漏洞利用或工具的时间线可以帮助分析师确定威胁来自哪种恶意软件，以及在工具被识别后，工具复用是如何快速或慢速传播的。将各类活动的时间维度可视化，可以为分析师提供一个框架，用于理解这些时间因素将如何影响组织的目标。

建立和维护模型

既然开发模型如此耗时，那为什么还要开发它们呢？模型对于形成对情况的共同理解至关重要，这种共同理解使人们能够学习以一种一致、明智的方式应对情况，并朝着一个共同的目标努力。在商业中，这个共同的目标通常是增加收入，网络防御通过防止导致知识产权损失、品牌损害和事件响应费用的违规行为来支持这个目标。在政府或军队中，目标是支持国家战略并确保国家安全。然而，如果不理解这些目标的含义，将很难以支持主要目标的方式做出反应。开发模型是战略情报的一个关键领域，它将影响决策以及操作和战术分析。花时间开发和更新模型是值得的。

10.5 战略情报循环

第 2 章比较全面地介绍了情报循环，但是主要关注的是战术和运营层面的情报——遵循该循环，以应对特定的或经常面临的即时威胁。在战略层面，情报循环遵循相同的过程，但每一步（从需求设定到对外传播）都不同于即时威胁处理。让我们来看看这些差异。

10.5.1 战略需求的设定

战略层面的需求设定看起来比战术层面更为模糊。有了战术情报，就有了某种特定的威胁，这有助于定位需求。而对于战略情报，通常不是这种情况，当需求被传递下来时，往往是一些模糊的信息，比如"告诉我，我们需要知道什么"。尽管范围和时间框架要大得多，但是相关要求仍应该是具体的。

战略需求通常遵循军事概念中的指挥官意图。指挥官的意图使得大型、分散的单位能够决定何时以及如何行动。借助战略过程中开发的模型，指挥官（或 CEO、CISO）可以声明他们的目标或目的（即意图），并相信所有决策者都达成共识，将在无须微管理的情况下采取行动以支持该目标。例如，如果目标是确保公司首先将新产品推向市场，那么确保制造图纸、营销计划和其他敏感信息不被泄露的任务就属于指挥官的意图范畴。开发可能针对敏感信息的攻击者模型就是保护这些信息所必需的战略情报需求。

与战术或操作需求不同，战略需求有时间上的优势。这类需求可以提前规划，在范围上可以更大或更广泛，这取决于组织的需求，还可以指定时间或周期性。例如，战略需求可能是每年更新两次公司的威胁模型，或分析进入新市场或新地理区域可能带来的新威胁。

在设定战略需求时，有必要尽早确定需求是否持续存在、需要何时完成分析，以及需要多久检查或更新一次结果。定期审查持续的战略需求，以确定它们是否仍然相关和必要，这也很重要。战略需求，就像战术和操作需求一样，如果不再相关，就可能变得过时。然而，意识到战略需求已经过时可能需要更长的时间。

10.5.2 收集

到目前为止，本书关注的收集类型主要集中在日志和外部来源，如威胁源和信息共享。虽然这些类型的信息仍然是战略情报的一部分，但是你收集信息的范围将会大大增加，这对于我们来说是相当令人兴奋的，比如你可能会发现自己在获取经济、政治和文化等来源的信息。这种类型的收集也将比战术收集更广泛，任何超过几天甚至几小时的信息都可能已经过时。有了战略情报，你可以搜索几年前的信息，以捕捉趋势或寻找变化。以下内容描述了要收集的有用的战略信息类型。

地缘政治来源

地缘政治来源的情报提供了有关世界正在发生的事情的信息，包括冲突、联盟、紧张关系以及与特定地区国际关系有关的其他因素。曾经有很多人，甚至是读了这本书的人在事件响应时忽视了地缘政治的因素。从任何地方侵入网络都是有可能的，为什么这会跟世界某些地区存在的冲突有关呢？事实证明，地缘政治对事件响应来说很重要。尽管对手可以从世界任何地方访问网络，但地区冲突和国际紧张关系仍然可以影响入侵的目标和计划。正如我们在过去几十年里多次看到的，理解地缘政治情报对理解和应对网络攻击至关重要。这里有一些例子：

- 2022年，俄乌发生冲突的同时，发生了一系列网络攻击，包括大规模的DDoS攻击、针对政府系统的恶意软件、网络钓鱼尝试的增加，甚至针对电力和水力等网络物理系统的攻击。
- 2021年，韩国政府成为朝鲜威胁行动者的目标，他们针对外交部的成员使用网络钓鱼邮件，并窃取敏感的政府信息。
- 2018年，一个威胁行动者被发现，其目标是与中国有贸易关系的多个组织，包括参与中国"一带一路"倡议的组织。

世界上正在发生的事情，无论是发生在我们的身边还是全球范围内，都与战略网络威胁情报有关。了解对手的政治气候、冲突、热点和策略，有助于进行战略规划。

虽然人们通常会将注意力放在国际威胁上，但地缘政治的某些方面是地方性的，也应该给予考虑。地缘政治情报的良好来源是同行的评论文章、白皮书和评估报告。对于这类情报，查看历史信息以及当前信息通常是有用的。了解趋势和模式对于地缘政治情报尤其有用，因为历史似乎经常会重演。

> **这是新闻情报？**
>
> 从新闻中可以得到很多与时事有关的信息，而且很容易把这些信息解释为地缘政治情报。但是，新闻所提供的信息可能不是一个完整的情况评估，应谨慎使用。利用时事和新闻来了解分析师应该考虑什么样的威胁，以新闻作为切入点，分析师可以开始使用学术期刊和白皮书等同行评论的来源来研究事件及其影响。

经济来源

经济来源对网络防御来说非常重要。经济学（即对生产、消费和财富转移的研究）不仅有助于态势感知，还有助于理解许多威胁行为者的动机。绝大多数侵入行为都是具有经济动机的，无论是为直接获利而盗取信用卡，还是为获取战略经济利益而盗取知识产权，经济情报来源可以洞察对手的动机。

经济情报来源多种多样，其中包括有关被盗信息如何货币化的信息、犯罪分子感兴趣的信息类型、工业间谍活动的目标信息类型以及与国家有关的经济罪犯（这些罪犯可能针对你或以前针对过你）。即使对经济学有广泛的理解，这种类型的信息也可以帮助企业了解它们所面临的战略威胁。专业知识可以提供更高深层次的洞察，尽管在网络安全团队中找到专门从事经济学研究的人很难。

历史来源

历史来源，如分析一个国家的战术或先前的冲突优先事项，是应对网络威胁情报分析的另一个常被忽视的方面。相对而言，互联网是新生事物，那么历史资料怎么支撑网络威胁情报呢？如果我们认为网络领域是物理世界的延伸，那么在现实世界中发生的任何活动都有可能最终在网络空间领域出现。因此，历史变得很重要。如果我们能够了解对手在互联网出现之前是如何针对企业进行攻击的，那么就可以开始尝试用新的策略和媒介来达到同样的目的。

这就是从《孙子兵法》到《战争论》（Carl von Cluasewitz 著）等军事著作在网络安全演讲中经常被引用的原因之一。尽管它们早在现代安全事件响应学科之前就已经问世了，但这并不意味着它们与预防并检测攻击这个新领域无关。

骗子在电子邮件被发明之前就存在很久了，他们使用的许多策略都与现代网络钓鱼邮件类似，这些诈骗方式只是为他们的方案增加了一条新途径。将历史资源整合到战略情报分析中的一个策略是，查看企业所看到的最常见威胁，无论是针对员工的钓鱼电子邮件还是旨在获取企业信息的有针对性的入侵，然后查看这些攻击在过去是如何发生的。这种类型的分析目标是识别可以帮助企业更好地了解威胁的经验教训或模式，并更好地应对这些威胁。

业务来源

战略情报在用于支持商业运营时，在很大程度上依赖于对保护企业业务的了解。许多安全专业人员在支持战略层面的业务决策时会感到困难，因为他们没有花时间去了解业务面临的问题或者哪些信息对于运营至关重要。如果不了解业务情况，情报分析人员或事件应急响应人员几乎不可能提供有用的战略情报，来帮助领导层为企业安全做出最佳决策。

就像所有的安全事务一样，业务运营和优先级也不是静态的，因此在新的信息可用时不断更新和收集新的信息是非常重要的。业务来源包括企业运营的市场信息、竞争对手、业务挑战、企业计划扩展到的新地区或市场、关键人员变动，以及被认定为重要业务的其他方面。

除了上面这些信息来源（地缘政治、经济、历史和业务）之外，这些信息比前面章节讨论的其他收集来源更具战略性，将以前事件的信息纳入战略分析也很重要。这样做可以让分析师呈现网络的整体情况，以及对可能影响企业所面临的威胁的历史、政治和经济趋势的深入了解。所有这些信息都将在战略分析阶段一并提供。

10.5.3 分析

战略层面的分析遵循第 8 章描述的相同过程。明确说明需求，收集和处理并行，大胆假设并通过研究和审视那些可以支撑或反驳假设的证据来开发和测试。然而，战略情报部门必须分析一个更大、更多样化的数据集，因此，理想情况下这些团队应该更大，成员拥有不同的背景和经验。在进行战略层面的分析时，你应该牢记以下几点：

- 要考虑的证据不仅来自网络信息（尽管在事件响应中通常是这种情况），还有许多其他来源。分析师可能不具备某种领域的专业知识或实质性知识，因此了解信息的来源尤其重要，分析师通常最终会看"颜值"收集信息，比如寻找来自同行的评论，那些都是有信誉来源的信息。如果某个特定的证据在分析竞争性假设的过程中被认为是一个关键因素，最好尝试找到多个报告相同信息的来源。
- 在战略情报方面，偏见可能更大，往往只有少量的战术证据，可供解释的干扰证据也会有很多。

战略情报分析流程

有些具体的流程有利于分析战略层面的情报，有的则效率低下。例如，以目标为中心的模型，对于调查入侵行为，或在战术运营层面工作的分析人员来说，是一种资产，但它在战略层面上并不是那么有用，因为正如我们前面讨论过的，许多目标模型在分析的过程中会不断发展。以下几个分析模型和流程对战略情报特别有用，包括SWOT分析、头脑风暴和深度审查。

SWOT分析。Strength（优势）、Weakness（劣势）、Opportunity（机会）和Threat（威胁），SWOT是风险管理中常用的模型。SWOT分析考虑到内部因素（优势和劣势）以及外部因素（机会和威胁），适用于战略情报，尤其是网络安全和防御方面，因为在很多情况下，它将识别需要解决的大问题和关注点。它要求一个企业对其核心竞争力和擅长的方面有一个扎实的了解，坦诚地面对它们所面临的问题，了解它们所面临的外部威胁。SWOT分析的基本概述如图10-4所示。

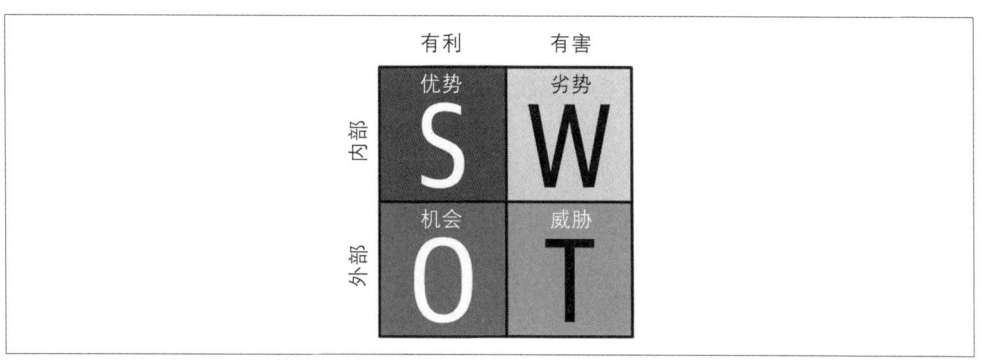

图10-4：SWOT分析

例如，如果文件表明，90%成功的网络入侵来自网络钓鱼邮件，那么就表明企业的这个弱点需要加以解决。识别优势有助于确定可以采取的措施来缓解这些弱点。

SWOT分析不仅有助于确定企业自身的优势和劣势，还可以用来分析外国政府、犯罪组织或攻击组织。为了开展这种分析，关键是要从收集阶段所做的研究中汲取经验。在使用这种类型的SWOT分析时，一个重要提示是寻找对手的优势与你的企业弱点对齐的地方。这些都是需要解决的问题。

头脑风暴。战略情报分析不应该是一个人的工作。正如我们所提到的，让多位拥有不同背景的分析师着眼于确定将对企业前景产生重大影响的问题是有帮助的。通过对过去情报失败的分析（对分析的分析，有人可能会这样定义）发现，很多次情报失败是群体思维的结果，这种思维抑制了创新。James Mattis将军表示，群体思维没有立足之地，特别是在涉及国家政策时。他说："在国家安全的决策过程中，如你所知，你需要有不同的观点进行激烈辩论。你不希望有群体思维共识的暴政。"

头脑风暴，尤其是与来自不同学科的团队进行头脑风暴，是一个对抗群体思维的好方法，可以鼓励用新的、创造性的方法来解决问题。头脑风暴可以单独使用，也可以与其他分析方法一起使用。尽管听起来好像是非结构化的，但是 CIA 的 Tradecraft Primer 中指出，头脑风暴的结构应该是最有效的。成功的头脑风暴最重要的组成部分之一就是在流程开始时分配足够的时间，使团队能够探索各种各样的可能性。当一个小组受到时间限制或感到匆忙时，他们更有可能选择一组听起来比较现实的假设，而不是探索更大的可能性，这就不会对问题产生新的认识。确保在头脑风暴中至少有一个人是不同的团队角色或有不同的方法，是一个好的方法。虽然聚集一批事件响应者进行头脑风暴可能会带来不止一个观点，但它仍然可能受限于事件响应者的典型经验。通过引入局外人，无论是系统管理员、安全架构师，还是来自人力资源部门的人员，在团队中拥有新的不同观点将会阻止群体思维模式的形成并迫使团队的其他成员考虑新的角度。

头脑风暴应该能识别并输出一组新的假设，在这一点上，团队可以集中精力从所收集的信息中识别出具体的证据来支持或否定这些假设，然后使用 ACH 等方法来完成分析，即使最后整个团队无法完成分析也没关系。头脑风暴一个最重要的方面是让团队识别新的假设，提出没有根据的猜想，并在分析过程开始前识别偏见。如果一位或多位分析师带头完成分析，那么让他们不时地向团队进行咨询或检查是至关重要的。

深度审查。在深度审查过程中，一名分析师向调查委员会介绍他的调查结果，并接受委员会的审视。调查委员会不仅会质疑调查结果，还会质疑形成这些结果的分析过程。通过这个过程，可以识别分析中存在的偏差、没有经过验证的关键假设以及没有证据证明的跳跃分析。即使分析是合理的，没有明显错误，深度审查也可以帮助分析人员验证所使用的过程，并解释方法和发现，这是许多情报分析人员难以做到的。

当被问到如何得出一个特定的结论，特别是战略层面的结论时，由于需考虑更多的变量和相互关系，分析师往往会默认使用模糊的术语或轶事来解释他们如何进行分析的，但这些解释往往不能激发决策者的信心。不仅要准备好陈述结论，还要准备好陈述分析过程本身，这是一个需要时间和实践来培养的技能。

来自英国的分析师 Rob Dartnall 在 2017 年 CTI 峰会上的演讲"Conventional Intelligence Analysis in Cyber Threat Intelligence"中，提醒我们深度审查这个方法的重要性，特别是在涉及高风险的战略情报方面。

当你所做的分析将会直接导致重要且可能具有重大影响的行动时，不仅要确保你的分析听起来很合理，而且要准备好在严格的审查下为其辩护。

放下自我，客观分析

战略情报分析中不需要个人的自负情绪。这种分析的目标是为决策者提供情报，使他们能够采取行动，这也意味着需要识别分析人员的信心水平以及任何情报偏差，

> 并在确定新的信息已改变时及时更新评估结果。如果存在自负的情绪，便会很难客观地评估可靠性等因素，也很难在信息发生变化时向利益相关者承认错误。类似深度审查的过程有助于消除自负情绪。然而，最重要的一点是，陈述者并不是唯一需要审查的。参与深度审查和提出问题的个人也应注意，不要让自我意识影响判断。出于自我意识的驱使，人们可能会试图"证明主持人是错误的"，这可能会导致参与者自身的偏见泛滥成灾。

10.5.4 传播

战略层面的传播与之前提及的略有不同，这些差异是由战略情报的范围和性质决定的。所提出的建议有可能对企业的业务发展产生重大影响，因此，除非有特定的时间要求，否则准确性和彻底性优先于速度。

我们在第 9 章讨论的许多原则也适用于战略层面的传播，但也有一些独特的方面，具体来说：

受众是这个层面的关键。

在开始撰写或创建最终交付的成果之前，确定受众是谁非常重要。如果多个受众希望以不同的方式接收信息，那么请以对他们最有用的方式向每个受众呈现信息。当然，前提是要确保不同版本的情报产品或报告讲述的是同一件事。你最不希望看到的就是面对企业中的不同领导者，对分析及其含义有不同的解释。

明确指出情报缺口或可能导致分析变化的触发事件是非常重要的。

向领导层表明分析结果存在不确定性可能比较困难，但一开始就设定这些期望值，会使在发生变化时，沟通能够更顺畅地进行。

10.6 朝着预期情报前进

常言道："所有模型都是错误的，但有些是有用的。"战略情报终究是一个模型，虽然它今天有用，但它并不（也从未）完美。因此，像许多模型一样，它将进化或被取代。从核心层面来讲，美国情报界的战略情报概念基于 20 世纪 50 年代起源的"二体问题"——美国和苏联之间的冷战冲突。几乎所有事物都被战略地从这两个对手之间的冲突这一视角来审视，甚至连次要冲突和三级冲突也被归入考量，其前提假设是，在战略层面，这些冲突归根结底都是关于美国与苏联之间的对抗。越南越共的行动实际上只是苏联情报和军事机构的代理。20 世纪 70 年代，阿富汗的穆扎希丁是美国情报界的代理力量。然而，现代的情况远非如此简单。有多个敌对方在利用不对称威胁（其中网络威胁只是其中之一）和新兴问题，如加密货币和气候变化。

战略情报旨在为决策者提供关于长期、广泛主题的信息，这些主题预计将对未来多年的国家安全产生影响。进行战略情报的深入分析需要时间，当某种情况在形成完整的分析图像之前发生时，决策通常在没有发生这种情况时就做出了。即使在商业决策环境中，紧急性仍然是主要关注点，而且通常会导致带来意外后果的行动。随着世界和需求的变化，许多人认为现在是改变战略情报的时候了。

对于大大小小的组织和政府，一种可能开始变得更有意义的方法是预期情报——研究一种情况以及周围的背景、环境和相关情况，以预见未来事件及其影响。这并不同于预测一个特定的事件，大多数分析师希望他们能经常这样做。虽然预测是狭义的，描述的是一个特定的事件或结果，但预期情报揭示了更广泛的可能结果。Josh Kerbel，一个强烈支持向预期情报转变的倡导者，提出了预期情报的新定义（*https://oreil.ly/9R4YP*）："预期情报是一种情报工作流程或实践，通过培养全面的视角，预见因日益复杂的安全环境而可能出现的新发展态势。"好消息是，向预期情报转变并不需要一个全新的情报过程——只需要重新应用现有的过程和实践，以及对情况的新思考方式。这是一个正在发展的领域，但将成为未来几年情报驱动的事件响应的关键组成部分。

10.7 本章小结

我们认为战略情报是计划背后的逻辑，许多事件响应者为争取时间来进行这种分析而苦苦挣扎。在许多企业中，事件响应者很难找到一个计划，更不了解计划背后的逻辑。战略情报如果得到领导层的正确分析和采纳，不仅可以指导企业应对长期威胁，还可以向事件响应者提供支持其满足企业需要的能力的政策和程序。

事件响应的战略情报不仅可以让你对网络的可见性做出明智的决策，而且可以直接反映战术和运营层面的分析需求。它会帮助你了解以下内容：

- 哪些威胁是最重要的，以便事件响应可以优先考虑并关注这些威胁？
- 捕获哪些类型的信息更重要？哪些调查结果值得我们向 CISO 或其他高管汇报？
- 随着现实世界的变化，可能出现什么情况？
- 金融危机、全球冲突或大流行疾病等外部情况如何影响企业的安全态势？

有一种误解认为，根本没有时间进行战略情报工作。在事件响应领域，每天甚至每小时都有很多事情发生，许多人仅仅试图在战术层面保持跟进就感到不堪重负。战略情报，常常被视为非必需的，被列入"有时间再做"的清单，但人们基本上一直处于没时间的状态。然而，战略情报对我们做好工作至关重要，尽管它确实会占用我们应对日常紧急事件的时间，但它可以使我们更好地应对这些紧急事件，因此不应被忽视。

在战略情报循环中发生的所有事件都可以与战略需求相联系。一旦你理解了需求背后的逻辑和推理方式时（并且你开始自己增加这种逻辑），你就能在情况发生变化时做出适应和响应，而无须重新审视整个过程。战略情报需要时间，但如果做得正确，它可以为未来的整个计划成功做好准备。这是值得花时间和精力的。

第 11 章
建立情报计划

"商业上伟大的事情从来不是一个人能完成的，那需要团队的努力。"

——Steve Jobs

与情报小组合作可以改变许多安全运营计划的游戏规则。但是，这也需要建立一种机制，让每个人都处在同一个页面上，无论是情报团队还是客户支持团队。一个结构化的情报计划将提供强大的情报支援能力，同时避免团队被临时拼凑而非精心组建时所面临的困难。本章将介绍在企业中建立情报团队或职能时要考虑的各种要素。

11.1 你准备好了吗

一个经常被问到问题是："组建情报团队的先决条件是什么？"在让形式化的情报发挥作用前，需要做很多事情。我们并不认为情报计划是企业应该制定的最后一个计划，而是将情报功能视为将许多其他安全功能组合在一起的黏合剂。如果没有这些现有的功能，那么你只能站在一边，拿着一瓶"胶水"，什么也做不了。

在开始制订情报计划之前，有一些基本的问题要问，涉及资金、时间和精力：

企业中是否有安全功能？
> 这似乎是一个简单的问题。但令人惊讶的是，有多少企业开始考虑通过一个人的安全团队甚至一个负责 IT 操作和安全的单一团队开发威胁情报功能：虽然情报驱动的方法可能会使那些负责防止所有事情发生的"穷人"受益，但是情报部门将把预算从其他以安全为重点的人员和工具中解放出来，这意味着情报小组可能会成为安全小组，而不是专注于情报工作。

有网络、主机、服务可视性吗？
> 情报项目依赖于内部和外部的信息获取，内部是进行情报分析所需的最重要信息。

当没有这些内容时，无论是因为技术限制、隐私还是法律问题，情报小组的有效性都是有限的。如果可视性是一个技术问题，最好的办法是在建立情报项目之前把重点放在获得可视性上。如果存在法律或隐私问题，最好与法律顾问讨论这些问题，以确定可以做什么以及情报项目是否合适。有时，情报有助于克服这些类型的障碍，包括提供对外部威胁的补充洞察，以弥补缺乏可视性的缺陷，但这些情况是例外的而不是规则性的。记住，要关注改进的机会，这些新能力将带来什么，以及这种积极的保护将如何推动业务发展。

是否有多个团队或功能能够提供支撑？

正如我们所提到的，情报可以是把多种功能结合在一起的黏合剂。从事件响应中获得的情报有助于进行预防和检测工作，协助处理漏洞管理和安全架构方面的事务，并为战略计划提供信息。对于一个人来说，这是很多工作。当一个企业需要开展多个方面的情报工作时，这是一个好兆头，是时候与多个团队成员一起制定一个情报计划。如果计划是为了支持单一方面的情报，例如主要支持事件响应，那么最好从一个团队中的情报角色开始。

有预算空间吗？

这个问题的答案通常是否定的，后面跟着："但是，如果需要它，那么我们可以想办法"。这些答案中的任何一个都是好兆头，现在不是启动情报计划的最佳时机。情报几乎总是一个成本中心，而不是一个利润中心（尽管它可能有很高的投资回报），这意味着它不会产生额外的收入来维持其运作。获得适当的资金水平可能是困难的。情报项目不需要打破预算，但是人员几乎总是高价值的。如果你正在开发一个程序，找到合适的人，无论是内部的还是外部招聘，都很重要，以便以正确的方式启动程序。对这个问题的一个更好的答案是："是的，我们留有一些余地，因为这已经被确定为让我们的安全计划更成熟的重要步骤。"好吧，我们知道这样的答案并不常见，但如果出现这样的答案，那就是你准备好了一个情报计划的好标志。

避免过度反应

在确定预算范围的各种情形中，比较极端的一个答案是："我们刚刚经历了一次可怕的安全事件，现在我们必须尽快展示我们正在采取的与以往不同的措施，以防止这种事件再次发生。去买东西，买所有相关的东西。"尽管对重大违规事件的本能反应通常会带来大量预算，但重要的是要知道，违规并不是开始情报计划的最佳理由，如果关键先决条件（如网络可见性、指导和要求、预算）没有得到满足，那么现在看起来像是一个好机会，但可能会在几年后变成关于投资回报率的问题。如果没有足够的能力创建、维持和使用情报输出，一个情报计划很快就会被视为一大群昂贵的分析师，依赖着一堆昂贵的工具和数据源。如果你的组织面临这种情况，一定要

> 对程序采取务实的方法，遵循下一节中描述的指导原则来确定目标和受众，并确保你正在捕获有意义的指标，以确保情报计划在你的组织从对违规的初始本能反应中恢复过来后，不会成为第一轮预算削减的受害者。

在正式确定了情报项目是否是最好的选择之后，还需要在引进和生成产品之前定义该项目的许多其他方面。开发一个新的项目需要做大量工作，以确保它的长期成功。清楚地定义你的计划是很重要的，这样可以确保每个人都能了解你想要创建的东西。

11.2 规划情报计划

一个坚定的发展规划包括以下三种类型：

概念规划
  概念规划确定了计划所涉及的工作范围的框架。利益相关者对概念规划的贡献最大，但是了解情报可以提供给他们什么是非常重要的，特别是当他们不熟悉情报工作时。

功能规划
  功能规划包括来自利益相关方和情报专业人员的意见，以确定完成目标的要求、预算和人员需求等后勤、约束、依赖关系和法律问题。功能规划为那些抽象的概念规划阶段提供结构和现实性。

详细规划
  详细规划由情报小组进行详细分解，最终将决定利益相关者所确定的目标在功能范围内如何得到满足。

规划的所有三个阶段都很重要，需要确保各方面都能够被充分考虑，无论是预算，还是最终向利益相关方汇报的指标。

11.2.1 定义利益相关者

对于情报团队来说，了解其利益相关者是至关重要的，我们要确保对情报进行的分析及最终的报告对利益相关方而言是有用的和可理解的。应该明确界定这些利益相关者，定义利益相关者应该在概念规划的早期阶段进行，因为利益相关者将为整个过程做出贡献。

以下是一些常见的利益相关者：

情报响应团队

事件响应团队是一个理想的利益相关者，因为事件响应团队不仅会从情报运营支持中受益，还会向情报团队提供额外的信息，这些信息也将被用于其他功能。

安全运营中心 / 团队

情报小组可以向 SOC 提供新出现的威胁信息，无论这些威胁是一般威胁还是针对特定行业的威胁，甚至是针对特定企业的威胁。情报还可以提供告警的技术指标、告警情况的丰富信息以及帮助优先处理告警的信息。安全运营中心 / 团队还可以向情报小组提供有关未产生事件的企图攻击信息，即使事件响应团队没有参与其中，情报分析师仍然可以从失败的尝试中获得大量的信息。

漏洞管理团队

漏洞管理团队通常处理数百个（甚至数千个）漏洞编号。情报团队可以根据对企业最重大的威胁来帮助优先考虑打补丁。许多供应商将提供有关漏洞的严重程度和影响的信息，但还需要进行额外的分析以确定漏洞对特定企业的威胁。理想情况下，情报小组可以协助进行这项分析。情报团队还可以与漏洞管理团队和安全运营团队协同工作，以确保安全运营团队可以在企业修复的过程中监视针对未修补漏洞的漏洞利用。

红队 / 攻击工程师

首先，大部分的红队成员其实是蓝队成员。他们的目标并不是入侵系统，而是帮助企业更好地理解如果有攻击者攻击他们会发生什么，哪些行为会被检测到，哪些行为不会被检测到，以及最终他们的团队应对这种事件的准备情况如何。

最有效的方法是红队能够模拟出组织在威胁模型中可能遇到的真实攻击者。然而，红队成员常常做不到，反而只能创造出一个奇特的混合体，这个混合体包含了他们认为攻击者会做什么、红队自身的能力，以及他们对环境的内在偏见和理解，这是攻击者所不具备的。在没有任何其他攻击者概念的情况下，红队只能走一步算一步！如果他们能基于攻击者的威胁情报资料（包括一套围绕攻击者的 TTP 的约束）来行动，那么红队可以通过展示蓝队可能面临的挑战的更真实体验进行更有效的演习。

信任与安全团队

情报可以应用于更多的领域，而不仅仅是针对传统的试图通过网络钓鱼或者水坑攻击来伤害受害者的网络威胁行为者。通过采取对抗性思维，威胁情报专业人员可以关注敌手可能关注的目标，尤其是在新出现的情境中。越来越多的情况下，情报团队能够为信任和安全团队等功能部门提供见解，这些团队正在努力识别不真实的行为、错误信息、有害内容和其他传统安全团队通常未解决的在线伤害类型。虽然主题领域有所不同，但是在信任和安全问题的另一端仍然存在敌手，威胁情报流程和模型，如杀伤链和目标模型，可以在支持这个功能时发挥作用。

首席信息安全官

首席信息安全官（CISO）负责理解和管理企业信息的风险，而情报可以提供帮助理解和管理风险的洞察力。作为利益相关方，CISO 可能会有最广泛的情报需求，无论是战术性的还是战略性的。了解 CISO 对情报项目的期望，以及这些信息与安全运营中其他团队之间的关系非常重要。

最终用户

最终用户通常是情报的间接利益相关者。通常，情报计划将通过提供最新或不断变化的威胁信息来帮助用户了解这些威胁的影响以及应如何应对，从而为最终用户安全意识培训提供支持。如果用户意识教育需要情报计划提供支持，那么确定哪个团队负责这种关系是很重要的，因为情报团队不可能直接与企业中的每个最终用户进行沟通。

利益相关者确定后，重要的是要记录它们。图 11-1 所示为利益相关者文档示例。它包括一些基本信息，比如利益相关者的名字、联系人（应该告知他们对这种关系负责）以及情报计划将向利益相关者提供的简要描述。

```
利益相关者：事件响应团队

联络人：IR 主导者

支持内容描述：
 - 在事件响应期间提供技术辅助
 - 协助创建和交付最终的报告
 - 分析发现的内容便于后续使用
```

图 11-1：利益相关者文档示例

11.2.2 定义目标

定义了利益相关者之后，确定计划的目标与每个利益相关者的期望。这是一个更深入的过程，涉及讨论利益相关者的需求，以及情报计划如何以具体的方式满足这些需求。这种对话是必要的，因为利益相关者最了解他们所需要的支持类型，情报计划的代表最清楚是否可以实现一个特定的目标。

> 在设定目标的过程中，不应该定义如何达到目标，或者使用哪些工具或人员来实现目标。在这个阶段，情报部门可能没有人员配备或者已经获得了工具，定义这些细节会让团队的流程被束缚。

11.2.3 定义成功标准

定义具体的目标，使用相同的成功定义，让利益相关者和情报团队达成一致。在图 11-1

中的利益相关者文档示例中，不同的人可能会有不同的支持定义。其中一个定义可能是在事件响应期间提供技术援助。对于某个人来说，这可能会转化为提供技术 IOC，但对于其他人，这可能意味着情报团队将进行日志分析以识别异常行为。这些不同的定义彻底改变了支持的性质。一个是外在的，另一个是内在的。这是设定具体目标澄清所提供的支持的一个很好的例子。在这种情况下，虽然提供技术支持是一个总体要求，但目标可以明确说明，这种技术支持可以包括：识别包括 IOC 在内的外部情报以协助调查；根据需要帮助事件响应团队分析日志中的异常行为。

以下是一些可以帮助企业开始对话的关键问题：

- 利益相关者面临的问题是什么？
- 情报计划如何帮助解决这些问题？
- 对利益相关者来说，情报支持的理想结果是什么？
- 如果有多个结果，应该如何排序？
- 如何启动情报？它是连续的还是按需提供？
- 是否有依赖关系？

成功的标准确定之后，这个过程就可以转向识别潜在的取得成功的方法。实现目标的方法往往不止一个，最好的选择往往取决于每个选项所需的资源。

11.2.4 确定需求和限制

需求和限制属于规划的功能部分。一旦确定了成功标准并确定了理想的结果，重要的是还要确定完成已列出的任务所需要做的事情。这些事情通常分为两部分：需求（实现目标所需的东西），以及限制（完成目标的能力因素）。

确定需求和限制的一种方法，是对问题进行一次遍历或桌面演练，采取不同的方式拟定可能的解决方案逐步解决问题。这个练习的目的不是解决问题，而是确定实现目标（需求）所需要的东西，以及确定需要解决的潜在问题（约束）。每个潜在的解决方案都应该记录下来，结果可以用来确定最佳的行动方案。这个记录应该是高层级的，不应该把重点放在需求的具体细节上。例如，潜在的流程可能会确定需要一个自动化解决方案来提供所需规模的结果，但是在当前阶段，确定该解决方案是什么并不重要，只是将其确定为需求。

应该在利益相关者文件中增加成功的标准、需求和约束条件，以继续全面了解情报计划，如图 11-2 所示。

```
利益相关者：事件响应团队

联络人：IR 主导者

支持内容描述：
  - 在事件响应期间提供技术辅助
  - 协助创建和交付最终的报告
  - 分析发现的内容便于后续使用

成功标准：
  - 所有事件将由情报分析师回溯
  - 重要的事件需要联合 IR 分析师和情报分析师
  - 情报分析师为 IR 报告提供威胁的上下文信息
  - 情报发现将为 SOC 提供告警信息和上下文信息

需求：
  - "重要"事件的判断标准
  - 重要事件的平均人力支撑配备
  - IR 和情报协同工作的分析平台
  - 与 SOC 的通信渠道
```

图 11-2：进阶利益相关者文件

11.2.5 战略性思考

这个行业里的一些人，包括我们自己，经常会自我感觉良好。无论是出于为使命奉献而自豪，还是坚信一个人能每晚睡眠时间不到四个小时也能工作（当然，这对健康没有好处），我们有时会承担不应该承担的任务。即使我们发现存在一些尚未解决的制约因素，我们仍然义无反顾。

尽管存在明显的制约因素，有吸引力的任务仍然值得尝试，但务必考虑该决定的长期影响以及是否可持续。确定事情是否可以做，以确保充分了解这些限制，即使它们不能立即被解决，但能够在未来得到持续的关注。有时对一个资源不完全的任务说"是"是必要的，也是恰当的，但是这个任务应该不会对未来几年的运营产生负面影响。

如何确保你正在有效地做这件事？在许多情况下，最好的方式是与另一位团队成员或同行合作，他们可以告诉你是否正在承担无法维持的工作量。一个外部观察者可以客观地看待你的计划，并告诉你你的野心是否超过了你的工作时间。对于情报计划来说，明确阐述愿景和使命也是至关重要的——在有疑问的时候，检查任务是否直接符合使命和愿景。如果不符合，则将任务交给另一个不同的团队。

11.2.6 定义度量标准

好的度量标准能够说明问题，当它们讲述的是利益相关者关心的事情时，是最容易被接受的。许多情报计划在开始运作时，没有考虑如何定期向利益相关者传达进展情况，结果没有采用定量方式而是定性方式。计划的预备阶段是确定将要收集和报告的指标的最佳时机。这个活动属于详细的计划阶段，但是它在很大程度上依赖于概念和功能计划阶段。

度量标准应直接说明利益相关者在规划过程中确定的概念性问题。当你开始定义情报计划时，应该问的首要问题之一是利益相关者存在哪些观念差距或需求，需要情报支持来拉近或满足。我们可能无法确定最初准确的度量标准，但如果能识别什么是成功的情报以及如何衡量它们，也有助于制订计划来报告进展情况。如果利益相关者有具体的希望了解的结果，那么这些可以在开始时就加入这个过程中，功能计划可以确保所需的资源被识别并考虑进去。如果团队一直等到项目运行了一年或更长时间后才能确定该项目是否达到目标，那么他们可能不仅缺乏能够证明项目成功的数据，也忽略了情报计划成功的定义。

不同的利益相关者会有不同的目标，因此会有不同的成功定义，这将通过不同的指标来展示。捕获有意义的信息以及如何衡量每个利益相关者，将使你更容易专注于手头的任务，并随着计划的推进而逐步成功。

11.3 利益相关者档案

有些人可能会认为将同事的档案放在旁边有些奇怪，但是我们是情报专业人员，这正是我们的工作。利益相关者档案对于情报计划来说是非常有价值的，因为它们确保情报分析人员能够在整个工作过程中专注于利益相关者的具体需求。了解你的情报客户是在适当的时间以正确的方式向他们提供正确信息的关键，这能让他们更好地接收和处理信息。

利益相关者档案可以为一组利益相关者（例如 SOC 分析师或威胁狩猎团队）开发，但最好的方法是为利益相关者群体内的单个联系人开发角色。维护一个人的角色意味着当角色改变或新角色出现时，角色必须更新。为个人建立一个档案是非常重要的，因为这个人对情报团队和利益相关者团队之间的关系负责，并且对于支持关系的进展将会非常重视。不同的人可能会有不同的方式与情报团队互动，并有不同的喜好来接收和分享信息。情报部门对他们支持的角色了解得越多越好，这样他们就可以通过情报工作提供更高的价值。

在为小组或个人开发档案时，需要考虑几件重要的事情。对于个人来说，捕捉特定个人的信息是很重要的，例如背景、他们热衷的事物、他们与周边角色相关的触发因素以及他们通常采用的操作方式。

利益相关者档案类似于为传播而开发的人物档案，我们在第 9 章中已经介绍过。事实上，类似的模板只需经过一些小的调整就可以使用，例如情报团队和利益相关者之间的交互关系。我们也建议记录个人对咖啡或茶的喜好，你永远不知道这些信息什么时候可以派上用场。

11.4 战术用例

用例（use case）是程序开发的主要部分，在情报计划中也不例外。如果你有幸在一个已经确定和记录情报用例的企业中工作，那么你在这个游戏中将处于领先地位，因为这是很多团队的努力方向。由于用例是直观的，没有太多的文档也很容易理解，写一些东西是很好的做法，以确保每个人都处在同一维度，并为新的团队成员提供具体的参考。

战术用例涉及每天都有用的情报。这种情报将会迅速变化，但也可能是安全方案中最直接适用的情报。下面将介绍一些情报小组最常见的战术用例。

11.4.1 SOC 支持

SOC 支持是情报计划的主要客户之一。在 SOC 支持范围内有三个主要和独特的用例：

检测与告警

情报分析人员提供内部和外部的情报来生成检测系统的安全告警规则或签名，以及为 SIEM 和日志系统生成警报内容。根据程序要求，这可能涉及搜索情报来生成签名并与 SOC 共享，或基于情报创建告警或规则。

诊断

情报为 SOC 分析人员提供了上下文，以协助对产生的告警进行分类和优先级排序。情报可以帮助 SOC 理解告警的重要性，然后可以根据告警的严重性和影响进行分类。情报还可以告诉分析人员应该采取的步骤，通过提供比较真实的肯定和误报，或通过提供二级指标来判断告警是否真实。诊断情报中通常也提供处理指导，以便分析人员能根据操作指导去响应威胁。

态势感知

情报可以为 SOC 分析人员提供态势感知，帮助他们理解对其企业来说可能存在的新兴威胁或重大威胁，这两者都可以帮助生成告警规则并对这些告警进行分类。虽然 SOC 分析人员往往更关注于威胁情报的战术性日常应用，但仍能从战略上了解企业所面临的威胁。提供态势感知可能涉及每日或每周的情况，或者当出现重大威胁，需要更多信息时，应该要求提供相关内容。战术并不总是意味着被动，情报可以为 SOC 提供态势感知，帮助他们理解和防止威胁影响其网络。

11.4.2 指标管理

情报的另一个战术层面的用例是指标管理。在本书中,我们已经多次提到过指标,当指标被正确生成、执行和维护时,可以成为有用的情报工具。指标主要用于规则生成、威胁检测和信息共享,也可以用于运营和战略层面的分析,以帮助创建一个威胁的整体形象。管理指标并非易事。维持的指标越多,难度就越大。本小节涵盖了指标管理的几个方面,包括威胁情报管理平台,识别和记录战术指标的情况,以及整合威胁情报信息。

威胁情报管理平台

在许多情况下,情报团队负责管理威胁情报平台,这个平台有时称为 TIP,通常由用于存储指标的数据库和一个用户界面组成的。用户界面展示了指标上下文内容以及指标间的关系。威胁情报平台应该是可查询的,以便协助分析,而且许多平台还提供了将指标输出到其他安全设备的方法。

威胁情报平台使管理指标变得更加简单,但重要的是要明确为什么要存储指标。这种理解不仅可以确保你正确地管理它们,而且可以确保团队不会陷入收集指标的陷阱中。我们的目标不是尽可能多地收集指标,收藏是好事,但囤积不是。

第三方情报和来源管理

威胁源和第三方情报是另一种必须由情报团队管理的指标来源,这对组织来说很有用。在许多情况下,这些源被输入到一个 TIP 中。然而,在某些情况下,它们直接与一个安全系统(如 SIEM 系统)相连。在大多数情况下,直接源并不理想,因为很难知道什么信息正在通过自动源分享。然而,这种做法很普遍,以至于许多组织认为威胁源是威胁情报的基石。来自外部源的威胁源和情报必须谨慎审查、谨慎使用。一个更好的方法是将第三方情报和源作为丰富的来源。它们可以提供关于内部生成的指标的上下文,并且可以用来维护和更新现有的指标和规则。

了解这些威胁源的来源非常重要,以便你可以轻松识别如何使用这些信息。例如,来自蜜罐的第三方情报在不同情况下比来自社区的事件响应数据信息更有用。

更新指标

指标不是静态的。与大多数基于网络的指标一样,它们在一段时间内是可能恶意的,然后消失或变得良性。或者,就像许多基于主机的指标一样,即使周围的环境已发生变化,但它们仍然是恶意的。在很多情况下,原来与一个攻击或组织相关的恶意软件被不同的参与者采用,或者在新的活动中使用。跟踪这些信息,并将新的用途或策略与现有的指标联系起来,同时清除或去除不再有效的指标,将确保为战术使用提供可靠的、高可信度的指标。一定要记住，应该把这些指标用起来，它们不应该只放在一个经过精心设计和维护的仓库中。

此外，一些指标在原始形式下可能不是很有用，但通过丰富或转换，它们可能就变得有用了。记住"痛苦金字塔"。例如，它可能从一个单一的 IPv4 地址开始，对手可以迅速地离开，但可能已经使用了对手想要继续使用的域名。适当管理指标的情报团队可以使检测和指标具有更好的适用性和持久性。

11.5 运营用例

情报计划的运营用例着重于了解攻击的活动和趋势，无论是针对你的企业还是针对类似的其他企业。越早将一系列的入侵绑定在一起来分析确定一个活动，我们阻止攻击者成功实现目标的可能性就越大。

战役跟踪

战役是一系列支持共同目标的行动或攻击。第二次世界大战中的跳岛战役是这个概念的一个很好例证。美国想打败日本，因此需要借助陆地来攻击日本大陆。这次跳岛战役是针对那些防卫不力的太平洋岛屿的一系列袭击事件。一个岛屿被占领后，军方将建立起落跑道并加强防御，然后利用新建立的基地进一步发动攻击，以获得战略优势。尽管他们可能动用了不同的军队来进行攻击，或者采取了基于地形和防御工事的各种战术，但是战役的目标是一致的，所采取的各种行动都是为了达到同样的目标。

这是许多对手的操作方式：他们的脑海中有一个目标或对象，但实现它并不总是像直接攻击目标一样简单。这通常涉及许多步骤，而且许多企业可能会被同一个黑客组织盯上，或者攻击者可能长期对一个或两个企业进行一连串的攻击。这一切都取决于战役的目标，所以在进行战役跟踪时，理解目标将比仅跟踪各种离散指标提供更多的洞察力。战役跟踪具有多个方面，包括识别战役目标、正在使用的工具和策略以及对活动做出响应。下面深入介绍这些方面。

确定战役的目标

许多战役都聚焦在特定的行业，识别和理解针对行业内其他企业的战役可能会给你的企业提前发出警示，黑客组织可能在不久的将来会盯上你，并可能需要进行威胁搜索。识别被黑客组织针对的行业，涉及基于行业的共享社区，如 ISAC、商业情报或开源情报。

识别工具和战术

一旦确定了一场黑客活动，或者怀疑当前发现的活动是更大行动的一部分，下一步（确定行动的目标或意图之后）就是确定攻击者使用的工具和策略，以便用于预防和检测。与正在进行的黑客活动相关联的基于网络的指标通常可用于监视威胁。但是，请记住，这些指标不会永远是恶意的，它们的有效性最终会过期。如果你有能力，攻击者的战术和行为是更好的关注重点。

响应支持

不仅要了解哪些黑客活动是活跃的，还要知道在企业中发现入侵（无论入侵是否成功）之后应该做什么。活动报告通常提供有关攻击背后的威胁参与者企业的信息，包括战术和工具，有时甚至包括参与者在被发现或无法访问网络时如何回应。所有这些信息都可以支持 SOC 运营以及必要时的事件响应，并且可以用于向 CISO 或其他管理人员提供更新和态势感知。

11.6 战略用例

战略情报在情报计划中应该总是占有一席之地，不管这部分的比例有多小。正如我们在第 10 章中所讨论的那样，战略情报使企业能够真正从以前的事件中学习，并开始改变长期的、大规模的常规做法和策略，以应对那些经验教训。要做到最有效，战略用例需要得到行政领导层的支持，因为需要在战略情报中采取的许多行动都需要在行政层面进行。战略情报对于提供态势感知是很有用的，但是如果不涉及正确的利益相关方，就不会那么有效。战略用例主要是架构支持和风险评估。

11.6.1 架构支持

战略情报不仅可以提供有关企业应对入侵或攻击方式的信息，还可以帮助企业以正确的方式最小化攻击面并更好地检测这些攻击。这些信息主要基于两件事：内部事件响应信息和黑客活动分析。使用这两个主要来源，可以做一些事来正确地保护网络：

提高防御性

情报团队可以与 IT 和安全运营部门合作，通过了解对手过去是如何攻击或企图攻击网络的来提高网络防御能力。虽然攻击者很聪明，但是他们经常会重复同样的战术。如果网络设计或配置的方式提供了一个简单的攻击向量，那么攻击者将继续使用该向量，直到他们成功或失去攻击机会。识别这些策略有助于识别攻击者的下一个逻辑行动，并且可以帮助构建网络防御以防止这些威胁。

聚焦威胁防御

所有的系统，无论是大型网络还是个人计算机，都会有漏洞。它是人类创建操作系统和程序、固件和协议的一部分。并不是对所有的漏洞都要给予相同的关注度，有些漏洞需要更多的关注。基于威胁的方法有助于确定哪些漏洞需要关注，除了补丁管理之外，情报还可以通过深入探究潜在网络体系结构变化带来的威胁来支持更高级别的漏洞管理。例如，如果一个企业正在讨论 BYOD 策略，或计划将智能电视引入企业的所有会议室，那么情报有助于识别对这些设备的威胁，并在策略推行之前提出建议。

11.6.2 风险评估——战略态势感知

CISO 的主要任务之一是了解和管理企业的信息风险。了解威胁是风险评估的重要组成部分，情报可以提供企业面临的威胁信息。例如，假设某个组织准备调整 IT 人员的差旅制度，为员工制定差旅流程。如果此时情报团队能够参与进来，就可以因地制宜地帮助 IT 团队应对某些固有的风险。

以下是支持风险评估和战略态势感知的一些关键步骤：

识别风险何时发生变化

风险不会保持不变，外部和内部因素可能会改变企业的风险水平。情报团队通过与企业内的多个利益相关者合作，可以在企业风险发生变化时向 CISO 提供信息。

识别规避措施

情报支持风险管理的另一个方面是确定降低风险的规避措施。通常，安全专业人员认为，如果存在重大威胁，企业将不会接受风险。但最终，许多企业都有业务在运行，必须找到降低风险的方法，以便业务能够继续运作下去。关闭运营或停止部署新程序虽然可以提高效率，但不是最好的选择。规避措施对业务连续性非常重要。这些缓解措施可以是多种形式的，而情报团队可以帮助 CISO 确定可以采取什么措施将风险降低到可接受的水平。

企业很少会将所有的注意力都集中在一个情报层面上，无论是战略性的、战术性的还是运营级别的。大多数企业都有一个多层次的计划。在情报层面之间移动也需要计划和考虑，我们将在下一节讨论。

11.7 从战略到战术还是从战术到战略

你可以通过两种方式制定一个多级情报计划：情报工作可以采取自上而下的方式（战略到战术），也可以采用自下而上的策略（从战术到战略）。自上而下的方式，上层战略情报指导政策和战略，并确定团队应该关注什么战术层面的指标，以及如何在日常运营中使用这些指标。自下而上的方式则把重点放在战术行动上，把重要的信息推到战略层面。基于所涉及的利益相关者和企业的需求，这两种方法都有优点和缺点。

自上而下的计划是传统军事计划的标准方法。在军事行动中，制订计划是指挥官的主要职责。指挥官有责任了解总体目标，持续行动的重要性以及部队的状态和部署。在领导层清楚地了解他们想要完成的任务以及情报如何支持这些计划的情况下，你可以期望看到更多自上而下的方法。战略情报支持对于自上而下的方法来说非常重要，因为它可以使领导者掌握最新的威胁情况，并将这些情况整合到如何保护网络安全的总体视角当中。

许多组织没有强有力的战略情报功能来提供总体指导，但仍然相信情报支持运营的价值。在这些情况下，自下而上或战术到战略的方法可能效果最好。运营的重点是战术层面，比如支持 SOC 或事件响应小组，情报团队把他们认为重要的信息或趋势推向管理层。自下而上的方式并不能保证领导层能够按照预期对信息做出反应，即使事情在战术层面平稳运行，高层也总会存在一定程度的不确定性。自下而上的计划可能难以实施，除非战略层面的领导层已经接受了这个概念，如果只是简单地决定，运营最好留在战术层面。

关键信息需求

不论一个组织是采用自上而下还是自下而上的方法，有一个概念是始终不变的：高管对关键信息的需求。关键信息包括领导层所确定的他们需要尽快知道的事，通常包括诸如成功入侵导致受保护信息丢失的入侵事件、对网络敏感部分的入侵情况、有关数据泄露的信息，以及合作伙伴遭受网络入侵或内部违规等信息。其中一些信息需求将以合规为基础，一些将由业务需求驱动，但无论如何，重要的是要了解主管人员希望了解的以上这些情况的优先顺序和时间要求。

11.8 情报团队

有趣的来了！经过艰苦的努力，我们确定了情报计划的利益相关方，确定了目标，也确定了需求。现在是时候去找那些能做这项工作的人了。根据预算和需求，这意味着需要雇用一个人或一个团队，但重要的是根据规划过程中确定的所有目标找到合适的人员。

11.8.1 建立多元化团队

毫无疑问，虽然技能组合和经验水平的具体情况将根据利益相关者和目标的需求确定，但组建情报团队的一个关键原则是多样性。拥有各种各样的经验和背景对于发展一个能够解决复杂问题的全面团队至关重要。多样的技能将会使整个团队更强，多样的视角将会提升你的分析能力。我们在整本书中谈到的一些练习，包括关键假定检查和红队分析，进行这些练习的团队越多样化，效果就越好。虽然被雇用的团队通常具有他们在学校或前一个岗位上习得的核心技能，但也带来了他们的背景、经验、获得的知识，以及所有人都有的各种偏见（我们在第8章详细讨论过这个问题）。你不希望有一个团队，其中每个人都有相同或类似的偏见，这可能导致集体思维，即确认偏差会像滚雪球一样愈演愈烈，并且会出现一种不太可能对各种假设进行检验的情况。除了工作场所多样性和包容性带来的许多好处——如增加创造力和创新能力，增强归属感，提高工作满意度——情报工作本身也受益于各种差异。

根据团队的需求，情报团队可能包括具有文化、地缘政治和语言知识的专业人士，也可能包括那些有商业情报背景或对组织运营有了解的人——应急响应员、渗透测试员、程序员和工具开发者，以及管理层。由于潜在团队成员的多样性，在构建情报项目的过程中精心且慎重地挑选团队成员是至关重要的。

虽然注意你的团队中的性别、文化、社会经济和年龄多样性很重要，但《哈佛商业评论》（*Harvard Business Review*）也强调了认知多样性的重要性。认知多样性已经显示出增加团队解决复杂问题的能力。认知多样性被定义为"观点和信息处理风格的差异"，也可以表现为不同的问题解决过程和对解决问题的不同类型的模型或方法的偏好。这就是情报分析中有这么多不同的概念模型的原因之一——不同的人更适合用不同的认知架构来支持他们。

《哈佛商业评论》的研究使用了由 Human Insight 开发的 AEM-CubeTM，它测量了三个变量（因此称为"立方体"）：依恋、探索和复杂性管理。研究显示，在这三个方面高度多样化的团队能够更快地解决挑战；实际上，三个 AEM 多样性低的团队中有两个根本无法完成挑战。虽然你可能不会专门为认知多样性而进行招聘，尤其是在一起工作之前，很难真正了解某人的信息处理风格，但理解和鼓励认知多样性应该是团队建设和流程开发的关键部分。

11.8.2 团队建设和流程开发

情报团队不是静态的——你不能只是组建一个团队，然后假设它将永远运作良好。团队和流程都需要关怀和培养。虽然这对每个组织和团队来说总会有些许不同，但有一些事情还是要记住，以支持和培养健康的情报团队和流程。

大多数人都有自己的想法，比如希望自己的职业生涯如何发展，以及希望在未来的某个时候达到怎样的水平。很少有人期望他们在开展新工作的第一天所做的就是他们要做的全部工作他们希望提升自己的技能，提高影响力，理想情况下增长收入——尽管最后一项超出了本章的范围。除了个人成长，团队成长也很重要。团队的集体努力如何随着时间的推移而演变？在组织层面，增加的影响力看起来是什么样的？随着影响力和责任的增加，团队需要在哪个阶段扩大规模？你如何考量这些因素将取决于你在团队中的角色（例如，个人贡献者与经理；一或两人的团队与五人团队），但有一些基本的要点需要记住：

为成长和发展制订计划

有了计划，一切都会更好，职业发展也不例外。它不必是一个带有"完成日期"和甘特图的严格计划，但应该有一份关于个人当前技能和责任、当前的熟练程度与未来希望达到的水平，以及对未来感兴趣的额外技能和责任的书面记录。理想情况下，感兴趣的领域应该与团队的功能相关，无论是现在的还是预期的，尽管这不一定是必需的，因为许多人在职业生涯中会转换角色或更换团队，他们在过渡时会把以前的技能带到新的角色中。团队的成长也应该有一个计划。对于这两者，保持认知灵活性非常重要，因为总会有你无法控制的外部力量影响可能需要进行的变化。

识别基本情报技能之外的关键技能

成长不仅仅是在你的专业领域中进步，也包括扩展技能，包括与团队工作有关但又互补的事物，以及支持团队使命并使他们更有效的事物。在情报工作中经常使用的一些技能包括演讲技巧、人际交往能力和项目管理技巧。此外，情报团队的成员通常需要学习使用特定工具（这会因团队而异）——这是团队运作的关键部分，不应被忽视。如果有额外的你认为对团队功能很重要的技能，那么你可以考虑雇用一个具有这些技能的人，或者为现有的团队成员提供培训机会。在培养新技能时，要记住，它们不会自己出现。"我要在项目管理上做得更好。"这不应该只是说说而已。技能需要培养，要么是通过特定的课程或程序学习，要么是通过自学或跟随已经掌握这些技能的人学习。无论你选择哪条路径，都要确保有一个培养这些技能的计划。

11.9 展示情报计划的价值

一旦情报计划得以实施并开始运作，不可避免地要证明计划的价值。如果计划得到妥善规划并分配了资源，那么你应该已经知道计划的哪些部分将会给利益相关者带来价值。每天或每周报告工作统计数据或指标固然很重要，但真正显示价值的，是能够传达该项目产生的影响。该计划如何支持利益相关者？如果没有情报的支持，企业对自己无法掌握的信息能够做什么？基于对自身所面临的威胁的更深入了解，企业能够承担哪些风险？针对情报计划做结果汇报时，务必尽可能明确地回答这些问题。

当事情不如预期般发展的时候，总结并讨论之前的经验教训也是很重要的。确定什么是有效的，什么是无效的以及为什么是无效的，可以提供信息来帮助我们避免犯同样的错误。情报团队不会总是第一次就能把事情做好，但从失误中学习是让项目走向成熟的重要部分。

11.10 本章小结

从事件响应活动中有选择地提供支持转变为一个成熟完备的情报团队是一个很大的跨越。本书的重点是如何成为一名精通业务并能为事件响应提供支持的人，从而实现自身价值。一旦你的企业看到一个事件响应人员所能提供的价值，主要利益相关者可能会意识到一个专业 IR 团队的巨大价值。情报是一种黏合剂，它可以把不同层次、不同级别的团队联系在一起，他们可能不是经常直接合作，但这并不意味着让这些团队相互支持没有好处，情报计划可以促成这些互动。

迈向规范化的情报计划，尤其是那些经过适当规划和资源化的情报计划，可以帮助企业继续建立以情报为导向的事件响应基础与流程，并进一步推进以情报为导向的网络安全。

作者简介

Rebekah Brown 在情报分析界深耕了 20 多年。她之前的角色包括美国国家安全局网络战分析师、美国海军陆战队网络部队作战负责人以及美国网络司令部训练和演习负责人。她曾在联邦、州和地方各级以及多家《财富》500 强企业帮助开发威胁情报和安全意识项目。

Scott J. Roberts 是一位安全领导者、分析师、软件开发人员和作家。他是 Interpres Security 威胁研究负责人,曾领导美国国防工业基地、GitHub、Apple、Splunk 以及 Argo AI 安全团队和项目。他还是犹他州立大学的学生和研究员,专注于情报预测,解决国家安全和网络安全中的紧急问题。Scott J. Roberts 曾在 SANS CTI 和 DFIR 峰会的咨询委员会任职,也曾在许多关于事件响应和网络威胁情报的行业活动中发表演讲。他热衷于通过自动化提高安全性,尤其是在 macOS 上,惯用 Python、Go 和 Swift 开发开源和闭源工具。

封面简介

本书的封面动物是扇尾渡鸦(Corvus rhipidurus)。它是体型最小的鸦科鸦属鸟类。这种鸟原产于阿拉伯半岛及非洲东北部之间的狭长海域(红海)。如今,在阿拉伯半岛以西及撒哈拉沙漠、肯尼亚和尼日尔的南部也发现过它的足迹。它的巢穴位于岩壁、悬崖或树木上。

扇尾渡鸦的羽毛、喙及脚部通体黑色,在特定的光线下,呈现紫色、灰色或棕色。雄性或雌性皆有约 18 英寸[编辑注1]的平均身长,翼展 40~47 英寸。鸟尾圆,双翅宽,主翼长,飞行时形如秃鹫。

扇尾渡鸦食性杂,主要取食昆虫和其他无脊椎动物、浆果、谷物,或在人类聚居处觅食。像鹦鹉等会说话的鸟类一样,扇尾渡鸦能够模仿人类声音,但需要得到人类的驯化。

O'Reilly 出版社书籍封面上的大部分动物都濒临灭绝,它们都是地球上非常重要的物种。

封面图片出自《河滨自然史》(*Riverside Natural History*)。

编辑注1:1 英寸 =2.54 厘米。

推荐阅读

推荐阅读

云原生安全：攻防与运营实战

978-7-111-75582-1 奇安信网络安全部 奇安信云与服务器安全BU 安易科技

　　这是一本体系化的云原生安全攻击、防御和运营实战指南，是奇安信和安易科技团队多年云原生安全的经验总结，同时融合了行业先进的理念和实践。首先详细介绍了云原生安全的核心概念、发展现状和未来趋势，以及云原生安全面临的新风险和挑战；然后讲解了云原生安全的技术、工具和流程等，包括主流的云原生安全框架、云基础设施安全、制品安全、运行时安全；接着根据ATT&CK的各个阶段讲解了针对云原生安全的攻击手段及其防御方法；最后讲解了如何构建体系化的安全运营方案，助力企业的云原生安全防护建设落地。

　　本书有如下特点：云原生安全领域核心概念快速扫盲；参考行业先进经验，因地制宜的实践指南；ATT&CK框架下的细致入微的云原生安全攻防教学；代码级的云原生安全防护案例。

推荐阅读

终端安全运营：攻防实战

978-7-111-75588-3　奇安信网络安全部 奇安信终端安全BU

这是一本体系化地讲解终端安全运营的实战性著作，由奇安信集团官方出品，梳理和总结了奇安信在终端安全建设与运营方面积累的多年实战经验。希望本书能为你的终端安全保驾护航。

本书既有理论又有实践，既有方法又有策略，主要包含以下7方面的内容。

- 终端安全运营基础：包括终端的属性和面临的风险、终端安全运营的价值，以及奇安信的终端安全运营思路。
- 终端安全运营架构：包括终端安全运营的流程、安全运营人员的职责和工作指标，以及完整的安全运营体系的构建等。
- 资产管理策略：包括终端资产的有效管理和提升资产管理效率的方法。
- 安全防护与响应机制：包括如何构建全面的终端防护和快速响应机制。
- 高级攻击检测与防御：探索、检测和防御包括APT在内的高级威胁的策略。
- 终端安全事件运营：包括终端安全事件的运营流程及其优化方法，以及终端安全事件的应急响应流程、技巧和案例复盘。
- 有效性验证与攻防实战：通过自动化的攻击验证和常态化的攻防实战来验证安全措施的有效性。